기초부터 딥러닝까지 _____

파이썬 프로그래밍

허준 지음

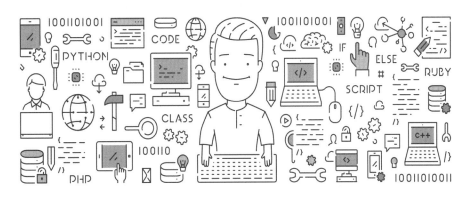

BM (주)도서출판 **성안당**

기초부터 딥러닝까지
파이썬 프로그래밍

2025. 3. 5. 초 판 1쇄 인쇄
2025. 3. 12. 초 판 1쇄 발행

저자와의
협의하에
검인생략

지은이 | 허준
펴낸이 | 이종춘
펴낸곳 | **BM** ㈜도서출판 **성안당**

주소 | 04032 서울시 마포구 양화로 127 첨단빌딩 3층(출판기획 R&D 센터)
     | 10881 경기도 파주시 문발로 112 파주 출판 문화도시(제작 및 물류)

전화 | 02) 3142-0036
     | 031) 950-6300

팩스 | 031) 955-0510
등록 | 1973. 2. 1. 제406-2005-000046호
출판사 홈페이지 | **www.cyber.co.kr**
ISBN | 978-89-315-7576-7 (93000)
정가 | **25,000원**

이 책을 만든 사람들

책임 | 최옥현
진행 | 최창동
본문 디자인 | 인투
표지 디자인 | 박원석
홍보 | 김계향, 임진성, 김주승, 최정민
국제부 | 이선민, 조혜란
마케팅 | 구본철, 차정욱, 오영일, 나진호, 강호묵
마케팅 지원 | 장상범
제작 | 김유석

■ **도서 A/S 안내**

성안당에서 발행하는 모든 도서는 저자와 출판사, 그리고 독자가 함께 만들어 나갑니다.
좋은 책을 펴내기 위해 많은 노력을 기울이고 있습니다. 혹시라도 내용상의 오류나 오탈자 등이
발견되면 **"좋은 책은 나라의 보배"**로서 우리 모두가 함께 만들어 간다는 마음으로 연락주시기
바랍니다. 수정 보완하여 더 나은 책이 되도록 최선을 다하겠습니다.
성안당은 늘 독자 여러분들의 소중한 의견을 기다리고 있습니다. 좋은 의견을 보내주시는 분께는
성안당 쇼핑몰의 포인트(3,000포인트)를 적립해 드립니다.

잘못 만들어진 책이나 부록 등이 파손된 경우에는 교환해 드립니다.

🐍 머리말

현대 사회는 디지털 혁신과 함께 급격히 변화하고 있습니다. 이 변화의 중심에는 데이터를 기반으로 문제를 해결하고 새로운 가치를 창출하는 프로그래밍 기술이 있습니다. 그중에서도 파이썬(Python)은 간결하면서도 강력한 기능을 바탕으로, 초보자와 전문가 모두가 사랑하는 언어로 자리 잡았습니다.

파이썬은 웹 개발, 데이터 분석, 인공지능, 자동화 작업, 교육 등 다양한 분야에서 활용됩니다. 또한, 플랫폼이 독립적이며 방대한 라이브러리와 커뮤니티의 지원 덕분에, 파이썬은 모든 수준의 개발자들에게 매력적인 선택지입니다. 이런 배경에서 본서는 프로그래밍 언어에 처음 도전하는 독자들이나, 실무에서 파이썬을 바로 활용하려는 독자들을 위한 입문서로 기획되었습니다.

이 책은 다음과 같은 세부 목표를 가지고 있습니다.

1. 기초부터 심화까지 체계적인 학습 제공

파이썬의 기본 문법과 데이터 타입 등 기초적인 내용을 시작으로, 반복문, 함수, 파일 입출력 등 프로그래밍의 핵심 개념을 단계적으로 학습할 수 있도록 구성했습니다. 각 챕터는 실습 중심으로 설계되어 독자가 실제로 코드를 작성하고 실행하며 이해도를 높일 수 있습니다.

2. 실용적인 프로젝트 기반 학습

책 후반부에는 종합 프로젝트를 통해 학습 내용을 실생활 문제에 적용하는 경험을 제공합니다. 텍스트 분석, 간단한 게임 개발, 데이터 시각화 등 다양한 프로젝트를 통해 독자는 프로그래밍의 즐거움과 성취감을 느낄 수 있습니다.

3. 다양한 학습 환경에 적합한 활용

책에서는 Python IDLE, Google Colab, Anaconda, Spyder 등 다양한 개발 환경을 사용하는 방법을 안내합니다. 이를 통해 독자는 자신에게 가장 적합한 환경을 선택하여 학습을 이어갈 수 있습니다.

4. 초보자 친화적인 접근

프로그래밍을 처음 접하는 독자들도 쉽게 이해할 수 있도록, 모든 개념을 쉽고 명확하게 설명하고, 필요한 경우 실생활 예제를 추가하여 이해를 돕고자 했습니다. 예를 들어, 복잡한 알고리즘 대신 간단한 데이터 분석 작업으로 시작하며, 독자가 자신의 속도에 맞춰 학습할 수 있도록 배려했습니다.

본서는 총 13개의 챕터로 구성되어 있으며, 기본 문법 학습에서부터 시작하여 점점 더 복잡하고 응용 가능한 내용으로 진행됩니다. 각 챕터는 이론 설명, 코드 예제, 실습 예제, 그리고 복습 섹션으로 구성되어 독자의 이해를 돕습니다. 마지막 두 챕터는 종합 프로젝트로 구성되어 있어, 독자 스스로 완성도 높은 프로그램을 설계하고 구현하는 기회를 제공합니다.

이 책을 통해 기대할 수 있는 효과로는

1. 프로그래밍 기초 역량을 튼튼히 다지고, 다양한 문제 해결 능력을 배양할 수 있습니다.
2. 데이터를 다루고 분석하며, 이를 시각화하는 방법을 익힐 수 있습니다.
3. 파이썬을 통해 실생활의 간단한 자동화 작업이나 소규모 프로그램 개발을 수행할 수 있습니다.
4. 더 나아가 데이터 과학, 인공지능, 머신러닝 등 고급 분야로의 학습을 위한 탄탄한 기반을 마련할 수 있습니다.

프로그래밍은 단순히 기술을 배우는 것을 넘어 새로운 가능성을 탐구하고, 복잡한 문제를 창의적으로 해결할 수 있는 힘을 기르는 과정입니다. 이 책이 독자 여러분의 여정에서 든든한 동반자가 되기를 바라며, 프로그래밍의 세계에서 첫발을 내딛는 모든 분들에게 응원의 메시지를 보냅니다. 감사합니다.

저자 : 허준

[이 책의 특징]

파이썬의 기본 문법과 프로그래밍의 핵심 개념을 단계적으로 학습할 수 있도록 구성했으며, 챕터별로 실습 중심으로 설계되어 독자가 실제로 코드를 작성하고 실행하며 이해도를 높일 수 있습니다.

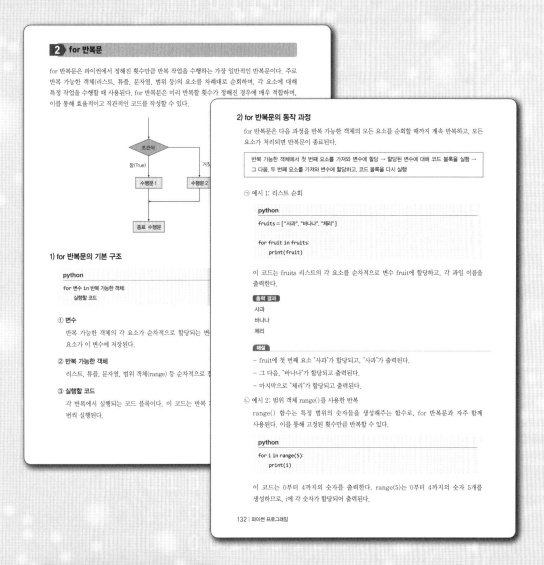

챕터별로 실습 예제와 연습문제를 수록하여 학습한 내용을 복습할 수 있으며, Chapter 12~13에서는 종합 프로젝트를 통해 학습 내용을 실생활 문제에 적용하는 경험을 제공합니다. 또한, Python을 처음 배우면서 실습할 수 있는 난이도별로 다양한 프로젝트 아이디어를 [자료실]에서 제공합니다.

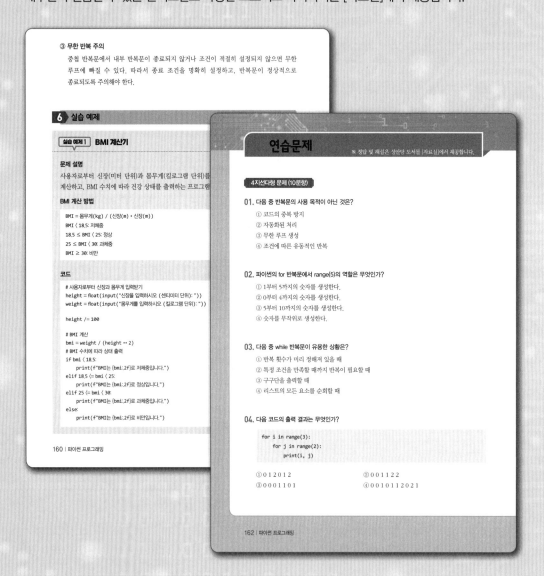

성안당 도서몰(https://www.cyber.co.kr/)에 접속하여 로그인한 후 [자료실]에서 "파이썬 프로그래밍"을 검색하여 클릭하고 자료를 다운로드 합니다.

[목차]

Chapter 4 · 조건문

Chapter 5 · 반복문

Chapter 6 ○ 함수

Chapter 7 ○ 리스트와 튜플

Chapter 8 ○ 딕셔너리와 집합

Chapter 9 · 파일 입출력

Chapter 10 · 모듈과 패키지

학습자료 다운로드

- 강의용 PPT 자료: 성안당 도서몰의 [자료실]-[강의자료]에서 다운로드
- 부록 및 연습문제 정답 파일: 성안당 도서몰의 [자료실]에서 다운로드

Python 소개와 설치

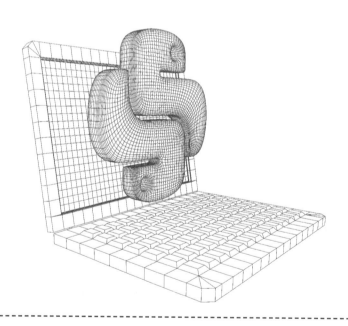

Python 소개와 설치

Python의 개요와 장점, 역사, 다양한 사용 사례를 알아보고, Python을 설치하는 방법과 개발 환경(IDE, Colab, Anaconda 등) 설정을 통해 기본적인 실행 환경을 준비하는 것을 목표로 한다.

1 Python이란 무엇인가?

Python은 1991년 네덜란드의 프로그래머 귀도 반 로섬(Guido van Rossum)이 처음 발표한 고급 프로그래밍 언어이다. Python은 간결하고 읽기 쉬운 문법을 제공하여 개발자가 더 효율적으로 코드를 작성할 수 있게 돕는다. Python의 주요 특징 중 하나는 플랫폼이 독립적이라는 점으로, Windows, macOS, Linux 등 다양한 운영체제에서 실행할 수 있다.

▲ Python의 로고와 귀도 반 로섬

1) Python의 주요 특징

① **간결한 문법:** Python은 코드가 직관적이고 간결하여 초보자도 쉽게 배울 수 있고, 다른 프로그래밍 언어에 비해 코드 라인이 적어 유지보수가 용이하다.

② **강력한 라이브러리:** Python은 방대한 표준 라이브러리와 외부 라이브러리를 제공하여 다양한 기능을 쉽게 구현할 수 있다. 데이터 분석, 웹 개발, 인공지능, 자동화 등 다양한 분야에서 활용되고 있다.

③ **객체 지향 프로그래밍 지원:** Python은 객체 지향 프로그래밍(OOP) 패러다임을 지원하며, 이는 코드 재사용성과 구조화된 프로그램 작성에 도움을 준다.

④ **인터프리터 언어:** Python은 인터프리터 방식으로 실행되며, 코드의 각 줄이 작성되는 즉시 실행된다. 이는 프로그램을 신속하게 테스트하고 디버깅하는 데 유리하다.

⑤ **오픈 소스:** Python은 오픈 소스 소프트웨어로, 전 세계 개발자가 Python의 발전에 기여하고 있으며, 커뮤니티 또한 매우 활발하다.

2) Python의 사용 사례

① **웹 개발:** Django, Flask와 같은 웹 프레임워크를 사용하여 웹 애플리케이션을 개발할 수 있다.

② **데이터 과학:** NumPy, Pandas, Matplotlib 등과 같은 라이브러리를 사용하여 데이터 분석과 시각화를 할 수 있다.

③ **인공지능과 머신러닝:** TensorFlow, PyTorch와 같은 라이브러리를 통해 인공지능 및 머신러닝 모델을 개발할 수 있다.

④ **자동화:** Python은 반복적인 작업을 자동화하는 스크립트를 작성하는 데 매우 유용하다.

⑤ **교육:** Python의 간단한 문법 덕분에 프로그래밍 입문자에게 가장 많이 추천되는 언어 중 하나이다.

3) Python의 인기 요인

Python은 전 세계적으로 널리 사용되며, 그 인기는 계속해서 증가하고 있다. 초보자에게 적합할 뿐만 아니라, 전문가들도 복잡한 시스템을 개발하는 데 사용하고 있다. Python을 배우는 것은 오늘날의 다양한 프로그래밍 분야에서 매우 유용한 기술을 습득하는 것이다.

① **커뮤니티 지원:** 큰 커뮤니티는 다양한 문제에 대한 해결책을 공유하고, 많은 학습 자료와 튜토리얼을 제공하여 초보자도 쉽게 접근할 수 있다.

② **다양한 적용 분야:** Python은 다양한 분야에서 사용되며, 하나의 언어로 여러 분야를 다룰 수 있는 유연성을 제공한다.

③ **높은 생산성:** 간결한 코드와 강력한 라이브러리를 통해 개발자는 더 빠르고 효율적으로 작업을 완료할 수 있다.

2 Python의 역사와 특징

1) Python의 역사

Python은 1980년대 후반, 네덜란드의 프로그래머 귀도 반 로섬(Guido van Rossum)에 의해 개발되기 시작했다. 귀도 반 로섬은 당시 "ABC"라는 프로그래밍 언어를 개선하고자 했으며, 이를 통해 더 강력하면서도 간결한 프로그래밍 언어를 만들고자 했다. 1991년, 그는 Python의 첫 번째 버전인 Python 0.9.0을 발표하였으며, 이 버전에서는 이미 함수, 예외 처리, 그리고 코어 데이터 타입(예 문자열, 리스트, 딕셔너리)이 포함되어 있었다.

Python이라는 이름은 귀도 반 로섬이 좋아하던 영국의 코미디 프로그램 "Monty Python's Flying Circus"에서 따왔다. Python은 처음부터 간결하고 쉽게 배울 수 있는 언어를 목표로 설계되었으며, 이러한 접근은 이후 버전에서도 계속 유지되었다.

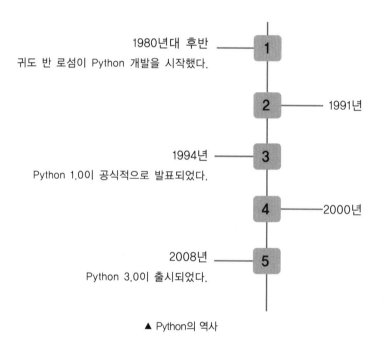

▲ Python의 역사

1994년 Python 1.0이 공식적으로 발표되었으며, 이후 객체 지향 프로그래밍(OOP; Object-Oriented Programming)과 함께 모듈화, 예외 처리 등의 기능이 강화되었다. 2000년에는 Python 2.0이 발표되었으며, 이 버전에서는 리스트 내포(list comprehension)와 같은 새로운 문법적 기능이 추가되었다. 이후 2008년 Python 3.0이 출시되었는데, 이는 이전 버전과의 호환성을 희생하면서도 언어의 일관성과 효율성을 대폭 향상시킨 중요한 버전이었다.

Python은 현재 전 세계적으로 가장 인기 있는 프로그래밍 언어 중 하나로, 웹 개발, 데이터 과학, 인공지능, 교육 등 다양한 분야에서 널리 사용되고 있다.

2) Python의 주요 특징

Python은 간결하고 강력한 기능을 갖춘 언어로, 초보자부터 전문가까지 모두에게 매력적인 선택이 될 수 있다. Python의 다음과 같은 특징들은 프로그래밍 언어로서의 인기를 지속적으로 높이는 중요한 요소들이다.

① **간결하고 읽기 쉬운 문법:** Python의 문법은 직관적이고 간결하여 코드의 가독성이 뛰어나다. 이는 초보자에게 특히 유리하며, 개발자가 코드를 작성하고 유지보수 하는 데 드는 시간을 줄여준다. Python은 들여쓰기를 통해 코드 블록을 구분하며, 이는 코드의 일관성을 높이는 데 도움을 준다.

② **플랫폼 독립성:** Python은 Windows, macOS, Linux 등 다양한 운영체제에서 동일하게 실행될 수 있다. Python으로 작성된 프로그램은 별도의 수정 없이 다양한 환경에서 실행할 수 있기 때문에 매우 유연하다.

③ **방대한 표준 라이브러리:** Python은 광범위한 표준 라이브러리를 제공하며, 이를 통해 복잡한 작업도 상대적으로 쉽게 처리할 수 있다. 예를 들어, 파일 입출력, 정규 표현식, 웹 서비스, 데이터 직렬화 등 다양한 기능이 기본적으로 제공된다.

④ **객체 지향 프로그래밍 지원:** Python은 객체 지향 프로그래밍(OOP)을 지원하며, 클래스와 객체를 사용하여 프로그램을 구조화 할 수 있다. 이는 코드의 재사용성과 유지보수성을 높이는 데 기여한다.

⑤ **동적 타이핑:** Python은 동적 타이핑 언어로, 변수의 데이터 타입을 명시적으로 선언할 필요가 없다. 변수에 값을 할당하면 Python이 자동으로 데이터 타입을 추론한다. 이는 프로그래밍을 더 유연하게 해주지만, 동시에 런타임 오류를 유발할 가능성도 있다.

⑥ **인터프리터 언어:** Python은 인터프리터 언어로, 코드를 작성하면서 바로 실행하고 결과를 확인할 수 있다. 이는 디버깅과 테스트를 매우 신속하게 할 수 있도록 도와준다.

⑦ **광범위한 응용 분야:** Python은 웹 개발(Django, Flask), 데이터 과학(NumPy, Pandas), 인공지능(TensorFlow, PyTorch), 자동화(Selenium, Scrapy), 스크립팅 등 다양한 분야에서 활용된다. 하나의 언어로 다양한 분야에서 활동할 수 있는 유연성을 제공한다.

⑧ **강력한 커뮤니티 지원:** Python은 전 세계적으로 활발한 커뮤니티를 가지고 있으며, 수많은 오픈 소스 프로젝트와 라이브러리가 지속적으로 개발되고 있다. 이는 학습 자료와 문제 해결에 있어 매우 풍부한 자원을 제공한다.

3 Python 버전 선택하기

Python을 학습하거나 프로젝트를 시작할 때, 적절한 Python 버전을 선택하는 것은 매우 중요하다. Python은 2.x 버전과 3.x 버전으로 크게 나뉘며, 이들 사이에는 중요한 차이점이 존재한다. 이 장에서는 각 버전의 특징과 차이점을 살펴보고, 어떤 상황에서 어떤 버전을 선택해야 하는지에 대해 설명한다.

1) Python 2.x vs Python 3.x

Python은 두 가지 주요 버전으로 나뉜다. Python 2.x와 Python 3.x. 이 두 버전은 문법적 차이와 기능적 차이가 존재하며, 호환성 문제가 발생할 수 있다. 현재(2024년 기준) Python 2.x는 더 이상 공식적인 지원을 받지 않으며, Python 3.x가 권장되는 버전이다.

① 1.3.1.1 Python 2.x

㉠ 마지막 버전: Python 2.7(2020년 1월 1일 이후로 지원 종료)

㉡ 주요 특징

- 기존 코드와의 호환성을 유지하기 위해 만들어졌다.

- 일부 문법과 기능이 Python 3.x와 호환되지 않는다.

- 문자열 처리에서 Unicode 지원이 기본적으로 약하다(str과 unicode 타입이 따로 존재).

㉢ 사용 권장 시점

- 기존 Python 2.x 기반 프로젝트를 유지보수할 필요가 있는 경우

- 레거시 시스템과의 호환성이 필수적인 경우

② Python 3.x

㉠ 현재 버전: Python 3.11(2024년 기준 최신 버전)

㉡ 주요 특징

- Python 2.x의 여러 문제점을 해결하고, 미래 지향적인 기능 추가

- 모든 문자열이 기본적으로 Unicode로 처리된다(str 타입이 Unicode 지원).

- 나눗셈 연산자가 기본적으로 실수 나눗셈을 수행한다(/는 실수 나눗셈, //는 정수 나눗셈).

- 향상된 문법과 라이브러리 지원

ⓒ 사용 권장 시점

- 새로운 프로젝트를 시작할 때

- 최신 기능을 활용하거나, 향후 지원이 중요한 경우

- 장기적인 유지보수와 확장성을 고려할 때

2) Python 3.x 버전 내 선택

Python 3.x 버전을 선택할 때도 여러 세부 버전이 있다. 일반적으로는 가장 최신의 안정된 버전을 사용하는 것이 좋지만, 프로젝트의 특성이나 라이브러리 호환성에 따라 특정 버전을 선택해야 할 수도 있다.

① 최신 안정 버전 선택

- 이유: 최신 버전은 성능 개선, 보안 패치, 최신 기능이 추가된 상태로 제공된다. 대부분의 새로운 프로젝트나 학습 목적에서는 최신 버전을 사용하는 것이 적합하다.

- 예시: Python 3.11(2024년 기준 최신 버전).

② 특정 버전 선택

- 이유: 프로젝트에서 사용하는 특정 라이브러리나 프레임워크가 최신 버전을 지원하지 않을 수 있다. 이 경우, 해당 라이브러리와 호환되는 Python 버전을 선택해야 한다.

- 예시: TensorFlow나 Django의 특정 버전이 Python 3.8에서 가장 안정적으로 동작할 경우, Python 3.8을 선택하는 것이 바람직하다.

③ LTS(Long-Term Support) 버전 고려

- 이유: 일부 프로젝트에서는 장기 지원을 고려해 안정적이고 오랫동안 지원되는 버전을 선택하는 것이 중요하다. 이러한 LTS 버전은 오랜 기간 동안 보안 업데이트와 유지보수가 제공된다.

- 예시: Python 3.8은 오랜 지원 기간을 가진 버전 중 하나로, LTS로 고려할 수 있다.

3) Python 버전 관리 도구

다양한 Python 버전을 쉽게 관리하기 위해, 다음과 같은 버전 관리 도구를 사용할 수 있다.

① **pyenv**: 여러 버전의 Python을 설치하고 전환할 수 있는 도구로, 프로젝트마다 다른 Python 버전을 사용할 때 유용하다.

② **Anaconda**: 데이터 과학 및 머신러닝 환경에서 많이 사용되며, Python과 관련된 패키지와 버전 관리가 용이하다.

③ **Virtualenv:** Python 가상 환경을 생성하여, 프로젝트별로 독립된 패키지와 버전을 관리할 수 있다.

Python 3.x 버전이 현재와 미래의 표준으로 자리 잡고 있으며, 새로운 프로젝트나 학습 목적으로는 Python 3.x를 선택하는 것이 권장된다. 최신 안정 버전을 사용하는 것이 대부분의 경우 적합하지만, 특정 프로젝트의 요구 사항에 따라 Python의 세부 버전을 신중하게 선택해야 한다. Python 버전 관리 도구를 활용하면, 다양한 버전을 효율적으로 관리할 수 있다.

4 Python 설치 방법(Python IDLE, Colab, Anaconda, Spyder)

Python을 설치하고 사용하는 방법에는 여러 가지가 있으며, 사용 목적에 따라 적합한 개발 환경을 선택하는 것이 중요하다. 이 장에서는 Python IDLE, Google Colab, Anaconda(및 Spyder)를 사용하여 Python을 설치하고 사용하는 방법을 설명한다.

1) Python IDLE 설치

Python IDLE(Integrated Development and Learning Environment)은 Python 설치 시 기본으로 제공되는 개발 환경이다. Python의 기본 기능을 사용해 간단한 스크립트를 작성하거나 테스트할 때 유용하다.

① Python 다운로드 및 설치

Python 공식 웹사이트(https://www.python.org/downloads/)에서 운영체제에 맞는 Python 설치 파일을 다운로드한다.

- Windows: python-3.x.x.exe 파일을 다운로드
- macOS: .pkg 파일을 다운로드
- Linux: 대부분의 배포판에서 패키지 관리자를 통해 설치할 수 있다(apt, yum 등).

설치 과정 중 "Add Python to PATH" 옵션을 체크하여 설치한다. 이 옵션은 명령어로 Python을 실행할 수 있게 한다.

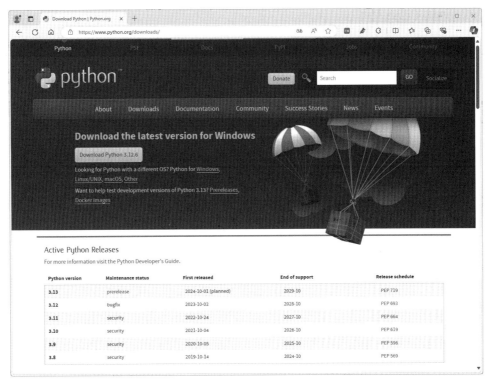

▲ Python

② IDLE 실행

Python 설치 후, IDLE이라는 프로그램이 함께 설치된다.

- Windows: 시작 메뉴에서 "IDLE"을 검색하여 실행한다.
- macOS: 애플리케이션 폴더에서 Python3.11(버전에 따라 다름) 폴더 내 IDLE을 실행한다.
- Linux: 터미널에서 idle 명령어로 실행할 수 있다.

③ 간단한 코드 실행

- IDLE에서 바로 Python 코드를 입력하고 실행할 수 있다.
- 예제: print("Hello, World!")를 입력하고 Enter를 눌러 출력 결과를 확인한다.

2) Google Colab 사용

Google Colab은 별도의 설치 없이 웹 브라우저에서 Python 코드를 실행할 수 있는 환경으로, 특히 데이터 과학, 머신러닝 분야에서 널리 사용된다. Google Colab은 Google 계정만 있으면 무료로 사용할 수 있다.

① Google Colab 접속

- Google Colab 웹사이트(https://colab.google/)에 접속 후 "Open Colab"을 클릭한다.
- Google 계정으로 로그인하여 새로운 노트북을 생성할 수 있다.

② 노트북 생성 및 코드 실행

- "새 노트북" 버튼을 클릭하여 새로운 Colab 노트북을 만든다.
- 새로운 셀에 Python 코드를 입력하고, 셀 왼쪽의 실행 버튼(▶)을 클릭하여 코드를 실행한다.
- 예제: print("Hello, Colab!") 코드를 입력하고 실행한다.

③ Colab의 주요 기능

- GPU/TPU 사용: 머신러닝 작업을 위해 GPU 또는 TPU를 활성화할 수 있다.
- Google Drive 연동: Google Drive와 연동하여 파일을 읽고 쓸 수 있다.
- 패키지 설치: !pip install package-name 명령어를 사용해 Colab 환경에 패키지를 설치할 수 있다.

3) Anaconda와 Spyder 설치

Anaconda는 데이터 과학과 머신러닝을 위해 널리 사용되는 Python 배포판이다. Anaconda에는 Python과 함께 여러 데이터 과학 관련 라이브러리와 도구(Spyder, Jupyter Notebook 등)가 포함되어 있다.

① Anaconda 다운로드 및 설치

Anaconda 공식 웹사이트(Download Anaconda Distribution | Anaconda)에서 운영체제에 맞는 설치 파일을 다운로드한다.

- Windows: Anaconda3-202x.x-x-Windows-x86_64.exe 파일을 다운로드
- macOS: Anaconda3-202x.x-x-MacOSX-x86_64.pkg 파일을 다운로드
- Linux: .sh 파일을 다운로드하여 터미널에서 설치

▲ Anaconda

② Spyder 다운로드 및 설치

- Spyder 공식 웹사이트(https://www.spyder-ide.org)에서 운영체제에 맞는 설치 파일을 다운로드한다.
- 본인 컴퓨터의 운영체제에 맞게 Windows 10+, Linux, macOS 14.0+(M1), macOS 12.0+(Intel) 파일을 다운로드 및 설치한다.

③ Spyder 실행

- Anaconda Navigator를 실행한 후, "Spyder" 아이콘을 클릭하여 Spyder IDE를 실행한다.
- Spyder는 MATLAB과 유사한 인터페이스를 제공하며, 코드 편집기, 콘솔, 변수 탐색기 등을 포함하고 있다.

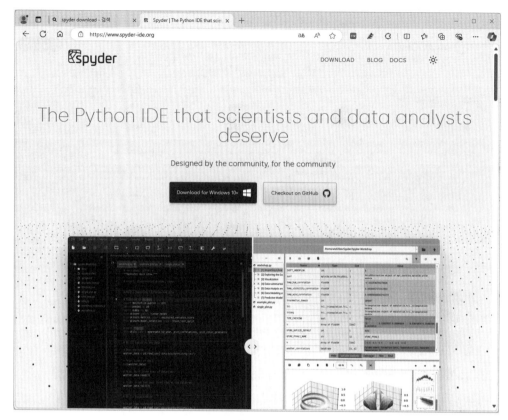

▲ Spyder

④ Spyder에서 Python 코드 실행

- Spyder의 편집기 창에서 Python 코드를 작성한 후, 상단의 실행 버튼을 눌러 코드를 실행할 수 있다.

- 예제: print("Hello, Spyder!") 코드를 작성하고 실행한다.

- Python 설치 방법에는 다양한 옵션이 있으며, 목적에 맞는 환경을 선택하는 것이 중요하다. Python IDLE은 간단한 스크립트 작성에 적합하며, Google Colab은 별도의 설치 없이 웹에서 Python을 사용할 수 있는 강력한 도구다.

- Anaconda는 데이터 과학에 최적화된 환경을 제공하며, Spyder는 통합 개발 환경(IDE)으로 데이터 분석 작업에 유용하다. 각 환경의 장단점을 이해하고, 필요에 따라 적절한 도구를 선택하여 Python을 학습하고 사용할 수 있다.

5 Python 개발 환경 설정(Python IDLE, Colab, Anaconda, Spyder)

Python 개발 환경을 설정하는 것은 Python 프로그래밍을 시작하기 위한 중요한 단계이다. 각 개발 환경은 특정 목적에 맞게 최적화되어 있으며, 사용자가 원하는 작업에 따라 적합한 도구를 선택할 수 있다. 이 장에서는 Python IDLE, Google Colab, Anaconda (및 Spyder)를 사용하여 개발 환경을 설정하는 방법을 설명한다.

1) Python IDLE 개발 환경 설정

Python IDLE(Integrated Development and Learning Environment)은 Python을 설치하면 기본적으로 제공되는 간단한 개발 환경이다. Python 초보자에게 적합하며, 기본적인 스크립트 작성과 테스트에 유용하다.

① IDLE 설치 및 실행

- Python 공식 웹사이트에서 Python을 다운로드하고 설치하면, IDLE도 함께 설치된다.

- 설치 중 "Add Python to PATH" 옵션을 선택하여 명령 프롬프트나 터미널에서 Python을 바로 실행할 수 있도록 한다.

- 설치가 완료되면, Windows에서는 시작 메뉴에서 "IDLE"을 검색하여 실행하고, macOS에서는 애플리케이션 폴더 내 Python 폴더에서 IDLE을 찾을 수 있다.

▲ Python IDLE

② 기본 설정 및 사용법

- IDLE을 처음 실행하면 Python 쉘(Python Shell)이 나타나며, 여기에서 간단한 Python 명령을 바로 실행할 수 있다.
- 스크립트를 작성하려면 File 〉 New File을 선택하여 새 파일을 생성하고, 코드를 작성한 후 F5 키를 눌러 실행할 수 있다.
- IDLE은 기본적으로 간단한 코드 편집기, 자동 완성, 오류 강조 등의 기능을 제공한다.

2) Google Colab 개발 환경 설정

Google Colab은 별도의 설치 없이 웹 브라우저에서 Python 코드를 실행할 수 있는 환경으로, 특히 데이터 과학과 머신러닝 작업에 유용하다. Google 계정만 있으면 무료로 사용할 수 있으며, 강력한 하드웨어(GPU/TPU)를 제공한다.

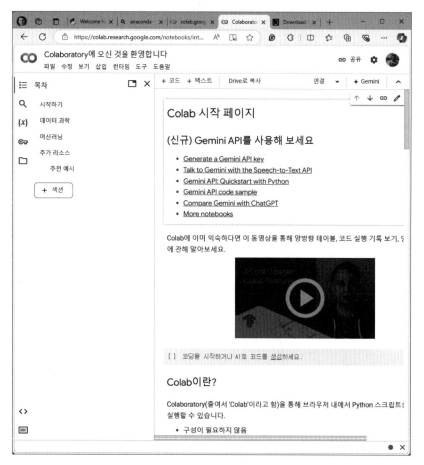

▲ Google Colab

① **Google Colab 시작하기**

- Google Colab 웹사이트에 접속하여 Google 계정으로 로그인한다.

- 로그인 후 "새 노트북"을 생성하여 새로운 Colab 환경을 시작할 수 있다.

▲ Google Colab Editor

② **Colab 환경 설정**

- Colab 노트북은 코드 셀과 텍스트 셀로 구성된다. 코드 셀에 Python 코드를 입력하고 실행 버튼(▶)을 클릭하면 결과를 바로 확인할 수 있다.

- 런타임 유형 설정: Colab에서는 Runtime 〉 Change runtime type에서 하드웨어 가속 옵션(GPU, TPU)을 설정할 수 있다. 이 옵션은 머신러닝 모델 훈련 등에서 유용하다.

- 패키지 설치: Colab 환경에 추가 패키지를 설치하려면 !pip install package-name 명령어를 코드 셀에 입력하여 실행한다.

③ **파일 저장 및 불러오기**

- Colab 노트북은 Google Drive에 자동으로 저장되며, 언제든지 다시 불러와서 작업을 이어갈 수 있다.

- Google Drive 연동: Colab을 Google Drive와 연동하여 파일을 읽고 쓸 수 있다. 예를 들어, from google.colab import drive를 사용하여 Drive를 마운트할 수 있다.

3) Anaconda와 Spyder 개발 환경 설정

Anaconda는 데이터 과학과 머신러닝을 위한 강력한 Python 배포판으로, 다양한 데이터 과학 관련 도구와 라이브러리를 포함하고 있다. Spyder는 Anaconda에 포함된 통합 개발 환경(IDE)으로, MATLAB과 유사한 인터페이스를 제공하여 데이터 분석 작업에 유용하다.

① Anaconda 설치

- Anaconda 공식 웹사이트에서 Anaconda 설치 파일을 다운로드하고 설치한다.
- 설치 중에 "Add Anaconda to my PATH environment variable" 옵션을 선택하면 터미널이나 명령 프롬프트에서 바로 Anaconda 명령어를 사용할 수 있다.

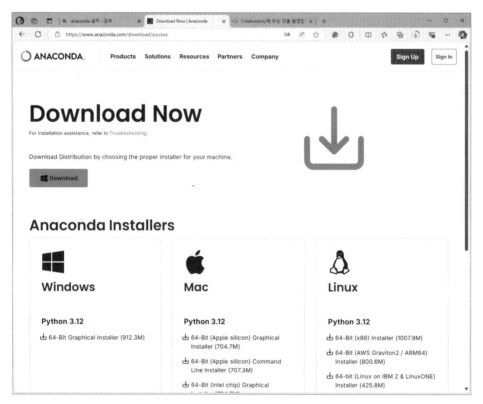

▲ Anaconda

② Anaconda Navigator 사용

- 설치가 완료되면, Anaconda Navigator를 실행하여 다양한 도구를 관리할 수 있다.
- Anaconda Navigator에서 "Spyder" 아이콘을 클릭하여 Spyder IDE를 실행한다.

③ Spyder 환경 설정

- Spyder는 통합 개발 환경으로, 코드 편집기, 콘솔, 변수 탐색기 등을 포함하고 있다.

코드 편집기	Spyder의 편집기 창에서 Python 코드를 작성하고 F5 키를 눌러 코드를 실행한다.
변수 탐색기	실행된 코드의 변수를 실시간으로 확인하고 관리할 수 있다.
플러그인 및 확장 기능	Spyder는 다양한 플러그인과 확장 기능을 통해 사용자의 필요에 따라 기능을 추가할 수 있다.

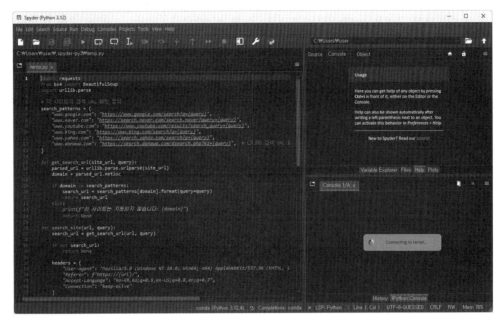

▲ Spyder Editor

④ 가상 환경 설정

- Anaconda에서는 가상 환경을 쉽게 만들고 관리할 수 있다. 가상 환경을 사용하면 프로젝트별로 독립된 패키지와 Python 버전을 관리할 수 있다.

- 가상 환경 생성: conda create -n myenv python=3.8 명령어를 사용하여 새로운 가상 환경을 생성할 수 있다.

- 가상 환경 활성화: conda activate myenv 명령어로 가상 환경을 활성화하고, 해당 환경에서 필요한 패키지를 설치하거나 사용할 수 있다.

- Python 개발 환경은 사용자의 필요와 목적에 따라 다양하게 설정할 수 있다.

- Python IDLE은 간단한 스크립트 작성에 적합하며, Google Colab은 데이터 과학과 머신러닝 작업을 위한 강력한 웹 기반 환경을 제공한다.

- Anaconda는 데이터 과학 프로젝트에 최적화된 통합 환경을 제공하며, Spyder는 통합 개발 환경으로서의 기능을 충실히 수행한다.

– 각 개발 환경을 적절히 설정하고 활용하여 Python 프로그래밍을 효과적으로 시작할 수 있다.

⑤ **첫 번째 프로그램: "Hello, World!"**

Python을 처음 배우는 대부분의 사람들은 "Hello, World!" 프로그램으로 시작한다. 이 프로그램은 단순히 화면에 "Hello, World!"라는 메시지를 출력하는 코드로, Python의 기본적인 문법을 이해하는 데 도움을 준다. 이 장에서는 Python에서 첫 번째 프로그램을 작성하고 실행하는 방법을 설명한다.

㉠ "Hello, World!" 프로그램 작성하기

– Python에서 "Hello, World!" 프로그램은 매우 간단하다. 다음과 같은 코드 한 줄로 작성할 수 있다.

print( ) 함수	print( )는 Python에서 표준 출력(화면)에 문자열이나 다른 데이터 유형을 출력할 때 사용하는 함수이다.
문자열	"Hello, World!"는 따옴표로 둘러싸인 문자열이다. Python에서는 문자열을 출력할 때 큰따옴표(" ")나 작은따옴표(' ')를 사용할 수 있다.

㉡ Python IDLE에서 "Hello, World!" 실행하기

㉢ IDLE 실행

– Python이 설치된 후, IDLE(Integrated Development and Learning Environment)을 실행한다.

– Windows: 시작 메뉴에서 "IDLE"을 검색하여 실행한다.

– macOS: 애플리케이션 폴더에서 Python 폴더 내 IDLE을 실행한다.

– Linux: 터미널에서 idle 명령어로 실행한다.

㉣ 코드 작성 및 실행

– IDLE을 실행하면 Python 쉘(Python Shell)이 나타난다. 여기에서 바로 코드를 입력하고 실행할 수 있다.

– Python 쉘에 print("Hello, World!")를 입력하고 Enter를 누르면, 화면에 Hello, World!가 출력된다.

– 새 파일로 저장하여 실행하려면, File 〉 New File을 선택하여 새로운 파일을 생성하고, 위의 코드를 입력한 후 F5 키를 눌러 실행한다.

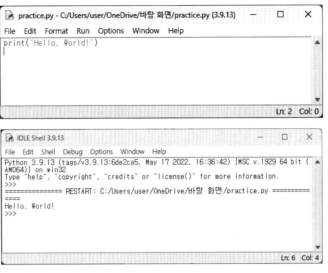

▲ Python IDLE Editor

ⓜ Google Colab에서 "Hello, World!" 실행하기

- Google Colab 접속: Google Colab 웹사이트에 접속하여 Google 계정으로 로그인한다.

- 새 노트북 생성: "새 노트북" 버튼을 클릭하여 새로운 Colab 노트북을 생성한다.

- 코드 작성 및 실행: 첫 번째 코드 셀에 print("Hello, World!")를 입력하고, 셀 왼쪽의 실행 버튼(▶)을 클릭하여 코드를 실행한다. 출력 결과로 Hello, World!가 화면에 표시된다.

▲ Colab Editor

ⓑ Anaconda와 Spyder에서 "Hello, World!" 실행하기

- Spyder 실행: Anaconda 설치 후, Anaconda Navigator를 열어 "Spyder"를 실행한다.

– 코드 작성 및 실행: Spyder의 편집기 창에 print("Hello, World!") 코드를 입력한다. 상단의 실행 버튼(녹색 ▶ 아이콘)을 클릭하거나 F5 키를 눌러 코드를 실행한다. 콘솔 창에 Hello, World!라는 출력 결과가 표시된다.

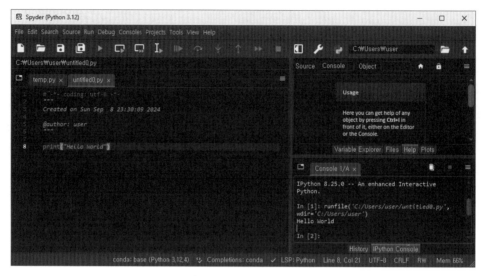

▲ Spyder Editor

ⓐ 명령 프롬프트나 터미널에서 "Hello, World!" 실행하기

– 텍스트 파일에 코드 작성: 원하는 텍스트 편집기(예 Notepad, Sublime Text, Visual Studio Code)를 열고, print("Hello, World!") 코드를 작성한다. 파일을 hello.py로 저장한다.

– 코드 실행

Windows	명령 프롬프트를 열고 파일이 저장된 디렉터리로 이동한 후, python hello.py 명령어를 입력하여 실행한다.
macOS/Linux	터미널을 열고 파일이 저장된 디렉터리로 이동한 후, python3 hello.py 명령어를 입력하여 실행한다. 터미널에 Hello, World!라는 메시지가 출력된다.

◎ 코드 설명 및 확장

– "Hello, World!" 프로그램은 Python의 기본 구조를 이해하는 데 도움이 되며, 다음과 같은 방식으로 확장할 수 있다.

다른 메시지 출력	print("Hello, Python!")처럼 다른 문자열을 출력할 수 있다.
변수 사용	변수를 사용하여 메시지를 저장한 후 출력할 수 있다.
여러 줄 출력	여러 줄의 메시지를 출력하거나 여러 print() 문을 사용하여 다양한 내용을 출력할 수 있다.

▲ Colab Editor("Hello World")

- "Hello, World!" 프로그램은 Python의 기본적인 출력 기능을 이해하는 첫 단계이다. 이 간단한 프로그램을 통해 Python의 문법과 개발 환경 사용법을 익힐 수 있으며, 이를 바탕으로 더욱 복잡한 프로그램을 작성하는 데 필요한 기초를 다질 수 있다. 각 개발 환경에서 코드를 작성하고 실행하는 방법을 익히는 것은 Python 프로그래밍을 배우는 데 있어 중요한 첫 걸음이다.

연습문제

4지선다형 문제 (10문항)

01. Python을 처음 개발한 사람은 누구인가?

① 리누스 토발즈   ② 귀도 반 로섬

③ 제임스 고슬링   ④ 데니스 리치

02. Python이라는 이름의 유래는 무엇인가?

① 파이썬 뱀에서 유래

② 귀도 반 로섬의 애완동물 이름

③ 인기 있는 코미디 프로그램

④ 고대 신화의 신 이름

03. Python에서 가장 최신 버전으로 권장되는 버전은?

① Python 2.x   ② Python 3.x

③ Python 1.x   ④ Python 4.x

04. Python이 인터프리터 언어인 이유는 무엇인가?

① 컴파일 없이 바로 실행되기 때문에

② 빠른 실행 속도를 위해

③ 코드의 보안을 위해

④ 코드를 바이너리 파일로 변환하기 위해

05. 다음 중 Python의 주요 특징이 아닌 것은?

① 간결한 문법

② 플랫폼 독립성

③ 정적 타이핑

④ 방대한 표준 라이브러리

06. Python의 가장 기본적인 출력 함수는 무엇인가?

① output( )   ② display( )

③ print( )   ④ echo( )

07. Python 2.x 버전에서 문자열 처리 시 기본적으로 약했던 것은 무엇인가?

① 정수형 연산   ② 소수점 연산

③ Unicode 지원   ④ 데이터 타입 변환

08. Python에서 print("Hello, World!")의 출력 결과는?

① Hello, Python!

② Hello, World!

③ Hello, World

④ print("Hello, World!")

09. Google Colab에서 제공하지 않는 기능은 무엇인가?

① GPU 사용

② TPU 사용

③ 파일 입출력

④ 데스크톱 애플리케이션 개발

10. 다음 중 Anaconda에 기본적으로 포함되지 않는 것은?

① Jupyter Notebook

② Spyder

③ TensorFlow

④ Python 표준 라이브러리

01. Python의 창시자는 (   )이다.

02. Python 3.x 버전은 기본적으로 모든 문자열을 (   )로 처리한다.

03. print("Python") 코드가 실행되면 출력되는 결과는 (   )이다.

04. Google Colab에서는 Python 코드를 실행하기 위해 (   ) 버튼을 클릭한다.

05. Python에서 (   )는 코드를 블록 단위로 구분하는 데 사용된다.

06. Python의 동적 타이핑 특징은 변수의 (   )를 명시적으로 선언할 필요가 없음을 의미한다.

07. Python에서 특정 기능을 수행하는 모듈을 설치하려면 (   ) 명령어를 사용한다.

08. Python 2.x는 (   )년 1월 1일 이후로 공식적인 지원이 종료되었다.

09. Python IDLE에서 새 파일을 생성하려면 (   ) 메뉴에서 선택해야 한다.

10. Spyder에서 코드를 실행하기 위해 키보드의 (   ) 키를 눌러야 한다.

프로그램 제작 문제 (5문항)

01. "Hello, World!"를 출력하는 Python 프로그램을 작성하라.

02. 사용자의 이름을 입력받아 "Hello, [이름]!"을 출력하는 프로그램을 작성하라.

03. 두 수를 입력받아 그 합을 출력하는 프로그램을 작성하라.

04. 1부터 10까지의 숫자를 한 줄에 하나씩 출력하는 프로그램을 작성하라.

05. 리스트 [1, 2, 3, 4, 5]의 모든 요소를 출력하는 프로그램을 작성하라.

Chapter

02

Python 기초 문법

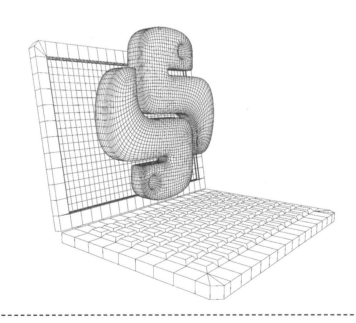

Python 기초 문법

Python의 변수와 데이터 타입(int, float, str, bool 등)을 이해하고, 기초 문법(숫자형, 문자열, 주석 작성법)을 배우며 Python 문법의 기본 틀을 익혀 간단한 데이터 입력과 출력이 가능한 프로그램을 작성해 본다.

1 변수와 데이터 타입

1) 변수란 무엇인가?

변수는 컴퓨터 프로그래밍에서 값을 저장할 수 있는 이름이다. 파이썬에서는 변수에 값을 저장할 때 = 연산자를 사용하여 할당한다.

예시

```python
x = 10
y = 20
z = x + y
print(z) # 출력: 30
```

위의 예시에서, x와 y는 각각 10과 20이라는 값을 저장하는 변수이고, z는 두 변수를 더한 값인 30을 저장한다.

① 변수의 특징

- 변수명은 알파벳, 숫자, 밑줄(_)로 구성될 수 있다.
- 변수명은 숫자로 시작할 수 없다.
- 변수명은 대소문자를 구분한다.

```python
python

age = 25 # 올바른 변수명
_age = 30 # 밑줄로 시작하는 변수명도 허용됨
3age = 35 # 숫자로 시작하면 오류 발생
```

② 데이터 타입

파이썬에서 변수는 여러 종류의 데이터를 저장할 수 있고, 각 데이터는 특정한 데이터 타입을 가진다. 데이터 타입을 이해하면, 데이터의 성질과 어떤 연산이 가능한지를 알 수 있다.

③ 파이썬에서 자주 사용되는 기본 데이터 타입은 다음과 같다.

– 정수형(int): 정수를 저장하는 타입이다.

– 실수형(float): 소수점을 포함한 숫자를 저장하는 타입이다.

– 문자열(str): 문자열을 저장하는 타입이다.

– 불린형(bool): 참(True) 또는 거짓(False) 값을 저장하는 타입이다.

데이터 타입 예시

```python
python

a = 10 # 정수형(int)
b = 3.14 # 실수형(float)
c = "Hello" # 문자열(str)
d = True # 불린형(bool)

print(type(a)) # ⟨class 'int'⟩
print(type(b)) # ⟨class 'float'⟩
print(type(c)) # ⟨class 'str'⟩
print(type(d)) # ⟨class 'bool'⟩
```

위 예시에서 각 변수는 다양한 데이터 타입을 가지고 있으며, type() 함수를 사용하여 변수의 타입을 확인할 수 있다.

④ 데이터 타입 변환

종종 데이터 타입을 서로 변환해야 할 필요가 생긴다. 이를 형 변환(type conversion)이라고 한다.

```python
x = 5 # 정수형(int)
y = 3.14 # 실수형(float)
z = "123" # 문자열(str)

# 정수형을 실수형으로 변환
a = float(x)
print(a) # 출력: 5.0

# 실수형을 정수형으로 변환
b = int(y)
print(b) # 출력: 3

# 문자열을 정수형으로 변환
c = int(z)
print(c) # 출력: 123
```

위 예시에서는 정수형, 실수형, 문자열을 서로 변환하는 방법을 보여준다. 단, 문자열을 숫자로 변환할 때는 문자열이 숫자 형식이어야 한다. 예를 들어, "123"은 정수로 변환이 가능하지만 "abc"는 변환할 수 없다.

2 숫자형(int, float, complex)

파이썬은 다양한 숫자형 데이터를 지원하며, 그 중 주요 데이터 타입은 정수형(int), 실수형(float), 복소수형(complex)이다. 이 섹션에서는 이 숫자형 데이터 타입들에 대해 더 깊이 있게 설명하고, 각 타입의 특성과 연산 방법을 살펴보겠다.

1) 정수형(int)

정수형은 소수점이 없는 숫자를 의미한다. 파이썬의 정수형은 임의의 크기를 가질 수 있으며, 이는 파이썬의 특징 중 하나로서 매우 큰 숫자도 제한 없이 다룰 수 있다는 장점이 있다. 다른 언어에서는 정수의 크기가 32비트 또는 64비트로 제한되지만, 파이썬에서는 메모리만 충분하다면 정수의 크기에 제한이 없다.

예시

```python
a = 12345678901234567890 # 매우 큰 정수
print(a) # 출력: 12345678901234567890
```

2진수, 8진수, 16진수 표현도 가능하다. 각각 0b, 0o, 0x로 시작하여 나타낸다.

예시

```python
bin_num = 0b1010 # 2진수 1010 -〉 10
oct_num = 0o12 # 8진수 12 -〉 10
hex_num = 0xA # 16진수 A -〉 10

print(bin_num, oct_num, hex_num) # 출력: 10 10 10
```

파이썬은 정수형에 대해 다양한 연산을 지원하며, 일반적인 산술 연산 외에도 몫 연산(//)과 나머지 연산(%)이 가능하다.

예시

```python
x = 10
y = 3

# 몫 연산 (정수 나눗셈)
print(x // y) # 출력: 3

# 나머지 연산
print(x % y) # 출력: 1
```

2) 실수형(float)

실수형은 소수점 이하의 값을 포함하는 숫자를 저장한다. 실수는 부동소수점(floating point)으로 저장되며, 이는 대략적인 값을 저장할 때 유용하다. 파이썬에서 실수형은 기본적으로 64비트로 표현되며, 매우 큰 숫자 또는 매우 작은 숫자를 표현하기 위해 지수 표현법을 사용할 수 있다.

실수 표현

```python
f = 3.14159 # 일반적인 실수 표현
g = 1.23e5 # 지수 표현법: 1.23 * 10^5 -〉 123000.0
h = 2.5E-3 # 지수 표현법: 2.5 * 10^-3 -〉 0.0025
```

① 부동소수점의 한계부동소수점은 컴퓨터의 이진 표현 방식으로 인해 미세한 오차가 발생할 수 있다. 이는 특히 소수점 아래 많은 자릿수를 계산할 때 유의해야 한다. 예를 들어, 0.1+0.2는 우리가 기대하는 0.3과 약간 다른 결과를 반환할 수 있다.

예시

```python
print(0.1 + 0.2) # 출력: 0.30000000000000004 (미세한 오차 발생)
```

이 문제를 해결하기 위해서는 decimal 모듈을 사용하여 더 높은 정밀도로 계산할 수 있다.

decimal 모듈 예시

```python
from decimal import Decimal

a = Decimal('0.1')
b = Decimal('0.2')
print(a + b) # 출력: 0.3 (정확한 결과)
```

3) 복소수형(complex)

파이썬은 복소수를 기본적으로 지원하는 몇 안 되는 언어 중 하나이다. 복소수는 실수부와 허수부로 구성되며, 허수는 j로 표현한다. 파이썬의 복소수는 실수부와 허수부 모두 float 타입으로 저장된다.

복소수 생성

```python
z1 = 2 + 3j # 실수부 2, 허수부 3
z2 = -1.5 + 2.5j # 실수부 -1.5, 허수부 2.5
```

복소수는 일반적인 산술 연산이 가능하며, real 속성과 imag 속성을 사용하여 각각 실수부와 허수부를 참조할 수 있다.

예시

python
```
z = 4 + 5j
print(z.real) # 출력: 4.0 (실수부)
print(z.imag) # 출력: 5.0 (허수부)
```

복소수의 크기(절댓값)는 피타고라스 정리를 이용하여 계산할 수 있다. 이는 abs() 함수를 사용한다.

절댓값 계산 예시

python
```
z = 3 + 4j
print(abs(z)) # 출력: 5.0 (√(3**2 + 4**2) = 5)
```

① 숫자형 간의 연산

파이썬에서는 숫자형 데이터 타입 간의 다양한 연산이 가능하며, 연산 결과는 자동으로 적절한 데이터 타입으로 변환된다. 예를 들어, 정수와 실수를 연산하면 결과는 실수형이 된다.

㉠ 산술 연산

덧셈	+	뺄셈	−
곱셈	*	나눗셈	/ (항상 실수형 결과 반환)
나머지 연산	%	몫 연산	// (정수형 결과 반환)
거듭제곱	**		

예시

python
```
x = 7
y = 2

# 나눗셈
print(x / y) # 출력: 3.5 (실수형)
```

```
# 몫 연산
print(x // y) # 출력: 3 (정수형)

# 거듭제곱
print(x**y) # 출력: 49 (7**2 = 49)
```

복소수 연산도 기본 산술 연산을 통해 가능하며, 실수형과 복소수형을 혼합한 연산에서도 자동으로 복소수형으로 변환된다.

복소수 연산 예시

python

```
z = 1 + 2j
result = z * (3 + 4j)
print(result) # 출력: (-5 + 10j)
```

② 형 변환

파이썬에서는 숫자형 데이터 타입 간에 형 변환이 가능하다. 예를 들어, 정수형(int)을 실수형(float)으로, 또는 실수형(float)을 정수형(int)으로 변환할 수 있다.

예시

python

```
x = 5 # 정수형
y = 3.7 # 실수형

# 정수형을 실수형으로 변환
a = float(x)
print(a) # 출력: 5.0

# 실수형을 정수형으로 변환 (소수점 이하 값은 버림)
b = int(y)
print(b) # 출력: 3

# 정수형을 복소수형으로 변환
c = complex(x)
print(c) # 출력: (5+0j)
```

복소수형은 실수형과 정수형을 포함한 모든 숫자형 타입으로 변환이 가능하며, 실수부와 허수부를 각각 설정할 수도 있다.

4) 문자열(str)

문자열은 문자(characters)의 나열로, 파이썬에서 가장 많이 사용되는 데이터 타입 중 하나다. 파이썬에서는 문자열을 str 타입으로 다루며, 작은따옴표(')나 큰따옴표(")로 문자열을 정의한다. 문자열은 불변(immutable) 타입이기 때문에, 한 번 정의된 문자열은 변경할 수 없다. 그러나 문자열은 다양한 연산과 조작이 가능하며, 파이썬에서는 이를 쉽게 처리할 수 있는 강력한 문자열 처리 기능을 제공한다.

① 문자열 생성

문자열은 작은따옴표 또는 큰따옴표로 묶어서 정의한다. 두 가지 방법 모두 동일한 기능을 하며, 필요에 따라 선택할 수 있다.

예시

```python
string1 = 'Hello, World!'
string2 = "Hello, Python!"
print(string1) # 출력: Hello, World!
print(string2) # 출력: Hello, Python!
```

파이썬에서는 문자열 안에 따옴표를 포함하고자 할 때 다른 종류의 따옴표를 사용하여 쉽게 처리할 수 있다.

예시

```python
quote1 = "Python's syntax is easy to learn." # 작은따옴표 포함
quote2 = 'She said, "Python is fun!"' # 큰따옴표 포함
```

② 여러 줄 문자열

여러 줄에 걸쳐 긴 문자열을 정의하려면, 삼중 따옴표(''' 또는 """)를 사용한다. 이를 사용하면 줄바꿈이 포함된 문자열을 쉽게 정의할 수 있다.

```python
long_string = """이 문자열은
여러 줄로 작성되었다.
그리고 줄바꿈이 자동으로 포함된다."""
print(long_string)

출력 결과:
이 문자열은
여러 줄로 작성되었다.
그리고 줄바꿈이 자동으로 포함된다.
```

③ 문자열 인덱싱과 슬라이싱

문자열은 인덱싱(indexing)과 슬라이싱(slicing)을 통해 개별 문자나 부분 문자열에 접근할 수 있다. 문자열에서 각 문자는 0부터 시작하는 인덱스를 가진다.

인덱싱

```python
s = "Python"
print(s[0]) # 출력: 'P' (0번째 문자)
print(s[5]) # 출력: 'n' (5번째 문자)
```

음수 인덱스를 사용하면 문자열의 뒤에서부터 접근할 수 있다.

음수 인덱싱

```python
print(s[-1]) # 출력: 'n' (마지막 문자)
print(s[-2]) # 출력: 'o' (뒤에서 두 번째 문자)
```

슬라이싱은 문자열의 특정 부분을 추출하는 방법으로, [시작:끝] 형식을 사용한다. 슬라이싱 시 끝 인덱스는 포함되지 않으며 시작 인덱스 <= 슬라이스 < 끝 인덱스의 범위로 동작한다.

슬라이싱

```python
print(s[0:3]) # 출력: 'Pyt' (0번째부터 2번째까지)
print(s[2:]) # 출력: 'thon' (2번째부터 끝까지)
print(s[:4]) # 출력: 'Pyth' (처음부터 3번째까지)
```

슬라이싱에서 스텝(step)을 사용하면 일정한 간격으로 문자를 추출할 수 있다. [시작:끝:스텝] 형식을 사용한다.

슬라이싱 예시(스텝 사용)

```python
s = "abcdefgh"
print(s[::2]) # 출력: 'aceg' (2칸씩 건너뛰며 추출)
print(s[::-1]) # 출력: 'hgfedcba' (문자열을 뒤집음)
```

④ 문자열 연산

문자열에서는 다양한 연산이 가능하다.

㉠ 문자열 연결(concatenation): + 연산자를 사용하여 문자열을 연결할 수 있다.

```python
str1 = "Hello"
str2 = "World"
result = str1 + " " + str2
print(result) # 출력: 'Hello World'
```

㉡ 문자열 반복(Repetition): * 연산자를 사용하여 문자열을 반복할 수 있다.

```python
str1 = "Ha"
result = str1 * 3
print(result) # 출력: 'HaHaHa'
```

㉢ 문자열 길이 확인: len() 함수를 사용하여 문자열의 길이를 확인할 수 있다.

```python
s = "Python"
print(len(s)) # 출력: 6
```

⑤ 문자열 메서드

파이썬은 문자열을 처리하기 위한 다양한 내장 메서드를 제공한다. 대표적인 문자열 메서드는 다음과 같다.

㉠ upper()와 lower(): 문자열을 대문자 또는 소문자로 변환한다.

```python
s = "Hello, Python!"
print(s.upper()) # 출력: 'HELLO, PYTHON!'
print(s.lower()) # 출력: 'hello, python!'
```

㉡ strip(): 문자열의 앞뒤 공백을 제거한다. lstrip()은 왼쪽 공백만, rstrip()은 오른쪽 공백만 제거한다.

```python
s = " Hello, Python! "
print(s.strip()) # 출력: 'Hello, Python!'
print(s.lstrip()) # 출력: 'Hello, Python! '
print(s.rstrip()) # 출력: ' Hello, Python!'
```

㉢ replace(): 문자열 내의 특정 부분을 다른 문자열로 교체한다.

```python
s = "Hello, Python!"
print(s.replace("Python", "World")) # 출력: 'Hello, World!'
```

㉣ split(): 문자열을 특정 구분자로 분할하여 리스트로 반환한다.

```python
s = "apple, banana, cherry"
fruits = s.split(", ") # 쉼표와 공백을 기준으로 분할
print(fruits) # 출력: ['apple', 'banana', 'cherry']
```

ⓜ join(): 리스트와 같은 반복 가능한 객체를 특정 구분자로 결합하여 문자열을 만든다.

```python
fruits = ['apple', 'banana', 'cherry']
result = ', '.join(fruits)
print(result) # 출력: 'apple, banana, cherry'
```

ⓗ find()와 index(): 문자열 내에서 특정 문자의 위치를 찾는다. find()는 찾는 문자가 없으면 -1을 반환하지만, index()는 오류를 발생시킨다.

```python
s = "Hello, Python!"
print(s.find("Python")) # 출력: 7 (Python의 시작 위치)
print(s.find("Java")) # 출력: -1 (찾을 수 없을 때)

print(s.index("Python")) # 출력: 7
# print(s.index("Java")) # 오류 발생
```

⑥ 문자열 서식화(Formatting)

파이썬에서는 문자열 안에 변수를 삽입하거나 포맷을 지정하여 출력할 수 있는 여러 방법을 제공한다.

㉠ % 서식 지정자: C 언어 스타일의 서식 지정 방식이다. %s, %d, %f 등의 형식을 사용하여 문자열 안에 값을 삽입한다.

```python
name = "Alice"
age = 25
print("My name is %s and I am %d years old." % (name, age))
# 출력: My name is Alice and I am 25 years old.
```

㉡ str.format(): {}를 사용하여 문자열 안에 값을 삽입하는 방법이다. 변수의 순서나 이름을 지정할 수 있다.

```python
name = "Bob"
age = 30
print("My name is {} and I am {} years old.".format(name, age))
# 출력: My name is Bob and I am 30 years old.
```

© f-string(Python 3.6+): f 문자열을 사용하여 간결하게 문자열 안에 변수를 삽입할 수 있는 방법이다. 변수 이름을 직접 중괄호 {} 안에 넣어 사용할 수 있다.

```python
name = "Charlie"
age = 22
print(f"My name is {name} and I am {age} years old.")
# 출력: My name is Charlie and I am 22 years old.
```

> **요약**
> - 문자열(str)은 작은따옴표 또는 큰따옴표로 정의되며, 여러 줄 문자열은 삼중 따옴표(''', """)를 사용한다.
> - 인덱싱과 슬라이싱을 통해 문자열의 개별 문자나 부분 문자열에 접근할 수 있으며, 음수 인덱스로 뒤에서부터 접근이 가능하다.
> - 문자열은 불변(immutable)이므로 한 번 정의된 문자열은 변경할 수 없다.
> - 파이썬은 문자열을 처리하기 위한 다양한 메서드와 서식화 방법을 제공하며, 이를 통해 강력한 문자열 조작이 가능하다.
> - 문자열은 파이썬에서 매우 중요한 데이터 타입이며, 이를 잘 다루면 텍스트 처리, 파일 입출력, 사용자 입력 등 다양한 상황에서 효율적인 코드를 작성할 수 있다.

5) 불리언(bool)

불리언(Boolean)은 참(True)과 거짓(False) 두 가지 값만을 가지는 데이터 타입이다. 파이썬에서는 이 불리언 값을 bool 타입으로 제공하며, 논리적 조건을 표현하고 제어 흐름에서 중요한 역할을 한다. 불리언 값은 주로 조건문이나 반복문에서 사용되며, 다른 데이터 타입에서의 비교나 논리 연산의 결과로 얻어진다.

① 불리언 값

파이썬에서 불리언 타입의 값은 True 또는 False로 표현된다. 이 두 값은 각각 참과 거짓을 나타낸다. 불리언 값은 다음과 같이 직접 정의할 수 있다.

예시

```python
is_true = True
is_false = False
print(is_true) # 출력: True
print(is_false) # 출력: False
```

True와 False는 대소문자를 구분하기 때문에, 반드시 첫 글자는 대문자여야 한다. true나 false로 작성하면 오류가 발생한다.

② 불리언 연산

불리언 값은 주로 논리 연산과 비교 연산에서 사용된다.

㉠ 비교 연산자: 비교 연산자는 두 값을 비교하여 불리언 값을 반환한다. 자주 사용하는 비교 연산자는 다음과 같다.

==	두 값이 같은지 비교(같으면 True, 다르면 False)
!=	두 값이 다른지 비교(다르면 True, 같으면 False)
<	왼쪽 값이 오른쪽 값보다 작은지 비교
<=	왼쪽 값이 오른쪽 값보다 작거나 같은지 비교
>	왼쪽 값이 오른쪽 값보다 큰지 비교
>=	왼쪽 값이 오른쪽 값보다 크거나 같은지 비교

비교 연산 예시

python

```
x = 10
y = 20

print(x == y) # 출력: False
print(x != y) # 출력: True
print(x < y) # 출력: True
print(x >= y) # 출력: False
```

㉡ 논리 연산자: 논리 연산자는 불리언 값 사이의 논리적 관계를 나타낸다. 주요 논리 연산자는 다음과 같다.

and	두 조건이 모두 참일 때 True를 반환
or	두 조건 중 하나라도 참이면 True를 반환
not	불리언 값을 반대로 뒤집음(True는 False로, False는 True로)

논리 연산 예시

python

```
a = True
b = False
```

```
print(a and b) # 출력: False (둘 다 참이 아니므로 False)
print(a or b) # 출력: True (둘 중 하나가 참이므로 True)
print(not a) # 출력: False (a가 True이므로 반대는 False)
```

논리 연산자는 여러 조건을 결합할 때 유용하게 사용된다. 예를 들어, 조건문에서 두 개 이상의 조건을 동시에 확인하거나, 하나라도 참인지 확인할 때 사용된다.

③ 불리언의 사용 예시

불리언은 주로 조건문(if문)에서 사용된다. 조건문은 특정 조건이 참(True)일 때만 실행되는 코드 블록을 정의할 수 있다. 조건문과 반복문에서 print 함수 앞에 4칸 이상 띄어 써야 합니다.

조건문 예시

```python
x = 5
if x > 0:
    print("x는 양수입니다.") # 조건이 True이므로 실행됨
else:
    print("x는 음수입니다.")
```
4칸 이상 띄어쓰기

불리언 값은 또한 반복문(while문)에서도 자주 사용된다. 반복문은 조건이 True인 동안 코드를 반복 실행한다. 조건문과 반복문에서 print 함수 앞에 4칸 이상 띄어 써야 합니다.

반복문 예시

```python
x = 0
while x < 5:
    print(x)
    x += 1 # x가 5가 될 때까지 반복
```

④ 불리언과 다른 데이터 타입

파이썬에서 숫자형(int)이나 문자열(str) 같은 다른 데이터 타입도 불리언 값으로 변환될 수 있다. 파이썬은 이러한 변환을 통해 객체가 "참인지" 또는 "거짓인지"를 판단한다. 기본적으로 다음과 같은 규칙이 적용된다.

숫자형	0은 False, 그 외의 값은 True로 간주된다.
문자열	빈 문자열("")은 False, 그 외의 문자열은 True로 간주된다.
리스트, 튜플, 세트, 딕셔너리	빈 컨테이너는 False, 그 외의 값이 있으면 True로 간주된다.

예시

```python
print(bool(0)) # 출력: False
print(bool(10)) # 출력: True
print(bool("")) # 출력: False
print(bool("Python")) # 출력: True
print(bool([])) # 출력: False (빈 리스트는 False)
print(bool([1, 2, 3])) # 출력: True (요소가 있는 리스트는 True)
```

이러한 불리언 변환은 조건문에서 매우 유용하게 사용된다. 다음과 같은 코드는 숫자나 문자열이 비어 있는지 여부를 자동으로 확인할 수 있다.

예시

```python
name = ""
if name:
    print("이름이 입력되었다.")
else:
    print("이름이 비어 있다.") # 출력됨 (name이 빈 문자열이므로 False로 평가됨)
```

⑤ 불리언의 활용

ⓣ 기본 비교 및 논리 연산: 불리언을 통해 프로그램의 흐름을 제어하고, 복잡한 조건을 처리할 수 있다. 이는 특히 데이터를 처리하는 과정에서 유용하다.

예시

```python
x = 7
y = 10

# 여러 조건을 결합하여 사용
if x < 10 and y > 5:
    print("x는 10보다 작고 y는 5보다 큽니다.")
```

ⓛ 삼항 연산자: 파이썬에서는 삼항 연산자를 사용하여 조건에 따라 값을 반환할 수 있다. 삼항 연산자는 True일 때 값 if 조건 else False일 때 값의 형식을 사용한다.

삼항 연산자 예시

```python
x = 5
result = "양수" if x > 0 else "음수"
print(result) # 출력: 양수
```

ⓒ 모든 값과 하나라도 참인지 확인: 불리언 연산을 할 때, all() 함수와 any() 함수를 사용할 수 있다.

all()	모든 값이 참일 때만 True를 반환한다.
any()	하나라도 참이면 True를 반환한다.

예시

```python
values = [True, True, False]
print(all(values)) # 출력: False (모든 값이 참이 아니므로 False)
print(any(values)) # 출력: True (하나라도 참이므로 True)
```

> **요약**
> - 불리언(bool)은 참(True)과 거짓(False) 두 가지 값만을 가진다.
> - 비교 연산자와 논리 연산자를 사용하여 불리언 값을 도출할 수 있다.
> - 불리언 값은 조건문과 반복문에서 흐름 제어에 사용된다.
> - 다른 데이터 타입도 불리언 값으로 변환될 수 있으며, 기본적으로 0, 빈 문자열, 빈 컨테이너 등은 False로 간주된다.
> - 파이썬은 불리언 값을 활용한 논리적 조건 처리를 매우 직관적으로 제공하며, 프로그램의 흐름을 제어하는 데 중요한 역할을 한다.
> - 불리언은 파이썬에서 매우 중요한 개념이며, 프로그램의 논리 흐름을 제어하는 데 필수적이다. 이를 잘 활용하면 효율적인 조건 처리와 제어 구조를 작성할 수 있다.

6) 주석 작성법

주석은 코드에 설명이나 메모를 작성하여, 코드의 동작을 설명하거나 다른 사람 혹은 미래의 자신이 코드를 이해하기 쉽게 돕는 역할을 한다. 파이썬에서 주석은 코드에 영향을 미치지 않으며, 코드 실행 시 무시된다. 주석을 적절하게 사용하면 코드의 가독성이 크게 향상된다.

파이썬에서는 한 줄 주석(Single-line comments)과 여러 줄 주석(Multi-line comments)의 두 가지 주석 형태를 지원한다.

① 한 줄 주석

파이썬에서 한 줄 주석은 # 기호로 시작한다. # 기호 뒤에 오는 모든 내용은 주석으로 처리되며, 코드 실행에 영향을 주지 않는다. 한 줄 주석은 코드의 특정 부분에 대한 설명을 짧게 작성할 때 유용하다.

예시

```python
# 이 코드는 변수 x에 10을 할당한다.
x = 10
```

또한, 주석은 코드의 끝부분에 추가하여 코드의 일부에 대한 설명을 추가할 수도 있다.

예시

```python
x = 10 # 변수 x에 10을 할당
```

② 여러 줄 주석

여러 줄에 걸친 긴 설명을 작성하고 싶을 때는 여러 줄 주석을 사용할 수 있다. 파이썬에는 여러 줄 주석을 위한 전용 문법은 없지만, 일반적으로 여러 줄 주석을 작성할 때는 연속된 # 기호를 사용하거나 삼중 따옴표('''또는 """)를 사용하여 작성한다.

㉠ 방법 1: 여러 줄에 걸친 # 사용

```python
# 이 코드는 매우 중요한 기능을 수행한다.
# 여러 줄로 작성된 주석은 이렇게 각 줄마다
# # 기호를 사용하여 작성한다.
x = 10
y = 20
result = x + y
```

㉡ 방법 2: 삼중 따옴표를 사용한 여러 줄 주석

삼중 따옴표('''또는 """)는 여러 줄 문자열을 나타내지만, 주석처럼 사용할 수 있다.

파이썬 인터프리터는 이를 문자열로 간주하고 실행하지 않는다. 하지만 주의할 점은, 삼중 따옴표로 작성한 주석은 실제로는 문자열로 취급되므로, 불필요한 메모리 낭비를 일으킬 수 있다. 따라서 여러 줄 주석에는 주로 # 기호를 사용하는 것이 더 일반적이다.

예시

```python
'''
이 코드는 여러 줄 주석을 위한 예시이다.
여기에서는 삼중 따옴표를 사용하여
여러 줄에 걸친 설명을 작성하고 있다.
'''
x = 10
y = 20
result = x + y
```

③ 주석 작성의 중요성

- 코드 가독성 향상: 주석을 적절하게 사용하면 코드의 목적과 동작을 쉽게 이해할 수 있다.
- 유지보수성 향상: 시간이 지나 코드의 목적을 잊었을 때, 주석은 코드의 동작을 다시 이해하는 데 큰 도움이 된다.
- 협업 시 필수 요소: 팀원들과 협업할 때는 다른 사람들이 코드를 빠르게 이해할 수 있도록 주석을 작성하는 것이 중요하다.

④ 좋은 주석 작성법

- 명확하고 간결하게 작성: 주석은 코드의 목적과 동작을 명확하고 간결하게 설명해야 한다.
- 불필요한 주석을 피함: 주석은 코드에서 명확하지 않은 부분을 설명하기 위한 것이지, 명백한 내용을 반복할 필요는 없다.

예시(불필요한 주석)

```python
x = 10 # 변수 x에 10을 할당 (불필요하게 설명적임)
```

예시(좋은 주석)

```python
x = 10 # 사용자의 나이를 저장 (코드의 목적을 설명)
```

코드 변경 시 주석도 함께 업데이트: 코드가 변경되면 주석도 반드시 함께 업데이트해야한다. 그렇지 않으면 주석이 잘못된 정보를 제공할 수 있다.

3 실습 예제

실습 예제 1 **변수 선언 및 데이터 타입 확인하기**

다음 변수를 선언하고, 각 변수의 데이터 타입을 출력하는 코드를 작성하시오.

```python
x = 100
y = 3.14
name = "Alice"
is_valid = True
```

연습 코드

```python
# 변수 선언
x = 100
y = 3.14
name = "Alice"
is_valid = True
# 데이터 타입 출력
print(f"{x} is of type {type(x)}")
print(f"{y} is of type {type(y)}")
print(f"{name} is of type {type(name)}")
print(f"{is_valid} is of type {type(is_valid)}")
```

> **결과**
>
> 100 is of type ⟨class 'int'⟩
> 3.14 is of type ⟨class 'float'⟩
> Alice is of type ⟨class 'str'⟩
> True is of type ⟨class 'bool'⟩

실습 예제 2 | 기본 산술 연산

– 두 개의 정수 a=15, b=4에 대해 산술 연산을 수행하고 결과를 출력하는 코드를 작성하시오.
– 덧셈, 뺄셈, 곱셈, 나눗셈, 몫, 나머지, 거듭제곱 연산을 수행하시오.

연습 코드

> **python**
>
> ```python
> # 정수 선언
> a = 15
> b = 4
> # 산술 연산 결과 출력
> print(f"덧셈: {a + b}")
> print(f"뺄셈: {a - b}")
> print(f"곱셈: {a * b}")
> print(f"나눗셈: {a / b}")
> print(f"몫: {a // b}")
> print(f"나머지: {a % b}")
> print(f"거듭제곱: {a ** 2}")
> ```

출력 예시

> **결과**
>
> 덧셈: 19
> 뺄셈: 11
> 곱셈: 60
> 나눗셈: 3.75
> 몫: 3
> 나머지: 3
> 거듭제곱: 225

※ 정답 및 해설은 성안당 도서몰 [자료실]에서 제공합니다.

4지선다형 문제 (10문항)

01. 파이썬에서 불리언(Boolean) 값은 어떤 값으로 표현되는가?

① Yes와 No   ② True와 False

③ 1과 0   ④ On과 Off

02. 파이썬에서 정수형 데이터 타입은 무엇인가?

① float   ② int

③ str   ④ complex

03. 다음 중 문자열을 올바르게 선언한 것은?

① Hello   ② 'Hello'

③ Hello'   ④ Hello"

04. 파이썬에서 주석을 작성할 때 사용하는 기호는 무엇인가?

① //   ② /* */

③ #   ④ –

05. 파이썬에서 실수형(float)을 나타내는 데이터 타입은?

① int   ② float

③ double   ④ decimal

06. 다음 코드의 출력 결과는 무엇인가?

```python
# python
print(10 // 3)
```

① 3.33   ② 3

③ 4   ④ 0

07. 다음 중 파이썬에서 불변(immutable) 데이터 타입은 무엇인가?

① 리스트(List) ② 딕셔너리(Dictionary)
③ 문자열(String) ④ 집합(Set)

08. 다음 중 변수의 이름으로 사용할 수 없는 것은?

① my_var ② 2nd_value
③ value2 ④ var_123

09. 다음 중 여러 줄 주석을 작성할 때 사용할 수 있는 방법은?

① /* */ ② ''' '''
③ // ④ –

10. 파이썬에서 문자열의 길이를 구하는 함수는 무엇인가?

① size() ② len()
③ length() ④ count()

단답형/괄호형 문제(10문항)

01. 파이썬에서 불리언 값은 (   )와 (   )로 표현된다.

02. 문자열을 합치기 위해 사용하는 연산자는 (   )이다.

03. 파이썬에서 주석을 작성할 때는 (   ) 기호를 사용한다.

04. 숫자형 데이터 타입 중 정수형은 (   ), 실수형은 (   ), 복소수형은 (   )로 구분된다.

05. 변수는 대소문자를 구분하며,(   ) 시작할 수 없다.

06. 다음 코드의 결과는?

```
# python
print(4 + 5 * 2)
출력: ( )
```

07. 파이썬에서 문자열의 첫 번째 문자는 인덱스 (　　)로 접근할 수 있다.

08. 실수를 정수로 변환할 때 사용하는 함수는 (　　)이다.

09. 다음 중 파이썬에서 빈 문자열은 불리언 값으로 (　　)로 평가된다.

10. 삼항 연산자의 형식은 "(　　) if 조건 else (　　)"이다.

서술형 문제 (5문항)

01. 파이썬에서 변수란 무엇인지 설명하고, 변수를 선언할 때 지켜야 할 규칙을 서술하시오.

02. 파이썬에서 불리언 값이 조건문에서 어떻게 사용되는지 예시를 들어 설명하시오.

03. 파이썬의 문자열 슬라이싱이 무엇인지 설명하고, 슬라이싱을 사용하여 문자열의 일부를 추출하는 방법을 예시와 함께 설명하시오.

04. 파이썬에서 데이터 타입 변환이란 무엇인지 설명하고, 정수형과 실수형 간의 데이터 타입 변환을 예시와 함께 설명하시오.

05. 파이썬의 주석 작성법에 대해 설명하고, 한 줄 주석과 여러 줄 주석을 작성하는 방법을 비교하여 서술하시오.

Chapter

03

연산자와 표현식

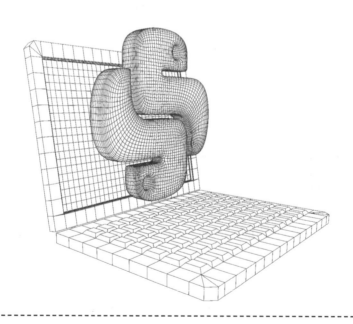

03 연산자와 표현식

산술, 비교, 논리, 할당 연산자를 이해하고, 우선순위 규칙에 따라
표현식을 작성하는 법을 익히며, 이를 통해 복잡한 수식을 계산하고
다양한 조건을 설정하는 프로그램을 만들 수 있게 한다.

1 산술 연산자

산술 연산자는 숫자 데이터에 대해 기본적인 수학 연산을 수행하는 데 사용된다. 파이썬에서는
다양한 산술 연산자를 제공하며, 이 연산자들을 통해 덧셈, 뺄셈, 곱셈 등의 기본 연산부터
나머지와 몫을 구하는 연산까지 가능하다.

파이썬에서 지원하는 주요 산술 연산자는 다음과 같다.

덧셈	+	뺄셈	−
곱셈	*	나눗셈	/
몫 연산	//	나머지 연산	%
거듭제곱	**		

① 덧셈(+)

+ 연산자는 두 숫자를 더하는 데 사용된다. 정수, 실수, 복소수에 대해 모두 적용할 수
있다. 덧셈 연산자는 숫자뿐만 아니라 문자열의 결합에도 사용된다.

예시

```python
a = 5
b = 3
result = a + b # 5 + 3 = 8
print(result) # 출력: 8
```

문자열 결합 예시

```python
str1 = "Hello"
str2 = "World"
result = str1 + " " + str2 # 'Hello' + ' ' + 'World' = 'Hello World'
print(result) # 출력: Hello World
```

② 뺄셈(-)

– 연산자는 첫 번째 숫자에서 두 번째 숫자를 빼는 데 사용된다. 마찬가지로 정수, 실수, 복소수에 모두 적용된다.

예시

```python
a = 10
b = 4
result = a - b # 10 - 4 = 6
print(result) # 출력: 6
```

③ 곱셈(*)

* 연산자는 두 숫자를 곱하는 데 사용된다. 정수와 실수 모두 곱할 수 있으며, 파이썬에서는 매우 큰 숫자의 곱셈도 문제없이 처리할 수 있다. 또한, 문자열에 대해 곱셈 연산자를 사용하면 해당 문자열이 반복된다.

예시

```python
a = 7
b = 3
result = a * b # 7 * 3 = 21
print(result) # 출력: 21
```

문자열 곱셈 예시

```python
str1 = "Ha"
result = str1 * 3 # 문자열을 3번 반복
print(result) # 출력: HaHaHa
```

④ 나눗셈(/)

/ 연산자는 첫 번째 숫자를 두 번째 숫자로 나누는 데 사용된다. 나눗셈의 결과는 항상 실수형(float)으로 반환된다.

예시

```python
a = 10
b = 4
result = a / b # 10 / 4 = 2.5
print(result) # 출력: 2.5
```

파이썬에서 정수끼리 나누더라도 결과는 실수형으로 반환된다. 이를 피하고 정수 몫을 구하려면 // 연산자를 사용해야 한다.

⑤ 몫 연산(//)

// 연산자는 정수 몫을 구할 때 사용된다. 즉, 나눗셈의 결과에서 소수점 이하를 버리고 정수 부분만 반환한다. 이는 정수형 및 실수형 모두에서 사용할 수 있다.

예시

```python
a = 10
b = 3
result = a // b # 10을 3으로 나눈 몫 = 3
print(result) # 출력: 3
```

실수형 예시

```python
a = 10.0
b = 3
result = a // b # 실수형 나눗셈의 정수 몫 = 3.0
print(result) # 출력: 3.0
```

⑥ 나머지 연산(%)

% 연산자는 나머지를 구하는 연산자로, 나눗셈을 한 후 나머지 값을 반환한다. 이는 특정 값이 다른 값으로 나누어지는지(배수인지)를 확인할 때 유용하다.

예시

```python
a = 10
b = 3
result = a % b  # 10을 3으로 나눈 나머지 = 1
print(result)  # 출력: 1
```

나머지 연산은 짝수와 홀수를 구분할 때 유용하다. 예를 들어, 숫자 x를 2로 나눈 나머지가 0이면 짝수이고, 1이면 홀수이다.

예시

```python
x = 7
if x % 2 == 0:
    print("짝수입니다.")
else:
    print("홀수입니다.")  # 출력: 홀수입니다.
```

⑦ 거듭제곱(**)

** 연산자는 거듭제곱을 구하는 연산자이다. 첫 번째 숫자를 두 번째 숫자만큼 거듭제곱한다. 이는 매우 큰 수를 계산할 때도 사용된다.

예시

```python
a = 2
b = 3
result = a ** b  # 2의 3제곱 = 8
print(result)  # 출력: 8
```

파이썬은 기본적으로 매우 큰 숫자를 처리할 수 있으므로, 큰 거듭제곱도 문제없이 계산할 수 있다.

⑧ 연산자 우선순위

파이썬에서는 여러 산술 연산자가 결합된 경우, 연산자 간의 우선순위에 따라 연산이 수행된다. 기본적으로 곱셈(*), 나눗셈(/), 몫 연산(//), 나머지 연산(%)이 덧셈(+)과 뺄셈(-)보다 우선순위가 높다. 거듭제곱(**)은 가장 높은 우선순위를 가진다.

```
python

result = 2 + 3 * 4 # 곱셈이 먼저 수행됨: 2 + (3 * 4) = 14
print(result) # 출력: 14
```

우선순위를 명확하게 하고 싶을 때는 괄호를 사용하여 연산 순서를 지정할 수 있다.

예시

```
python

result = (2 + 3) * 4 # 괄호가 먼저 연산됨: (2 + 3) * 4 = 20
print(result) # 출력: 20
```

2 비교 연산자

비교 연산자는 두 값 또는 변수를 비교하여 그 결과가 참(True)인지 거짓(False)인지를 판단하는 데 사용된다. 비교 연산자는 주로 조건문에서 특정 조건을 확인할 때 사용되며, 결과는 항상 불리언 값(True 또는 False)으로 반환된다.

파이썬에서 제공하는 주요 비교 연산자는 다음과 같다.

같음	==	다름	!=
크다	〉	작다	〈
크거나 같다	〉=	작거나 같다	〈=

① 같음(==)

== 연산자는 두 값이 같은지 비교하여, 두 값이 같으면 True, 다르면 False를 반환한다. 이 연산자는 두 값의 값 자체를 비교하며, 데이터 타입이 다를 경우에도 값이 같으면 True를 반환한다.

예시

```
python

a = 10
b = 10
print(a == b) # 출력: True
```

```
c = "hello"
d = "hello"
print(c == d) # 출력: True
```

다른 데이터 타입을 비교할 수도 있다. 예를 들어, 10과 10.0은 값이 같기 때문에 True가 반환된다.

예시

python
```
print(10 == 10.0) # 출력: True
```

② 다름(!=)

!= 연산자는 두 값이 다른지 비교한다. 두 값이 다르면 True, 같으면 False를 반환한다. 이 연산자는 == 연산자의 반대 의미를 갖는다.

예시

python
```
a = 5
b = 3
print(a != b) # 출력: True

c = "Python"
d = "Java"
print(c != d) # 출력: True
```

데이터 타입이 다를 경우에도 값이 다르면 True를 반환한다.

예시

python
```
print(10 != 10.0) # 출력: False (값은 같음)
print(10 != "10") # 출력: True (값과 데이터 타입이 다름)
```

③ 크다(〉)

〉 연산자는 첫 번째 값이 두 번째 값보다 큰지를 비교한다. 첫 번째 값이 크면 True, 그렇지 않으면 False를 반환한다. 주로 숫자 간의 크기를 비교할 때 사용되며, 문자열에 대해서는 사전 순서(알파벳 순서)를 기준으로 비교할 수 있다.

예시

```python
a = 7
b = 5
print(a > b) # 출력: True
x = "apple"
y = "banana"
print(x > y) # 출력: False (사전 순서에서 "apple"은 "banana"보다 앞에 있음)
```

④ 작다(⟨)

⟨ 연산자는 첫 번째 값이 두 번째 값보다 작은지를 비교한다. 첫 번째 값이 작으면 True, 그렇지 않으면 False를 반환한다. 숫자 간의 비교뿐만 아니라 문자열 간의 비교에도 사용할 수 있다.

예시

```python
a = 3
b = 8
print(a < b) # 출력: True

x = "apple"
y = "banana"
print(x < y) # 출력: True (사전 순서에서 "apple"은 "banana"보다 앞에 있음)
```

⑤ 크거나 같다(⟩=)

⟩= 연산자는 첫 번째 값이 두 번째 값보다 크거나 같은지를 비교한다. 첫 번째 값이 크거나 같으면 True, 그렇지 않으면 False를 반환한다. 이 연산자는 두 값을 비교하면서 첫 번째 값이 두 번째 값과 같을 수도 있는 경우에 유용하다.

예시

```python
a = 10
b = 10
print(a >= b) # 출력: True

c = 15
```

```
d = 10
print(c >= d) # 출력: True
```

⑥ 작거나 같다(<=)

<= 연산자는 첫 번째 값이 두 번째 값보다 작거나 같은지를 비교한다. 첫 번째 값이 작거나 같으면 True, 그렇지 않으면 False를 반환한다. 이 연산자는 첫 번째 값이 두 번째 값과 같을 수 있는 경우에 유용하다.

예시

```python
a = 8
b = 10
print(a <= b) # 출력: True


x = 12
y = 12
print(x <= y) # 출력: True
```

⑦ 비교 연산의 결과

모든 비교 연산자는 그 결과로 불리언 값(True 또는 False)을 반환한다. 비교 연산을 통해 얻은 결과는 주로 조건문이나 반복문에서 흐름 제어를 하는 데 사용된다.

조건문 예시

```python
age = 18
if age >= 18:
    print("성인입니다.") # 출력: 성인입니다.
else:
    print("미성년자입니다.")
```

반복문 예시

```python
x = 0
while x < 5:
    print(x)
    x += 1 # 0부터 4까지 출력
```

⑧ 연속된 비교(Chained Comparison)

파이썬에서는 여러 비교 연산을 연속적으로 사용할 수 있다. 이는 수학에서 사용하는 부등식과 유사하다. 예를 들어, a < b < c는 a가 b보다 작고, b가 c보다 작다는 것을 의미한다.

예시

```python
a = 5
b = 10
c = 20
print(a < b < c) # 출력: True (a < b 그리고 b < c 모두 참)
```

이러한 연속된 비교는 가독성을 높이며, 여러 조건을 간결하게 표현할 수 있게 해준다.

⑨ 비교 연산자와 논리 연산자의 결합

비교 연산자는 논리 연산자와 함께 사용되어 더 복잡한 조건을 처리할 수 있다. 논리 연산자는 and, or, not을 사용하며, 여러 비교 결과를 결합하는 데 유용하다.

예시

```python
a = 10
b = 20
c = 30

# 두 조건이 모두 참이어야 True
print(a < b and b < c) # 출력: True

# 두 조건 중 하나라도 참이면 True
print(a > b or b < c) # 출력: True

# 조건의 결과를 반대로 뒤집음
print(not (a > b)) # 출력: True
```

3 논리 연산자

논리 연산자는 여러 조건을 결합하거나 조건의 참(True) 또는 거짓(False) 여부를 조작하는 데 사용된다. 논리 연산자는 두 개 이상의 불리언 값 또는 조건을 비교하여, 최종적으로 참 또는 거짓 값을 반환한다. 논리 연산자는 조건문이나 제어 흐름에서 중요한 역할을 하며, 프로그램에서 복잡한 조건을 처리할 때 유용하게 사용된다.

파이썬에서 지원하는 주요 논리 연산자는 다음 세 가지다.

and	그리고
or	또는
not	부정

① and 연산자

and 연산자는 양쪽의 조건이 모두 참일 때만 참(True)을 반환하며, 하나라도 거짓이면 거짓(False)을 반환한다. 두 조건을 결합하여 두 조건이 모두 만족해야 하는 경우에 사용한다.

and 연산자 예시

```python
a = 10
b = 20


# a가 5보다 크고 b가 15보다 크면 참
result = (a > 5) and (b > 15)
print(result) # 출력: True (두 조건 모두 참이므로)
```

만약 둘 중 하나라도 거짓이라면, 최종 결과는 False가 된다.

예시

```python
a = 10
b = 5


# a가 5보다 크지만, b는 15보다 작으므로 결과는 거짓
result = (a > 5) and (b > 15)
print(result) # 출력: False
```

– 두 조건이 모두 참이어야만 True를 반환한다.

– 하나라도 거짓이면 False를 반환한다.

– and 연산자의 진리표

조건 1	조건 2	결과
True	True	True
True	False	False
False	True	False
False	False	False

② or 연산자

or 연산자는 양쪽 조건 중 하나라도 참이면 참(True)을 반환하며, 두 조건이 모두 거짓일 때만 거짓(False)을 반환한다. 두 조건 중 하나만 만족해도 되는 경우에 사용한다.

or 연산자 예시

```python
a = 10
b = 5


# a가 5보다 크거나 b가 15보다 크면 참
result = (a > 5) or (b > 15)
print(result) # 출력: True (첫 번째 조건이 참이므로)
```

두 조건이 모두 거짓일 때만 False가 반환된다.

예시

```python
a = 2
b = 5


# a는 5보다 크지 않고, b도 15보다 크지 않으므로 결과는 거짓
result = (a > 5) or (b > 15)
print(result) # 출력: False
```

– 두 조건 중 하나라도 참이면 True를 반환한다.

– 두 조건이 모두 거짓이어야만 False를 반환한다.

– or 연산자의 진리표

조건 1	조건 2	결과
True	True	True
True	False	True
False	True	True
False	False	False

③ not 연산자

not 연산자는 단일 조건의 불리언 값을 반대로 뒤집는 역할을 한다. 즉, 참(True)은 거짓(False)으로, 거짓은 참으로 변환한다. 주로 조건을 부정하거나 반대의 조건을 확인할 때 사용된다.

[not 연산자 예시]

python

```python
a = 10

# a가 5보다 작지 않으므로 결과는 True
result = not (a < 5)
print(result) # 출력: True
```

예시 1

python

```python
is_active = False

# is_active가 거짓이므로, not 연산자는 이를 참으로 뒤집는다
print(not is_active) # 출력: True
```

not 연산자의 동작 원리

– 참인 값을 거짓으로, 거짓인 값을 참으로 반전시킨다.

– not 연산자의 진리표

조건	결과
True	False
False	True

④ 논리 연산자와 비교 연산자의 결합

논리 연산자는 비교 연산자와 함께 사용하여 여러 조건을 결합하거나 처리할 수 있다. 이를 통해 복잡한 조건을 처리하고, 보다 정교한 조건문을 만들 수 있다.

예시

```python
age = 25
height = 170

# 나이가 20 이상이고 키가 160 이상일 때만 참
if age >= 20 and height >= 160:
    print("조건을 충족한다.")
else:
    print("조건을 충족하지 못했습니다.")
```

예시 2

```python
x = 10
y = 5

# x가 15보다 크거나 y가 0보다 크면 참
if x > 15 or y > 0:
    print("하나의 조건이라도 충족한다.")
```

위 예시에서는 and와 or 연산자를 사용하여 두 조건을 결합한 논리를 표현했다.

⑤ 복잡한 조건 처리

– 논리 연산자는 여러 조건을 결합하여 복잡한 조건을 처리하는 데 유용하다.

– 조건문에서 and와 or을 함께 사용하거나, not을 사용하여 특정 조건을 부정할 수 있다.

- 여러 연산자를 사용할 때는 우선순위에 유의해야 한다.
- not이 가장 높은 우선순위를 가지며, 그 다음이 and, 마지막이 or이다.

복합 논리 연산 예시

```python
a = 10
b = 20
c = 30

# a가 5보다 크고 b가 15보다 크며, c가 25보다 크면 참
if (a > 5 and b > 15) and c > 25:
    print("모든 조건을 충족한다.")
```

여러 연산자를 결합할 때 괄호를 사용하면 우선순위를 명확히 할 수 있다.

[예시(괄호 사용)]

```python
a = 5
b = 10
c = 15

# 괄호로 우선순위를 명확히 함
if a > 5 or (b > 5 and c > 10):
    print("복합 조건이 충족됩니다.")
```

⑥ 논리 연산자의 단축 평가(Short-circuit Evaluation)
- 파이썬의 논리 연산자는 단축 평가(Short-circuit Evaluation)를 사용한다. 즉, 결과가 확정되면 더 이상 남은 조건을 평가하지 않고 바로 결과를 반환한다.
- and 연산자의 경우, 첫 번째 조건이 거짓이면 두 번째 조건은 평가하지 않고 바로 거짓(False)을 반환한다.
- or 연산자의 경우, 첫 번째 조건이 참이면 두 번째 조건은 평가하지 않고 바로 참(True)을 반환한다.

python

```python
def check_a():
print("check_a 실행")
return False
def check_b():
print("check_b 실행")
return True
result = check_a() and check_b() # check_a가 False이므로 check_b는 실행되지 않음
print(result) # 출력: False
```

python

```python
def check_a():
print("check_a 실행")
return True
def check_b():
print("check_b 실행")
return False
result = check_a() or check_b() # check_a가 True이므로 check_b는 실행되지 않음
print(result) # 출력: True
```

4 할당 연산자

할당 연산자는 변수에 값을 저장하거나 변수를 업데이트할 때 사용되는 연산자로, 파이썬에서 할당 연산자는 단순히 값을 변수에 할당하는 것뿐만 아니라, 다양한 연산과 결합하여 할당하는 복합 연산도 가능하다. 할당 연산자는 프로그램의 데이터 처리와 흐름 제어에 중요한 역할을 한다. 파이썬에서 자주 사용되는 주요 할당 연산자는 다음과 같다.

기본 할당	=
복합 할당 연산자	더하기 할당(+=), 빼기 할당(-=), 곱하기 할당(*=), 나누기 할당(/=), 몫 할당(//=), 나머지 할당(%=), 거듭제곱 할당(**=)

1) 기본 할당(=)

가장 기본적인 할당 연산자는 =이며, 변수에 값을 단순히 할당하는 데 사용된다. 왼쪽에
변수를 두고, 오른쪽에 값을 두어 할당한다.

예시

```python
x = 10 # 변수 x에 10을 할당
y = 5 # 변수 y에 5를 할당
print(x) # 출력: 10
print(y) # 출력: 5
```

= 연산자는 오른쪽 값을 왼쪽 변수에 저장한다. 이때 변수의 기존 값은 덮어 쓰여지고, 새로운
값이 저장된다.

예시

```python
a = 3
a = 7 # a에 새 값을 할당하면 이전 값은 사라짐
print(a) # 출력: 7
```

2) 복합 할당 연산자

복합 할당 연산자는 기본 할당 연산자와 산술 연산자를 결합한 연산자이다. 이 연산자들은
변수에 값을 할당하면서 동시에 연산을 수행하고, 코드의 간결성과 가독성을 높이는 데
유용하다.

① 더하기 할당(+=)

+= 연산자는 기존 변수의 값에 더한 후 그 값을 다시 변수에 저장한다. 즉, x += y는 x =
x + y와 같은 의미이다.

예시

```python
x = 5
x += 3 # x에 3을 더한 값을 다시 x에 할당 (x = x + 3)
print(x) # 출력: 8
```

② 빼기 할당(−=)

−= 연산자는 기존 변수의 값에서 값을 뺀 후 그 값을 다시 변수에 저장한다. 즉, x −= y는 x = x − y와 같은 의미이다.

예시

```python
x = 10
x -= 4 # x에서 4를 뺀 값을 다시 x에 할당 (x = x - 4)
print(x) # 출력: 6
```

③ 곱하기 할당(*=)

*= 연산자는 기존 변수의 값에 곱한 후 그 값을 다시 변수에 저장한다. 즉, x *= y는 x = x * y와 같은 의미이다.

예시

```python
x = 7
x *= 2 # x에 2를 곱한 값을 다시 x에 할당 (x = x * 2)
print(x) # 출력: 14
```

④ 나누기 할당(/=)

/= 연산자는 기존 변수의 값을 나눈 후 그 값을 다시 변수에 저장한다. 즉, x /= y는 x = x / y와 같은 의미이다. 결과는 항상 실수형(float)으로 반환된다.

예시

```python
x = 20
x /= 4 # x를 4로 나눈 값을 다시 x에 할당 (x = x / 4)
print(x) # 출력: 5.0 (실수형으로 반환됨)
```

⑤ 몫 할당(//=)

//= 연산자는 기존 변수의 값을 나눈 후, 몫만을 저장한다. 즉, x //= y는 x = x // y와 같은 의미이다. 이 연산은 소수점을 버리고 정수 몫만 남긴다.

예시

```python
x = 9
x //= 2  # x를 2로 나눈 몫을 다시 x에 할당 (x = x // 2)
print(x)  # 출력: 4 (소수점 이하를 버림)
```

⑥ 나머지 할당(%=)

%= 연산자는 기존 변수의 값을 나눈 후, 나머지를 저장한다. 즉, x %= y는 x = x % y와 같은 의미이다.

예시

```python
x = 10
x %= 3  # x를 3으로 나눈 나머지를 다시 x에 할당 (x = x % 3)
print(x)  # 출력: 1
```

⑦ 거듭제곱 할당(**=)

= 연산자는 기존 변수의 값을 거듭제곱한 후 그 값을 다시 변수에 저장한다. 즉, x **= y는 x = x**y와 같은 의미이다.

예시

```python
x = 2
x **= 3  # x의 3제곱 값을 다시 x에 할당 (x = x**3)
print(x)  # 출력: 8
```

3) 복합 할당 연산자의 사용 목적

복합 할당 연산자는 코드의 간결성과 효율성을 높이는 데 유용하다. 예를 들어, x = x + y와 같은 구문을 x += y로 줄여 쓸 수 있기 때문에 코드가 더 깔끔해지고, 가독성이 향상된다.

예시(복합 할당 연산자 없이)

```python
x = 10
x = x + 5
print(x)  # 출력: 15
```

```python
python

x = 10
x += 5
print(x) # 출력: 15
```

위 두 코드는 동일한 결과를 출력하지만, 복합 할당 연산자를 사용한 방식이 더 간결하다.

4) 할당 연산자의 연속 사용

할당 연산자는 연속적으로 사용할 수도 있다. 즉, 한 번에 여러 변수에 동일한 값을 할당할 수 있다. 이는 변수에 같은 값을 초기화하거나 값을 공유할 때 유용하다.

예시

```python
python

a = b = c = 10 # a, b, c 모두 10을 할당받음
print(a, b, c) # 출력: 10 10 10
```

또한, 변수의 값을 교환할 때도 할당 연산자를 활용할 수 있다.

[변수 교환 예시]

```python
python

a = 5
b = 10

# 파이썬에서는 다음과 같이 간단히 두 변수의 값을 교환할 수 있다.
a, b = b, a
print(a, b) # 출력: 10 5
```

5) 할당 연산자의 동작 원리

할당 연산자는 값을 변수에 저장하는 가장 기본적인 작업을 수행하며, 다양한 연산과 결합하여 값을 변경하고 저장할 수 있다. 파이썬에서 할당 연산자가 중요한 이유는 변수의 값이 지속적으로 업데이트되거나 재할당될 수 있기 때문이다.

– 값의 재할당: 할당 연산자를 통해 변수의 값은 언제든지 변경될 수 있다.

– **복합 연산의 간결성**: 복합 할당 연산자를 사용하면 연산과 할당을 한 번에 처리할 수 있어 코드를 단순화할 수 있다.

5 ▶ 연산자 우선순위

연산자 우선순위는 여러 연산자가 포함된 수식에서 어떤 연산자가 먼저 실행되는지를 결정하는 규칙이다. 파이썬에서 다양한 연산자가 사용될 때, 각 연산자의 우선순위에 따라 연산이 진행되며, 우선순위가 높은 연산자가 먼저 실행된다. 이 우선순위를 잘못 이해하면 의도와 다른 결과가 나올 수 있기 때문에 정확히 알고 사용하는 것이 중요하다.

파이썬에서 가장 높은 우선순위를 가진 연산자는 괄호(())이며, 이를 통해 특정 연산의 우선순위를 인위적으로 조정할 수 있다.

파이썬의 주요 연산자와 그 우선순위는 다음과 같다.

1) 연산자 우선순위 테이블

다음은 파이썬에서 사용되는 주요 연산자의 우선순위를 나타낸 표이다. 이 표에서 위에 있을수록 우선순위가 높으며, 아래에 있을수록 우선순위가 낮다.

우선순위	연산자	설명
1	( )	괄호(Parentheses)
2	**	거듭제곱(Exponentiation)
3	+x, −x, ~x	단항 연산자(Unary operators)
4	*, /, //, %	곱셈, 나눗셈, 몫, 나머지 연산
5	+, −	덧셈, 뺄셈
6	〈〈, 〉〉	비트 이동(Shift)
7	&	비트 논리곱(Bitwise AND)
8	^	비트 배타적 논리합(Bitwise XOR)
9	'	'
10	비교 연산자(==, !=, 〈, 〉, 〈=, 〉=)	비교 연산자
11	not	논리 부정(Logical NOT)
12	and	논리곱(Logical AND)
13	or	논리합(Logical OR)
14	할당 연산자(=, +=, −= 등)	할당 연산자
15	lambda	람다 함수

위 표에 따라, 우선순위가 높은 연산자는 우선순위가 낮은 연산자보다 먼저 평가된다. 이를 토대로 각각의 연산자의 동작 원리를 살펴보겠다.

2) 우선순위에 따른 연산자 설명

① 괄호(()): – 우선순위 1위

괄호는 연산자 중에서 가장 높은 우선순위를 가지며, 괄호로 묶인 표현식은 다른 연산자보다 우선적으로 실행된다. 괄호를 통해 원하는 연산 순서를 지정할 수 있다.

`예시`

```python
result = (2 + 3) * 4 # 괄호로 인해 2 ** 3이 먼저 계산됨
print(result) # 출력: 20
```

위 예시에서 괄호가 없으면 3 * 4가 먼저 계산되지만, 괄호를 사용하여 2 + 3이 먼저 계산되도록 할 수 있다.

② 거듭제곱(**) – 우선순위 2위

연산자는 거듭제곱을 수행하며, 그 다음으로 높은 우선순위를 가진다. 거듭제곱은 a ** b의 형태로 a를 b번 거듭제곱한다.

`예시`

```python
result = 2 ** 3 + 1 # 2 ** 3이 먼저 계산됨
print(result) # 출력: 9
```

거듭제곱 연산자는 덧셈이나 뺄셈보다 우선순위가 높아 먼저 계산된다.

③ 단항 연산자(+x, −x, ~x) – 우선순위 3위

단항 연산자는 피연산자 하나에만 적용되는 연산자이다. +는 양수를, −는 음수를 의미하며, ~는 비트 연산자로 비트를 반전시킨다.

`예시`

```python
x = -3
y = +5
print(x, y) # 출력: -3 5
```

단항 연산자는 일반적인 산술 연산자보다 우선순위가 높다.

④ 곱셈, 나눗셈, 몫, 나머지(*, /, //, %) – 우선순위 4위

곱셈(*), 나눗셈(/), 몫(//), 나머지(%) 연산은 덧셈과 뺄셈보다 우선순위가 높다. 이 연산자들은 같은 우선순위를 가지며, 수식에서 왼쪽에서 오른쪽 순서대로 평가된다.

예시

python
```
result = 10 + 2 * 3 # 2 * 3이 먼저 계산됨
print(result) # 출력: 16
```

위 예시에서 곱셈이 덧셈보다 먼저 계산된다.

⑤ 덧셈, 뺄셈 (+, −) – 우선순위 5위

덧셈(+)과 뺄셈(−)은 우선순위에서 곱셈이나 나눗셈보다 낮다. 즉, 곱셈이나 나눗셈이 포함된 식에서는 이들이 먼저 계산된다.

예시

python
```
result = 10 - 2 + 5 # 왼쪽에서 오른쪽 순서대로 계산됨
print(result) # 출력: 13
```

덧셈과 뺄셈은 동일한 우선순위를 가지며, 수식에서는 왼쪽에서 오른쪽으로 계산된다.

⑥ 비트 이동(≪, ≫) – 우선순위 6위

비트 이동 연산자는 정수의 이진 표현을 왼쪽 또는 오른쪽으로 이동시키는 연산자다. ≪는 비트를 왼쪽으로 이동시키고, ≫는 비트를 오른쪽으로 이동시킨다.

예시

python
```
x = 8 # 2진수로 1000
result = x ≪ 1 # 왼쪽으로 1비트 이동: 10000 (10진수로 16)
print(result) # 출력: 16
```

⑦ 비트 논리 연산자(&, ^, |) – 우선순위 7위, 8위, 9위

비트 논리 연산자는 비트 단위로 연산을 수행한다. &는 비트 논리곱(AND), ^는 비트 배타적 논리합(XOR), |는 비트 논리합(OR)을 의미한다.

```python
x = 6 # 2진수로 110
y = 3 # 2진수로 011
print(x & y) # 출력: 2 (2진수로 010)
```

⑧ 비교 연산자(==, !=, ⟨, ⟩, ⟨=, ⟩=) – 우선순위 10위

비교 연산자는 두 값을 비교하여 참(True) 또는 거짓(False)를 반환하는 연산자다. 이 연산자들은 산술 연산자보다 낮은 우선순위를 가진다.

예시

```python
x = 5
y = 3
print(x ⟩ y + 2) # y + 2가 먼저 계산된 후 비교
# 출력: False
```

⑨ 논리 연산자(not, and, or) – 우선순위 11위, 12위, 13위

논리 연산자는 불리언 값을 조작하는 연산자다. not은 우선순위가 가장 높고, and가 그다음, or이 가장 낮다.

예시

```python
x = True
y = False
print(not x or y) # not x가 먼저 계산된 후 or 연산
# 출력: False
```

⑩ 할당 연산자(=, +=, −= 등) – 우선순위 14위

할당 연산자는 변수를 선언하거나 값을 할당할 때 사용된다. 이 연산자는 대부분의 연산자보다 우선순위가 낮다.

예시

```python
python

x = 10
x += 5 # x에 5를 더한 값을 다시 x에 할당
print(x) # 출력: 15
```

⑪ 람다 함수(lambda) – 우선순위 15위

lambda는 간단한 익명 함수를 정의하는 연산자이며, 가장 낮은 우선순위를 가진다.

예시

```python
python

f = lambda x: x + 10
print(f(5)) # 출력: 15
```

3) 우선순위 예시

다음은 다양한 연산자가 포함된 수식을 예로 들어, 연산자 우선순위가 어떻게 적용되는지 설명한다.

예시 1

```python
python

result = 2 + 3 * 4**2
print(result) # 출력: 50
4 2가 먼저 계산됨 → 16
그 다음, 3 * 16 계산 → 48
마지막으로, 2 + 48 계산 → 50
```

예시 2(괄호 사용)

```python
python

result = (2 + 3) * 4**2
print(result) # 출력: 80
괄호로 인해 2 + 3이 먼저 계산됨 → 5
그 다음, 4**2 계산 → 16
마지막으로, 5 * 16 계산 → 80
```

실습 예제 1 산술 연산자 연습

주어진 두 숫자 a=15와 b=4에 대해 덧셈, 뺄셈, 곱셈, 나눗셈, 몫, 나머지, 거듭제곱 산술 연산을 수행하는 코드를 작성하시오.

연습 코드

python

```python
# 변수 선언
a = 15
b = 4
# 산술 연산 수행
print(f"덧셈: {a + b}")
print(f"뺄셈: {a - b}")
print(f"곱셈: {a * b}")
print(f"나눗셈: {a / b}")
print(f"몫: {a // b}")
print(f"나머지: {a % b}")
print(f"거듭제곱: {a ** b}")
```

출력 예시

출력

```
덧셈: 19
뺄셈: 11
곱셈: 60
나눗셈: 3.75
몫: 3
나머지: 3
거듭제곱: 50625
```

실습 예제 2 | 비교 연산자 연습

사용자로부터 두 숫자를 입력받아 비교 연산을 수행하는 프로그램을 작성하시오.

두 숫자가 같은지(==), 첫 번째 숫자가 두 번째 숫자보다 큰지(〉), 첫 번째 숫자가 두 번째 숫자보다 작거나 같은지(〈=)

연습 코드

python

```python
# 사용자로부터 입력 받기
a = int(input("첫 번째 숫자를 입력하시오: "))
b = int(input("두 번째 숫자를 입력하시오: "))
# 비교 연산 수행
print(f"{a} == {b}: {a == b}")
print(f"{a} 〉 {b}: {a 〉 b}")
print(f"{a} 〈= {b}: {a 〈= b}")
```

출력 예시

출력

```
첫 번째 숫자를 입력하시오: 10
두 번째 숫자를 입력하시오: 20
10 == 20: False
10 〉 20: False
10 〈= 20: True
```

4지선다형 문제 (10문항)

01. 파이썬에서 가장 우선순위가 높은 연산자는 무엇인가?

① *   ② +

③ #   ④ ( )

02. 다음 중 거듭제곱을 나타내는 연산자는 무엇인가?

① *   ② #

③ %   ④ **

03. '10 + 5 * 2'의 결과는 무엇인가?

① 20   ② 25

③ 30   ④ 15

04. 다음 중 우선순위가 가장 낮은 연산자는 무엇인가?

① −   ② and

③ +   ④ not

05. 'x = 10; x += 5'의 결과로 x의 값은 무엇인가?

① 5   ② 10

③ 15   ④ 20

06. 다음 중 몫을 구하는 연산자는 무엇인가?

① %   ② //

③ *   ④ /

07. 'a = 5; b = 10; a * b'의 결과는 무엇인가?

① 50   ② 15

③ 5   ④ 10

08. 'not True and False'의 결과는 무엇인가?

① True   ② False

③ None   ④ Error

09. 파이썬에서 'a = b = 5'와 같은 코드는 어떤 의미인가?

① a와 b 모두 5로 초기화된다.

② a는 5, b는 0으로 초기화된다.

③ a는 0, b는 5로 초기화된다.

④ 오류가 발생한다.

10. 다음 중 비교 연산자가 아닌 것은 무엇인가?

① ==   ② !=

③ 〈   ④ +=

01. 파이썬에서 두 수의 나머지를 구하는 연산자는 (   )이다.

02. '10 // 3'의 결과는 (   )이다.

03. 연산자 중에서 덧셈(+)과 뺄셈(−)보다 높은 우선순위를 가진 산술 연산자는 (   )와 (   ) 이다.

04. 'x += 7'은 (   )와 동일한 표현이다.

05. 파이썬에서 우선순위가 가장 높은 연산자는 (   )이다.

06. 'x = 5; x *= 3'의 결과로 x의 값은 (   )이다.

07. 파이썬에서 논리곱(AND)을 수행하는 연산자는 (   )이다.

08. 두 값을 비교하여 참 또는 거짓을 반환하는 연산자는 (   ) 연산자이다.

09. 파이썬에서 논리 부정을 나타내는 연산자는 (   )이다.

10. '2 ** 3 * 2'에서 먼저 실행되는 연산은 (   )이다.

서술형 문제 (5문항)

01. 파이썬에서 연산자 우선순위란 무엇인지 설명하고, 왜 중요한지 서술하시오.

02. 복합 할당 연산자에 대해 설명하고, '+=', '-=', '*='의 사용법을 각각 예시와 함께 설명하시오.

03. 파이썬에서 산술 연산자와 비교 연산자의 차이점을 설명하고, 이들이 프로그램에서 각각 어떻게 사용되는지 서술하시오.

04. 논리 연산자 중 'and', 'or', 'not'의 동작 방식을 설명하고, 이 연산자들이 결합된 조건문의 실행 순서에 대해 설명하시오.

05. 파이썬에서 표현식(Expression)이란 무엇이며, 어떻게 사용되는지 서술하시오.

조건문

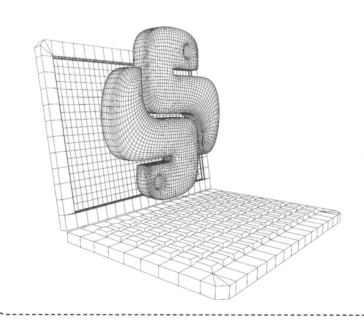

04 조건문

조건문의 개념과 구조(if, elif, else)를 학습하고, 중첩 조건문을 활용하여 다양한 조건에 따라 프로그램의 흐름을 제어할 수 있는 능력을 기른다.

1 조건문의 개념

조건문은 프로그래밍에서 프로그램의 흐름을 제어하는 핵심적인 도구로, 특정 조건이 참(True)인지 거짓(False)인지에 따라 다른 경로로 프로그램을 진행시키는 역할을 한다. 조건문은 프로그램이 다양한 상황에 적응할 수 있도록 만들어주며, 이를 통해 복잡한 문제를 해결하고 의사결정을 내릴 수 있다.

1) 조건문의 기본 개념

조건문은 특정 조건을 평가하고, 그 조건이 참인지 또는 거짓인지에 따라 프로그램이 다른 작업을 수행하도록 한다. 이를 통해 프로그램은 정해진 절차만 따르는 것이 아니라, 입력 값이나 상황에 맞추어 유연하게 동작할 수 있다.

예를 들어, 사용자가 입력한 값이 양수인지 음수인지를 판단하여 서로 다른 처리를 해야 할 때, 조건문을 사용하여 양수일 때는 특정 작업을 하고, 음수일 때는 또 다른 작업을 수행하게 할 수 있다.

2) 조건문의 목적

① **의사결정 제어:** 조건문을 사용하면 프로그램이 입력된 데이터나 외부 조건에 따라 결정을 내리도록 할 수 있다. 예를 들어, 사용자가 나이를 입력했을 때 그에 따라 "성인" 또는 "미성년자"라는 메시지를 출력하는 것은 조건문의 전형적인 사용 사례이다.

② **프로그램 흐름 제어:** 조건문은 특정 상황에서 프로그램의 실행 흐름을 바꾸는 역할을 한다. 이를 통해 프로그램은 여러 경로로 진행될 수 있으며, 단일한 실행 경로만 따르지 않고 다양한 시나리오를 처리할 수 있다.

③ **다양한 경우 처리:** 조건문을 사용하면 프로그램이 여러 가지 상황을 처리할 수 있다. 예를 들어, 비즈니스 로직에서 주문 금액에 따라 다른 할인율을 적용하거나, 점수에 따라 등급을 부여하는 경우 조건문은 필수적이다.

3) 조건문의 구성

조건문은 기본적으로 다음과 같은 방식으로 동작한다.

① **조건 평가:** 조건문은 주어진 조건을 평가한다. 이 조건은 논리적 표현식으로 구성되며, 이는 참(True) 또는 거짓(False)으로 결과가 결정된다.

② **결과에 따른 실행:** 조건이 참이면 해당 블록의 코드를 실행하고, 거짓이면 해당 코드를 건너뛰거나 다른 동작을 실행하게 된다.

4) 조건문의 사용 예시

조건문은 단순히 참과 거짓을 기반으로 코드의 실행을 선택할 수 있도록 돕는다. 예를 들어, 은행의 ATM 시스템에서 사용자가 입력한 PIN 번호가 올바른지 확인하고, 맞다면 인출 작업을 허용하고, 틀리다면 오류 메시지를 출력하는 기능은 조건문을 통해 구현된다.

다음과 같은 예시를 생각할 수 있다.

① **로그인 시스템:** 사용자가 입력한 아이디와 비밀번호가 데이터베이스의 정보와 일치하는지 확인하는 경우, 조건문을 사용하여 일치하면 로그인을 허용하고, 그렇지 않으면 오류 메시지를 출력한다.

② **재고 관리 시스템:** 고객이 주문을 넣을 때, 조건문을 사용하여 재고가 충분한지 확인하고, 재고가 충분하면 주문을 처리하고, 부족하면 알림을 보낸다.

5) 조건문이 중요한 이유

① **결정의 자동화:** 조건문을 사용하면 프로그램이 특정 조건을 자동으로 평가하고 그에 따라 결정을 내릴 수 있다. 이를 통해 인간이 개입하지 않고도 자동으로 처리되는 시스템을 구축할 수 있다.

② **코드의 유연성:** 조건문 덕분에 코드가 고정된 방식으로만 실행되지 않고, 상황에 따라 달라지는 논리적 흐름을 구현할 수 있다. 이는 복잡한 문제를 해결하는 데 필수적이다.

③ **다양한 시나리오 처리:** 조건문은 프로그램이 여러 가지 상황을 처리할 수 있도록 도와준다. 조건을 다르게 설정하면 동일한 코드가 서로 다른 상황에서 다르게 작동할 수 있기 때문에, 이를 통해 프로그램이 다양한 입력에 적응할 수 있다.

6) 조건문을 사용할 때 주의할 점

조건문은 프로그래밍에서 의사결정을 내리고, 그 결정에 따라 프로그램의 흐름을 제어하는 도구이다. 이를 통해 프로그램은 여러 가지 상황에 맞게 적절한 작업을 수행할 수 있으며, 조건문이 없다면 프로그램은 항상 동일한 경로만 따르게 되어 매우 제한적인 동작만 할 수 있을 것이다. 따라서 조건문은 프로그램을 유연하게 만들고, 다양한 입력에 따라 다른 동작을 수행할 수 있게 해주는 핵심적인 기능이다.

① **조건의 정확성:** 조건문에서 사용되는 조건은 정확해야 한다. 잘못된 조건을 사용하면 프로그램이 예상치 못한 동작을 할 수 있다. 따라서 조건을 설정할 때는 그 조건이 참일 때와 거짓일 때 각각 어떤 결과를 내는지 명확히 이해해야 한다.

② **가독성 유지:** 조건문이 너무 복잡하게 중첩되거나 많은 조건을 처리하도록 작성되면, 코드의 가독성이 떨어질 수 있다. 따라서 조건문을 사용할 때는 가독성을 염두에 두고 간결하게 작성하는 것이 중요하다.

③ **효율적인 조건 설정:** 불필요하게 복잡한 조건식을 사용하면 프로그램의 성능이 떨어질 수 있다. 따라서 가능하면 효율적인 조건 설정을 통해 프로그램의 성능을 최적화하는 것이 좋다.

2 if, elif, else 구조

if문은 프로그래밍에서 특정 조건을 평가하고, 그 조건이 참(True)일 때만 코드 블록을 실행하는 가장 기본적인 조건문이다. 조건이 거짓(False)일 경우, 해당 블록의 코드는 건너뛰게 된다. if문은 프로그램이 특정 조건을 만족할 때만 특정 동작을 수행하도록 만들어주기 때문에, 매우 중요한 흐름 제어 도구로 사용된다.

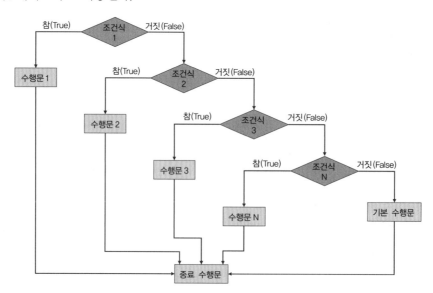

1) if문의 기본 구조

if문은 다음과 같은 형식으로 작성된다.

```python
if 조건:
# 조건이 참일 때 실행할 코드
```

① **조건:** 참(True)이나 거짓(False)으로 평가되는 표현식이다. 이 조건을 평가한 결과에 따라 해당 블록이 실행된다.

② **실행할 코드:** 조건이 참일 때 실행될 코드 블록이다. 파이썬에서는 들여쓰기를 통해 코드 블록을 구분한다.

2) if문의 동작 과정

① **조건 평가:** if문은 조건식을 먼저 평가한다. 조건이 참이면 그 다음에 나오는 코드가 실행된다.

② **코드 실행:** 조건이 참일 때에만 if문 블록에 있는 코드가 실행된다.

③ **조건이 거짓일 경우:** 조건이 거짓이면 if문 블록은 건너뛰고, 다음 코드로 넘어간다.

ㄱ 예시 1: 간단한 if문

```python
age = 20

if age >= 18:

    print("성인입니다.")
```

이 코드는 age가 18 이상인지를 확인하는 조건을 평가한다. 만약 age가 18 이상이라면 "성인입니다."라는 메시지가 출력된다.

해설

– age가 20이므로 age >= 18 조건은 참(True)이다. 따라서 print("성인입니다.")가 실행된다. 만약 age가 16이었다면 조건이 거짓이므로 아무것도 출력되지 않는다.

ⓛ 예시 2: 조건이 거짓일 때

```python
age = 16

if age >= 18:

    print("성인입니다.")
```

이 경우 age가 16이므로 age >= 18 조건이 거짓(False)이다. 따라서 아무 메시지도 출력되지 않고, 프로그램은 다음 코드로 넘어간다.

해설

– 조건이 거짓일 경우 if문 블록 안의 코드는 실행되지 않는다.

– 이 예시에서는 출력이 발생하지 않는다.

ⓒ 예시 3: 다양한 조건 사용

if문에서는 숫자, 문자열, 불리언 값 등 다양한 조건을 사용할 수 있다.

숫자 조건 예시

```python
temperature = 25

if temperature > 30:

    print("더운 날씨입니다.")
```

이 코드는 temperature가 30도 이상인 경우에만 "더운 날씨입니다."를 출력한다. 그러나 temperature가 25이므로, 조건이 거짓이 되어 출력이 일어나지 않는다.

해설

– temperature > 30 조건이 거짓(False)이므로 코드 블록은 실행되지 않는다.

문자열 조건 예시

```python
name = "Alice"

if name == "Alice":

    print("안녕하시오, Alice!")
```

이 코드는 name이 "Alice"와 같을 때만 인사 메시지를 출력한다. 문자열 비교도 if문에서 많이 사용된다.

> **해설**
> ─ name == "Alice" 조건이 참(True)이므로 "안녕하시오, Alice!"가 출력된다.

ⓐ 예시 4: 비교 연산자와 논리 연산자를 사용한 조건

if문에서는 여러 조건을 논리 연산자(and, or, not)와 비교 연산자(==, !=, ⟨, ⟩, ⟨=, ⟩=)를 사용해 결합할 수 있다. 이렇게 하면 더욱 복잡한 조건을 처리할 수 있다.

[논리 연산자 예시]

```python
score = 85

if score >= 80 and score < 90:
    print("B등급입니다.")
```

이 코드는 score가 80 이상이면서 90 미만일 때 "B등급입니다."를 출력한다. score가 85이므로 조건이 참(True)이고, 해당 메시지가 출력된다.

> **해설**
> ─ 조건 score ⟩= 80 and score ⟨ 90이 참(True)이므로 "B등급입니다."가 출력된다. 만약 score가 75라면, 조건이 거짓(False)이므로 아무것도 출력되지 않는다.

3) if문의 유용성

① if문은 프로그램이 특정 조건을 만족할 때만 특정 동작을 수행하도록 만드는 매우 강력한 도구이다. 이는 다음과 같은 경우에 유용하다.

   ㉠ **사용자 입력에 따라 동작 변경:** 사용자의 입력 값이나 외부 데이터에 따라 프로그램이 다른 동작을 하도록 제어할 수 있다.

   ㉡ **조건에 따라 처리 분기:** 조건을 만족할 때만 특정 기능을 수행하거나 결과를 반환할 수 있다.

   ㉢ **에러 처리 및 검증:** 특정 조건에서만 에러를 처리하거나 입력 값을 검증하는 데 사용할 수 있다.

② if문은 프로그래밍에서 가장 기본적이고 중요한 조건문으로, 조건을 평가하고 참일 때만 코드 블록을 실행하는 구조이다. 이를 통해 프로그램은 단순한 순차적 흐름을 넘어 상황에 맞는 논리적인 제어를 할 수 있다. 다양한 비교 연산자와 논리 연산자를 활용하여 더 복잡한 조건을 처리할 수도 있다.

③ elif문은 프로그래밍에서 여러 가지 조건을 순차적으로 평가할 때 사용하는 조건문이다. elif는 else if의 줄임말로, 첫 번째 if 조건이 거짓일 때 다음으로 평가될 조건을 지정한다. elif문을 사용하면 다양한 경우에 따라 프로그램이 다른 동작을 하도록 제어할 수 있다. elif문은 여러 개의 조건을 처리할 때 매우 유용하다.

4) elif문의 기본 구조

elif문은 if문 뒤에 사용되며, if 조건이 거짓일 경우에 다음 조건을 평가한다. 여러 개의 elif문을 사용할 수 있으며, 첫 번째로 참인 조건만 실행된다.

```python
if 조건1:
    조건1이 참일 때 실행할 코드
elif 조건2:
    조건1이 거짓이고 조건2가 참일 때 실행할 코드
elif 조건3:
    조건1과 조건2가 거짓이고 조건3이 참일 때 실행할 코드
else:
    위의 모든 조건이 거짓일 때 실행할 코드
```

① **조건1, 조건2, 조건3**: 각 조건은 참(True) 또는 거짓(False)으로 평가된다.

② **else**: 모든 조건이 거짓일 경우 실행되는 블록으로, 선택적으로 사용할 수 있다.

5) elif문 동작 과정

① **if 조건을 평가**: 첫 번째 조건이 참이면 그 블록의 코드를 실행하고, 나머지 조건은 평가하지 않는다.

② **거짓일 경우 elif 조건 평가**: if 조건이 거짓일 때, 그 다음 조건인 elif를 평가한다.

③ **첫 번째로 참인 조건 실행**: elif 조건이 참이면 그 블록이 실행되고, 그 이후의 다른 elif 조건은 평가하지 않는다.

④ **모든 조건이 거짓일 때 else 실행**: else는 모든 조건이 거짓일 때 실행된다.

㉠ 예시 1: elif를 사용한 등급 계산

```python
score = 85

if score >= 90:
    print("A등급입니다.")
elif score >= 80:
    print("B등급입니다.")
elif score >= 70:
    print("C등급입니다.")
else:
    print("등급 미달입니다.")
```

이 코드는 점수(score)가 90 이상일 때 "A등급", 80 이상일 때 "B등급", 70 이상일 때 "C등급", 그 외에는 "등급 미달"을 출력한다.

해설

- score가 85이므로 첫 번째 조건 score >= 90은 거짓이다.

- 두 번째 조건 score >= 80은 참이므로 "B등급입니다."가 출력된다.

- 이때 elif score >= 70과 else는 평가되지 않는다, 왜냐하면 elif score >= 80이 참으로 평가되어 그 조건에 맞는 코드가 이미 실행되었기 때문이다.

㉡ 예시 2: 나이에 따른 메시지 출력

```python
age = 10

if age >= 18:
    print("성인입니다.")
elif age >= 13:
    print("청소년입니다.")
elif age >= 5:
    print("어린이입니다.")
else:
    print("유아입니다.")
```

이 코드는 나이에 따라 다른 메시지를 출력한다. 18세 이상이면 "성인", 13세 이상이면 "청소년", 5세 이상이면 "어린이", 그 외에는 "유아"로 분류한다.

해설

– age가 10이므로 첫 번째 조건 age >= 18은 거짓이다.

– 두 번째 조건 age >= 13도 거짓이다.

– 세 번째 조건 age >= 5는 참이므로 "어린이입니다."가 출력된다.

– 이후 else는 평가되지 않는다.

ⓒ 예시 3: 여러 조건을 결합한 elif문

elif문은 단순한 비교 외에도 논리 연산자(and, or)를 사용하여 복잡한 조건을 처리할 수 있다.

```python
temperature = 22

if temperature > 30:
    print("더운 날씨입니다.")
elif temperature > 20 and temperature <= 30:
    print("따뜻한 날씨입니다.")
elif temperature > 10 and temperature <= 20:
    print("선선한 날씨입니다.")
else:
    print("추운 날씨입니다.")
```

이 코드는 온도에 따라 날씨를 분류한다. 온도가 30도 이상이면 "더운 날씨", 20도 초과 30도 이하면 "따뜻한 날씨", 10도 초과 20도 이하이면 "선선한 날씨", 그 외에는 "추운 날씨"라고 출력된다.

해설

– temperature가 22이므로 첫 번째 조건 temperature > 30은 거짓이다.

– 두 번째 조건 temperature > 20 and temperature <= 30은 참이므로 "따뜻한 날씨입니다."가 출력된다.

– 이후 조건들은 평가되지 않는다.

6) elif문의 유용성

① **여러 조건을 처리할 때**: elif문은 여러 가지 조건을 순차적으로 처리할 수 있기 때문에, 여러 경우에 대한 처리가 필요할 때 유용하다.

② **효율적인 코드 작성**: elif문을 사용하면 하나의 조건만 참일 때만 실행되므로, 불필요한 조건 평가를 피할 수 있다. 이는 코드의 가독성을 높이고, 실행 시간을 줄여준다.

③ **코드의 흐름 제어**: elif문은 프로그램의 논리적 흐름을 제어하는 데 매우 유용하며, 사용자의 입력 값이나 외부 환경에 따라 프로그램이 어떻게 동작할지를 결정하는 중요한 역할을 한다.

ㄱ) 예시 1: 로그인 시스템

```python
username = "admin"
password = "1234"

if username == "admin" and password == "admin123":
    print("관리자 로그인 성공")
elif username == "user" and password == "user123":
    print("일반 사용자 로그인 성공")
else:
    print("로그인 실패")
```

이 코드는 간단한 로그인 시스템으로, username과 password에 따라 다른 메시지를 출력한다.

해설

- 첫 번째 조건 username == "admin" and password == "admin123"은 거짓이다.

- 두 번째 조건 username == "user" and password == "user123"도 거짓이다.

- 따라서 else 블록이 실행되어 "로그인 실패"가 출력된다.

- elif문은 여러 가지 조건을 순차적으로 평가하고, 첫 번째로 참인 조건만 실행하게 만드는 매우 유용한 구조이다. 이를 통해 프로그램은 복잡한 상황을 처리할 수 있으며, 여러 경우에 맞게 효율적으로 코드를 실행할 수 있다. if, elif, else 구조를 적절히 사용하면 프로그램의 논리적 흐름을 깔끔하게 구성할 수 있다.

- 코드 블록이다. else문은 조건이 없으며, 조건식이 참일 때 실행할 코드를 미리 지정할 수 없을 경우 기본적으로 실행될 코드를 지정하는 역할을 한다. else문은

마지막 선택지로 작동하며, 조건이 만족되지 않을 때 예외적인 상황을 처리하거나, 기본적인 동작을 수행하도록 설계된다.

7) else문의 기본 구조

else문은 조건식 없이 단독으로 사용되며, 앞선 모든 if와 elif 조건이 거짓일 때만 실행된다.

```python
if 조건1:
    조건1이 참일 때 실행할 코드
elif 조건2:
    조건1이 거짓이고 조건2가 참일 때 실행할 코드
else:
    조건1과 조건2가 모두 거짓일 때 실행할 코드
```

① else: if 및 elif 조건이 모두 거짓일 때 실행되는 코드 블록이다.

8) else문 동작 과정

① **if 조건 평가:** 첫 번째로 if 조건을 평가한다. 이 조건이 참이면 if 블록이 실행되고, 프로그램은 else 블록을 건너뛴다.

② **elif 조건 평가:** 만약 if 조건이 거짓이라면, 다음으로 elif 조건을 평가한다. elif 조건이 참이면 해당 블록이 실행되고, 역시 else는 건너뛴다.

③ **else 블록 실행:** 모든 if와 elif 조건이 거짓일 경우에만 else 블록이 실행된다.

㉠ 예시 1: 기본적인 else 사용

```python
age = 15

if age >= 18:
    print("성인입니다.")
else:
    print("미성년자입니다.")
```

이 코드는 age가 18 이상이면 "성인입니다."를 출력하고, 그 외에는 "미성년자입니다."를 출력한다.

해설

- age가 15이므로 첫 번째 조건 age >= 18은 거짓이다.

- 조건이 거짓이므로 else 블록이 실행되어 "미성년자입니다."라는 메시지가 출력된다.

ⓛ 예시 2: 여러 조건 후 else 사용

```python
score = 65

if score >= 90:
    print("A등급입니다.")
elif score >= 80:
    print("B등급입니다.")
elif score >= 70:
    print("C등급입니다.")
else:
    print("등급 미달입니다.")
```

이 코드는 점수(score)가 90 이상이면 "A등급", 80 이상이면 "B등급", 70 이상이면 "C등급", 그 외에는 "등급 미달"을 출력한다.

해설

- score가 65이므로 모든 if와 elif 조건은 거짓이다. 따라서 else 블록이 실행되어 "등급 미달입니다."가 출력된다.

ⓒ 예시 3: 복잡한 조건 뒤 else 사용

else문은 다양한 조건을 처리한 후, 모든 조건이 거짓일 때 기본 처리를 지정할 때 유용하다.

```python
weather = "흐림"

if weather == "맑음":
    print("오늘은 날씨가 좋습니다.")
elif weather == "비":
    print("우산을 챙기세요.")
elif weather == "눈":
```

```
        print("눈이 오니 따뜻하게 입으세요.")
    else:
        print("날씨를 확인할 수 없습니다.")
```

이 코드는 날씨에 따라 다른 메시지를 출력하며, 예상치 못한 날씨 정보가 입력될 경우 기본 메시지를 출력한다.

> **해설**

– weather가 "흐림"이므로 첫 번째, 두 번째, 세 번째 조건이 모두 거짓이다.

따라서 else 블록이 실행되어 "날씨를 확인할 수 없습니다."가 출력된다.

ⓔ 예시 4: 로그인 시스템에서 else 사용

```python
username = "guest"
password = "password123"

if username == "admin" and password == "admin123":
    print("관리자 로그인 성공")
elif username == "user" and password == "user123":
    print("일반 사용자 로그인 성공")
else:
    print("로그인 실패")
```

이 코드는 간단한 로그인 시스템으로, 사용자가 관리자(admin) 또는 일반 사용자(user)로 로그인했는지를 확인하고, 모두 해당되지 않을 경우에는 "로그인 실패"를 출력한다.

> **해설**

– username이 "guest"이므로 if와 elif 조건이 모두 거짓이다. 따라서 else 블록이 실행되어 "로그인 실패"가 출력된다.

9) else문 사용의 장점

① **기본 처리 지정**: else문은 모든 조건이 거짓일 때 기본적으로 수행할 동작을 지정할 수 있어, 예상치 못한 상황에 대비할 수 있다. 이를 통해 프로그램의 안정성을 높이고, 예외 상황을 처리하는 로직을 쉽게 추가할 수 있다.

② **프로그램의 논리적 완성도**: else문은 특정 조건을 만족하지 못할 때에도 반드시 실행되는 블록을 제공하므로, 프로그램이 예상치 못한 상황에서도 명확한 동작을 하게 만든다. 이를

통해 프로그램의 논리적 완성도를 높일 수 있다.

③ **효율적인 코드 작성:** else문을 사용하면 불필요한 조건식을 작성할 필요 없이, 조건이 맞지 않는 경우에만 처리할 작업을 간단하게 명시할 수 있어 코드가 더 간결해지고 효율적으로 작성된다.

㉠ 예시 1: 에러 처리에서 else 사용

else문은 프로그램이 예외적인 상황을 만났을 때 처리할 동작을 지정할 때 유용하다.

```python
number = -5

if number > 0:
    print("양수입니다.")
elif number == 0:
    print("0입니다.")
else:
    print("음수입니다.")
```

이 코드는 숫자가 양수인지, 0인지, 음수인지를 판단하여 각각 다른 메시지를 출력한다.

> **해설**
>
> – number가 −5이므로 첫 번째 조건 number > 0과 두 번째 조건 number == 0이 모두 거짓이다. 따라서 else 블록이 실행되어 "음수입니다."가 출력된다.

10) else문의 유용성

① **명확한 기본 동작:** else문은 명확한 기본 동작을 정의할 수 있다. 특정 조건들이 모두 충족되지 않을 경우, 무엇을 할 것인지에 대한 기본적인 처리를 제공한다.

② **예외 처리:** 예상치 못한 경우에 대해 예외 처리를 추가할 수 있으며, 이를 통해 프로그램의 안정성과 견고함을 높인다.

③ **가독성 향상:** else문을 통해 기본 동작을 한눈에 알아볼 수 있어 코드의 가독성이 높아진다. 다른 조건이 모두 실패했을 때 무엇을 실행할지 명확하게 알 수 있다.

④ else문은 조건문에서 모든 조건이 거짓일 때 실행되는 블록으로, 기본 처리나 예외 상황 처리를 할 때 매우 유용하다. if와 elif에서 설정한 조건을 모두 만족하지 못할 경우, else문을 통해 프로그램이 명확한 동작을 수행하도록 만들 수 있다. 이를 통해 논리적인 코드 흐름을 유지하고, 예상치 못한 상황에도 대비할 수 있다.

중첩 조건문은 조건문 안에 또 다른 조건문을 포함하는 방식으로, 특정 조건이 참일 경우 다시 다른 조건을 평가하여 추가적인 결정을 내리는 구조이다. 중첩 조건문을 사용하면 복잡한 논리적 상황을 처리할 수 있으며, 다단계 조건 평가를 통해 더욱 세부적인 조건을 설정하고 처리할 수 있다. 중첩 조건문은 여러 가지 조건이 동시에 적용되는 상황에서 매우 유용하다.

1) 중첩 조건문의 기본 구조

중첩 조건문은 if, elif, else 문을 다른 조건문 내부에 포함하는 방식으로 사용된다. 이는 하나의 조건이 참일 때, 그 조건 안에서 또 다른 조건을 평가하여 더 정교한 흐름 제어를 가능하게 한다.

```python
if 조건1:
    if 조건2:
        조건1과 조건2가 모두 참일 때 실행할 코드
    else:
        조건1은 참이지만 조건2가 거짓일 때 실행할 코드
else:
    조건1이 거짓일 때 실행할 코드
```

2) 중첩 조건문의 동작 과정

① **첫 번째 조건 평가:** 먼저 첫 번째 if 조건을 평가한다. 이 조건이 참일 경우, 그 내부에서 또 다른 조건을 평가하게 된다.

② **두 번째 조건 평가:** 첫 번째 조건이 참이면, 중첩된 두 번째 조건을 평가하여 그 조건이 참인지 거짓인지를 다시 판단한다.

③ **다단계 실행:** 중첩된 조건문을 통해 여러 단계를 거쳐 각각의 조건에 맞는 코드를 실행할 수 있다.

④ **첫 번째 조건이 거짓일 경우:** 첫 번째 조건이 거짓이라면 중첩된 조건을 건너뛰고, else 블록으로 넘어간다.

ㄱ 예시 1: 중첩 조건문을 사용한 나이와 성별 판별

```python
age = 20
```

```
gender = "남성"

if age >= 18:
    if gender == "남성":
        print("성인 남성입니다.")
    else:
        print("성인 여성입니다.")
else:
    if gender == "남성":
        print("미성년 남성입니다.")
    else:
        print("미성년 여성입니다.")
```

이 코드는 나이와 성별에 따라 다르게 메시지를 출력한다. 먼저 나이가 18세 이상인지 확인한 후, 성별에 따라 "성인 남성" 또는 "성인 여성"을 출력하고, 나이가 18세 미만일 경우에는 "미성년 남성" 또는 "미성년 여성"을 출력한다.

해설

- age가 20이므로 첫 번째 조건 age >= 18이 참이다.

- 첫 번째 조건이 참이므로 그 내부의 조건인 gender == "남성"을 평가하여, 참이므로 "성인 남성입니다."가 출력된다.

- 만약 age가 15였다면, 두 번째 else 블록이 실행되어 성별에 따라 "미성년 남성" 또는 "미성년 여성"이 출력된다.

ⓛ 예시 2: 학생 성적에 따른 장학금 지급 여부

python

```
grade = 85
income_level = "low"

if grade >= 80:
    if income_level == "low":
        print("성적 우수 장학금과 생활비 지원을 받습니다.")
    else:
        print("성적 우수 장학금을 받습니다.")
else:
    print("장학금을 받지 못한다.")
```

이 코드는 학생의 성적이 80점 이상일 경우, 가계 소득 수준에 따라 장학금과 생활비를 지원받을지, 아니면 장학금만 받을지를 결정한다. 성적이 80점 미만일 경우 장학금을 받지 못한다.

해설

- grade가 85이므로 첫 번째 조건 grade >= 80이 참이다.
- 두 번째 조건 income_level == "low"도 참이므로 "성적 우수 장학금과 생활비 지원을 받습니다."가 출력된다.
- 만약 income_level이 "high"였다면, "성적 우수 장학금을 받습니다."가 출력된다.
- grade가 75였다면 첫 번째 조건이 거짓이므로 "장학금을 받지 못한다."가 출력된다.

ⓒ 예시 3: 복합적인 조건 처리

```python
temperature = 25
humidity = 70


if temperature > 20:
    if humidity > 60:
        print("덥고 습한 날씨입니다.")
    else:
        print("덥지만 습하지 않은 날씨입니다.")
else:
    if humidity > 60:
        print("추우면서 습한 날씨입니다.")
    else:
        print("추우면서 건조한 날씨입니다.")
```

이 코드는 온도와 습도를 함께 고려하여 날씨를 설명하는 프로그램이다. 온도가 20도 이상일 때 습도가 60% 이상이면 "덥고 습한 날씨", 그렇지 않으면 "덥지만 습하지 않은 날씨"가 출력된다. 온도가 20도 미만일 때는 추운 날씨를 설명한다.

해설

- temperature가 25이므로 첫 번째 조건 temperature > 20이 참이다.
- 두 번째 조건 humidity > 60도 참이므로 "덥고 습한 날씨입니다."가 출력된다.
- 만약 습도가 50이었다면 "덥지만 습하지 않은 날씨입니다."가 출력된다.

– temperature가 15였다면, "추우면서 습한 날씨" 또는 "추우면서 건조한 날씨" 중 하나가 출력된다.

3) 중첩 조건문의 장점

① **복잡한 상황 처리:** 중첩 조건문을 사용하면 여러 조건을 결합하여 더욱 정교한 논리를 구현할 수 있다. 이를 통해 복잡한 문제를 단계별로 해결할 수 있다.

② **조건의 세분화:** 중첩 구조를 사용하면 한 가지 조건을 만족한 상태에서 또 다른 조건을 평가할 수 있어, 상황을 더욱 세밀하게 분류하고 처리할 수 있다.

③ **논리적인 흐름 제어:** 중첩 조건문을 통해 논리적인 흐름을 분명히 제어할 수 있다. 한 단계 조건을 만족한 후, 그 안에서 추가적인 조건을 평가하는 것이 가능하다.

4) 중첩 조건문의 단점 및 주의점

① **가독성 저하:** 중첩 조건문이 많아지면 코드의 가독성이 떨어질 수 있다. 너무 많은 중첩은 코드 구조를 복잡하게 만들기 때문에, 복잡한 중첩은 피하는 것이 좋다.

② **논리의 복잡성:** 중첩된 조건이 너무 많으면 논리적 흐름이 복잡해져, 코드 작성 중 오류가 발생할 가능성이 커진다. 따라서 중첩을 사용할 때는 명확한 로직을 유지해야 한다.

③ **코드 최적화 필요:** 중첩 조건문은 여러 단계의 조건을 순차적으로 평가하기 때문에, 불필요한 평가를 피할 수 있는 최적화가 필요하다.

④ 중첩 조건문은 여러 단계의 조건을 차례대로 평가하여 복잡한 상황을 처리할 때 유용하다. 이를 통해 세밀한 조건 처리가 가능하며, 특정 조건을 만족한 후 추가적인 판단을 내릴 수 있다. 하지만 너무 많은 중첩은 코드의 가독성을 떨어뜨릴 수 있으므로, 간결하고 명확한 구조를 유지하는 것이 중요하다.

4 조건 표현식

조건 표현식(Conditional Expression)은 프로그래밍에서 간단한 조건문을 한 줄로 작성하여 특정 조건이 참일 때와 거짓일 때 각각 다른 값을 간결하게 반환하는 방식이다. 파이썬에서는 삼항 연산자 또는 삼항 조건 표현식이라고도 불리며, 조건문을 짧고 쉽게 표현할 수 있게 한다. 주로 간단한 조건에 따른 값을 선택하거나, 할당할 때 많이 사용된다.

1) 조건 표현식의 기본 구조

파이썬에서 조건 표현식의 형식은 다음과 같다.

```python
참일 때 값 if 조건 else 거짓일 때 값
```

① **참일 때 값 if 조건 else 거짓일 때 값**

　㉠ 조건: 참(True)이나 거짓(False)으로 평가되는 표현식이다.

　㉡ 참일 때 값: 조건이 참일 경우 반환되는 값 또는 실행될 코드이다.

　㉢ 거짓일 때 값: 조건이 거짓일 경우 반환되는 값 또는 실행될 코드이다.

② **이 구조를 사용하면 간단한 if-else 구문을 한 줄로 표현할 수 있다. 조건이 참일 때와 거짓일 때 각각의 값을 반환하거나 실행하는 코드를 간결하게 표현할 수 있다.**

　㉠ 예시 1: 숫자가 양수인지 음수인지 판단

```python
number = 10
result = "양수" if number > 0 else "음수"
print(result)
```

이 코드는 숫자 number가 0보다 큰지 확인하고, 크다면 "양수"를, 작거나 같다면 "음수"를 출력한다.

> **해설**

– 조건 number > 0이 참이므로 "양수"가 반환되어 result에 할당된다. 따라서 print(result)는 "양수"를 출력한다.

– 만약 number가 –5였다면, 조건이 거짓이므로 "음수"가 출력되었을 것이다.

　㉡ 예시 2: 짝수인지 홀수인지 판단

```python
num = 7
parity = "짝수" if num % 2 == 0 else "홀수"
print(parity)
```

이 코드는 num이 짝수인지 홀수인지를 판단하여 해당 문자열을 반환한다.

해설

– 조건 num % 2 == 0은 거짓이므로 "홀수"가 parity에 할당된다. 따라서 print(parity)는 "홀수"를 출력한다.

– 만약 num이 4였다면 조건이 참이 되어 "짝수"가 출력되었을 것이다.

ⓒ 예시 3: 성인 여부 확인

```python
age = 17
status = "성인" if age >= 18 else "미성년자"
print(status)
```

이 코드는 나이(age)가 18세 이상이면 "성인"을, 그렇지 않으면 "미성년자"를 출력한다.

해설

– 조건 age >= 18이 거짓이므로 "미성년자"가 status에 할당된다.

– print(status)는 "미성년자"를 출력한다.

– 만약 age가 20이었다면 "성인"이 출력되었을 것이다.

ⓓ 예시 4: 로그인 상태 확인

```python
is_logged_in = False
message = "환영한다!" if is_logged_in else "로그인이 필요하다."
print(message)
```

이 코드는 사용자가 로그인했는지 여부에 따라 환영 메시지를 출력하거나 로그인 요청 메시지를 출력한다.

해설

– 조건 is_logged_in은 거짓이므로 "로그인이 필요하다."가 message에 할당된다.

– print(message)는 "로그인이 필요하다."를 출력한다.

– 만약 is_logged_in이 True였다면, "환영한다!"가 출력되었을 것이다.

ⓜ 예시 5: 리스트 길이에 따른 처리

```python
items = [1, 2, 3]
status = "아이템이 있다." if len(items) > 0 else "아이템이 없습니다."
print(status)
```

이 코드는 리스트에 아이템이 있는지 확인하고, 있으면 "아이템이 있다."를, 없으면 "아이템이 없습니다."를 출력한다.

> **해설**

- 조건 len(items) > 0이 참이므로 "아이템이 있다."가 status에 할당된다.
- print(status)는 "아이템이 있다."를 출력한다.
- 만약 리스트가 비어 있었다면 조건이 거짓이 되어 "아이템이 없습니다."가 출력되었을 것이다.

2) 조건 표현식의 장점

① 코드를 간결하게: 조건 표현식은 한 줄로 조건문을 작성할 수 있기 때문에, 코드가 더욱 간결해지고 가독성이 좋아진다. 단순한 조건에 대해서는 if-else 구문보다 짧고 효율적이다.

② 빠른 값 할당: 변수를 할당할 때 조건에 따라 다른 값을 간단하게 할당할 수 있어, 복잡한 코드 작성 없이 조건에 맞는 값을 쉽게 설정할 수 있다.

③ 가독성 향상: 코드가 짧아지기 때문에 조건문을 한눈에 볼 수 있으며, 코드의 흐름이 더욱 명확해진다. 특히 간단한 조건일 때 if-else보다 훨씬 가독성이 높다.

3) 조건 표현식의 단점 및 주의점

① 복잡한 조건에는 부적합: 조건 표현식은 간단한 조건을 처리할 때 적합하지만, 조건이 너무 복잡하거나 여러 단계로 나뉘는 경우에는 사용하지 않는 것이 좋다. 복잡한 논리를 한 줄로 작성하면 오히려 코드가 이해하기 어려워질 수 있다.

② 가독성 저하 가능성: 간단한 조건에서는 가독성이 좋지만, 조건이 복잡하거나 중첩될 경우 오히려 가독성이 떨어질 수 있다. 복잡한 조건문은 차라리 여러 줄의 if-else 구조로 작성하는 것이 더 명확하다.

ⓞ 예시 6: 여러 조건을 중첩한 조건 표현식

```python
x = 10
y = 20
result = "x가 크다" if x > y else "같다" if x == y else "y가 크다"
print(result)
```

이 코드는 x와 y를 비교하여, x가 크면 "x가 크다", 두 값이 같으면 "같다", y가 크면 "y가 크다"를 출력한다.

해설

– x가 y보다 작으므로 조건 x > y는 거짓이고, x == y도 거짓이다. 따라서 "y가 크다"가 result에 할당되어 출력된다.

– 만약 x가 20이었다면 "같다"가 출력되었을 것이다.

– 조건 표현식은 간단한 조건에 따라 값을 선택하거나 실행할 코드를 간결하게 작성할 수 있게 해주는 매우 유용한 도구이다. 특히 간단한 조건 평가에서 사용하면 코드의 가독성과 효율성을 크게 향상시킬 수 있다. 하지만 조건이 복잡하거나 중첩될 경우에는 오히려 가독성을 떨어뜨릴 수 있으므로, 상황에 맞게 적절히 사용하는 것이 중요하다.

5 실습 예제

실습 예제 1 나이에 따른 메시지 출력

사용자로부터 나이를 입력받아 성인인지 미성년자인지 판별하여 메시지를 출력하는 프로그램을 작성하시오.

```python
age = int(input("나이를 입력하시오: "))
if age >= 18:
    print("성인입니다.")
else:
    print("미성년자입니다.")
```

연습 코드

```python
# 나이 입력
age = int(input("나이를 입력하시오: "))
# 조건문으로 성인/미성년자 판별
if age >= 18:
    print("성인입니다.")
else:
    print("미성년자입니다.")
```

출력 예시

```python
나이를 입력하시오: 20
성인입니다.
```

실습 예제 2 **온도에 따른 날씨 출력**

사용자로부터 온도를 입력받아 다음과 같이 날씨를 분류하여 출력하는 프로그램을 작성하시오.

```python
30도 이상: "더운 날씨입니다."
20도 이상 30도 미만: "따뜻한 날씨입니다."
10도 이상 20도 미만: "선선한 날씨입니다."
10도 미만: "추운 날씨입니다."
```

연습 코드

```python
# 온도 입력
temperature = int(input("온도를 입력하시오: "))
```

```
# 조건문으로 날씨 판별
if temperature >= 30:
    print("더운 날씨입니다.")
elif temperature >= 20:
    print("따뜻한 날씨입니다.")
elif temperature >= 10:
    print("선선한 날씨입니다.")
else:
    print("추운 날씨입니다.")
```

출력 예시

python

온도를 입력하시오: 15
선선한 날씨입니다.

4지선다형 문제 (10문항)

01. 다음 중 조건문에 대한 설명으로 옳지 않은 것은?

① 조건문은 프로그램의 흐름을 제어하는 도구이다.

② 조건문은 참일 때만 실행되며, 거짓일 때는 실행되지 않는다.

③ elif는 첫 번째 조건이 거짓일 때 다음 조건을 평가할 수 있게 한다.

④ else는 조건이 참일 때 실행되는 블록이다.

02. 다음 코드의 출력 결과는 무엇인가?

```python
# python
temperature = 15
if temperature > 20:
    print("따뜻한 날씨")
else:
    print("추운 날씨")
```

① 따뜻한 날씨

② 추운 날씨

③ 아무것도 출력되지 않음

④ 오류 발생

03. 다음 코드의 결과로 알맞은 것은?

```python
# python
score = 85
if score >= 90:
    print("A등급")
elif score >= 80:
    print("B등급")
else:
    print("등급 미달")
```

① A등급

② B등급

③ 등급 미달

④ 오류 발생

04. 다음 중 파이썬에서 조건문을 사용하는 이유로 가장 적절한 것은?

① 반복적으로 코드를 실행하기 위해

② 프로그램이 특정 조건에 따라 다른 동작을 하도록 하기 위해

③ 프로그램을 종료시키기 위해

④ 메모리 관리를 위해

05. 다음 중 elif 문에 대한 설명으로 옳은 것은?

① 첫 번째 if 조건이 참일 때 실행된다.

② 여러 조건을 순차적으로 평가할 수 있게 해준다.

③ 모든 경우에 실행되는 코드 블록이다.

④ 참일 때 실행되는 것이 아니라 항상 실행된다.

06. 다음 코드의 결과는 무엇인가?

```python
# python
age = 19
if age >= 18:
    print("성인")
else:
    print("미성년자")
```

① 성인

② 미성년자

③ 오류 발생

④ 아무것도 출력되지 않음

07. 다음 중 else 문에 대한 설명으로 옳은 것은?

① 모든 조건이 거짓일 때 실행된다.

② 조건이 참일 때 실행된다.

③ 조건이 없어도 무조건 실행된다.

④ 첫 번째 if 조건이 참일 때만 실행된다.

08. 다음 코드의 출력 결과는?

```python
# python
number = -5
if number > 0:
    print("양수")
elif number == 0:
    print("0")
else:
    print("음수")
```

① 양수   ② 0
③ 음수   ④ 오류 발생

09. 중첩 조건문에 대한 설명으로 옳지 않은 것은?

① 조건문 안에 또 다른 조건문을 포함하는 방식이다.
② 복잡한 논리를 처리할 때 유용하다.
③ 코드의 가독성이 높아진다.
④ 다단계 조건 평가를 가능하게 한다.

10. 다음 코드에서 출력 결과가 "성인 남성입니다"가 되는 조건은?

```python
# python
age = 20
gender = "남성"
if age >= 18:
    if gender == "남성":
        print("성인 남성입니다.")
    else:
        print("성인 여성입니다.")
else:
    if gender == "남성":
        print("미성년 남성입니다.")
    else:
        print("미성년 여성입니다.")
```

① 나이 20, 성별 "남성"   ② 나이 15, 성별 "여성"
③ 나이 25, 성별 "여성"   ④ 나이 17, 성별 "남성"

01. 조건문에서 if 뒤에 오는 것은 조건식이며, 그 결과는 참(True) 또는 (   )이다.

02. else는 앞선 모든 조건이 (   )일 때 실행된다.

03. 파이썬에서는 elif는 (   )의 줄임말이다.

04. 중첩 조건문은 조건문 안에 (   )을 포함하는 방식이다.

05. 조건 표현식에서 (   ) if 조건 else (   )의 구조로 값을 반환한다.

06. if age >= 18: 조건이 참이면 (   ) 메시지가 출력된다.

07. else 블록은 선택적이며, 사용하지 않아도 프로그램은 (   )한다.

08. elif 문은 (   ) 가지 이상의 조건을 처리할 때 사용된다.

09. 조건문은 프로그램의 (   )을 제어하는 역할을 한다.

10. 조건문에서 여러 조건을 결합할 때 (   ), (   ),(   ) 등의 논리 연산자를 사용할 수 있다.

01. 조건문이 프로그램에서 중요한 이유에 대해 설명하시오.

02. if-elif-else 구조를 사용하여 점수에 따라 등급을 나누는 프로그램을 설명하고 예시 코드를 작성하시오.

```python
정답:
python
score = 85
if score >= 90:
    print("A등급")
elif score >= 80:
    print("B등급")
elif score >= 70:
    print("C등급")
else:
    print("등급 미달")
이 코드는 점수에 따라 A, B, C 등급을 나누며, 점수가 70점 미만이면 "등급 미달"을 출력한다.
```

03. 중첩 조건문이란 무엇이며, 이를 사용하는 상황과 장점에 대해 설명하시오.

04. 조건 표현식을 사용하는 이유와 그 장점에 대해 설명하시오.

05. 조건문에서 else 블록을 사용하는 이유와 그 중요성에 대해 설명하시오.

05

반복문

for와 while 반복문의 기본 개념을 학습하고, break와 continue를 포함한 반복 제어 키워드를 이해하며, 중첩 반복문을 통해 반복적인 작업을 효과적으로 처리하는 프로그램을 작성한다.

1 반복문의 개념

사용하면 일정한 작업을 자동화하거나 같은 코드를 여러 번 실행할 수 있어, 코드의 중복을 줄이고 효율적으로 프로그램을 작성할 수 있게 된다. 반복문은 조건을 기반으로 동작하는데, 이 조건은 반복이 끝나야 할 시점을 결정하는 역할을 한다. 조건이 참(True)인 동안 반복문은 계속해서 실행되고, 조건이 거짓(False)이 되면 반복문이 종료된다. 이를 통해 프로그래머는 필요한 만큼 작업을 반복할 수 있다.

1) 반복문의 구성 요소

① 반복 조건

반복문이 실행되는 조건이다. 이 조건은 참일 때 반복이 계속되며, 거짓일 때 반복이 종료된다.

② 반복 블록

반복문 내에 작성된 코드 블록으로, 조건이 참일 때 반복적으로 실행되는 부분이다.

③ 반복 종료 조건

반복을 끝내기 위한 특정 조건으로, 조건이 만족되면 반복이 종료된다. 이를 통해 무한히 반복되지 않고, 정해진 횟수만큼 반복하도록 제어할 수 있다.

2) 반복문의 사용 목적

① 코드의 중복 방지

동일한 작업을 여러 번 수행해야 하는 경우, 반복문을 사용하면 코드를 반복해서 작성할 필요 없이 효율적으로 작성할 수 있다. 이를 통해 코드의 길이를 줄이고 가독성을 높일 수 있다.

② 자동화된 처리

많은 양의 데이터를 처리하거나 동일한 작업을 반복해야 하는 상황에서 반복문을 사용해 자동화할 수 있다. 예를 들어, 수많은 데이터를 처리하거나 대량의 계산 작업을 처리할 때 반복문은 매우 유용하다.

③ 조건에 따른 유동적인 반복

반복문은 조건에 따라 반복 횟수를 조절할 수 있기 때문에, 동적으로 작업을 제어할 수 있다. 프로그램이 실행되는 중간에 입력된 값이나 상태에 따라 반복 횟수를 다르게 설정할 수 있다.

3) 반복문의 종류

반복문은 크게 고정된 횟수만큼 반복하는 경우와 특정 조건을 만족할 때까지 반복하는 경우로 나눌 수 있다.

① 고정된 횟수의 반복

반복할 횟수가 명확하게 정해져 있는 경우, 일정한 횟수만큼 반복문을 실행한다. 이때 반복문은 명확한 종료 조건을 가지며, 반복할 횟수가 고정되어 있다. 예를 들어, 1부터 10까지 숫자를 출력하는 작업은 고정된 횟수의 반복이다.

② 조건에 따른 반복

반복할 횟수가 미리 정해져 있지 않고, 특정 조건에 따라 반복이 종료되는 방식이다. 이러한 반복문은 종료 조건이 만족될 때까지 계속 반복된다. 예를 들어, 사용자가 특정 키를 입력할 때까지 프로그램이 계속 실행되는 상황은 조건에 따른 반복이다.

4) 반복문이 중요한 이유

① 효율적인 작업 처리

반복문은 같은 작업을 여러 번 반복해야 하는 상황에서 매우 유용하다. 수백, 수천, 또는 그 이상의 작업을 수작업으로 처리하는 대신, 반복문을 사용하면 짧은 코드로 많은 작업을 자동으로 처리할 수 있다.

② 데이터 처리 및 분석

반복문은 대량의 데이터를 다루는 데 매우 중요하다. 반복문을 사용하여 데이터의 각 항목을 순차적으로 처리하거나 집계, 통계 계산 등의 작업을 수행할 수 있다.

③ 유연한 프로그램 작성

반복문을 사용하면 프로그램이 동적으로 동작할 수 있으며, 사용자 입력이나 외부 상황에 맞춰 유연하게 처리할 수 있다. 반복문은 조건에 따라 반복 횟수를 조절할 수 있기 때문에 상황에 따라 변하는 작업을 처리하는 데 적합하다.

④ 시간 절약

반복문은 코드를 단축하고 반복적인 작업을 자동화함으로써 개발자의 시간을 절약할 수 있다. 수작업으로 반복할 작업을 자동화하면, 효율성과 생산성이 크게 향상된다.

5) 반복문 사용 시 주의할 점

반복문은 프로그래밍에서 반복적인 작업을 자동으로 처리할 수 있게 해주는 강력한 도구이다. 반복문을 사용하면 코드를 효율적으로 작성할 수 있으며, 반복적인 작업을 자동화함으로써 시간과 노력을 절약할 수 있다. 반복문의 올바른 사용은 프로그램의 효율성을 높이고, 개발 과정에서 생산성을 향상시키는 중요한 요소가 된다.

① 무한 반복

반복문을 사용할 때는 종료 조건을 명확하게 설정해야 한다. 종료 조건이 잘못 설정되면, 반복문이 끝없이 실행되는 무한 루프가 발생할 수 있다. 이는 프로그램이 멈추지 않고 계속 실행되며, 시스템에 큰 부하를 줄 수 있다.

② 성능 문제

반복문이 많은 양의 작업을 수행할 경우, 프로그램의 성능에 영향을 미칠 수 있다. 특히, 반복문 안에서 복잡한 연산이나 데이터 처리가 이루어질 때는, 반복문이 비효율적으로 동작하지 않도록 주의해야 한다.

③ 가독성 유지

반복문을 너무 복잡하게 작성하면 코드의 가독성이 떨어질 수 있다. 따라서 반복문을 사용할 때는 명확하고 간결하게 작성하여, 코드가 읽기 쉬운 형태로 유지되도록 해야 한다.

2 for 반복문

for 반복문은 파이썬에서 정해진 횟수만큼 반복 작업을 수행하는 가장 일반적인 반복문이다. 주로
반복 가능한 객체(리스트, 튜플, 문자열, 범위 등)의 요소를 차례대로 순회하며, 각 요소에 대해
특정 작업을 수행할 때 사용된다. for 반복문은 미리 반복할 횟수가 정해진 경우에 매우 적합하며,
이를 통해 효율적이고 직관적인 코드를 작성할 수 있다.

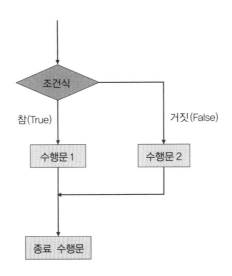

1) for 반복문의 기본 구조

python
_____

for 변수 in 반복 가능한 객체:
    실행할 코드

① 변수

반복 가능한 객체의 각 요소가 순차적으로 할당되는 변수이다. 매 반복마다 객체의 다음
요소가 이 변수에 저장된다.

② 반복 가능한 객체

리스트, 튜플, 문자열, 범위 객체(range) 등 순차적으로 접근 가능한 데이터 구조이다.

③ 실행할 코드

각 반복에서 실행되는 코드 블록이다. 이 코드는 반복 가능한 객체의 각 요소에 대해 한
번씩 실행된다.

2) for 반복문의 동작 과정

for 반복문은 다음 과정을 반복 가능한 객체의 모든 요소를 순회할 때까지 계속 반복하고, 모든 요소가 처리되면 반복문이 종료된다.

> 반복 가능한 객체에서 첫 번째 요소를 가져와 변수에 할당 → 할당된 변수에 대해 코드 블록을 실행 →
> 그 다음, 두 번째 요소를 가져와 변수에 할당하고, 코드 블록을 다시 실행

㉠ 예시 1: 리스트 순회

```python
fruits = ["사과", "바나나", "체리"]

for fruit in fruits:
    print(fruit)
```

이 코드는 fruits 리스트의 각 요소를 순차적으로 변수 fruit에 할당하고, 각 과일 이름을 출력한다.

출력 결과

사과
바나나
체리

해설

– fruit에 첫 번째 요소 "사과"가 할당되고, "사과"가 출력된다.

– 그 다음, "바나나"가 할당되고 출력된다.

– 마지막으로 "체리"가 할당되고 출력된다.

㉡ 예시 2: 범위 객체 range()를 사용한 반복

range() 함수는 특정 범위의 숫자들을 생성해주는 함수로, for 반복문과 자주 함께 사용된다. 이를 통해 고정된 횟수만큼 반복할 수 있다.

```python
for i in range(5):
    print(i)
```

이 코드는 0부터 4까지의 숫자를 출력한다. range(5)는 0부터 4까지의 숫자 5개를 생성하므로, i에 각 숫자가 할당되어 출력된다.

0

1

2

3

4

– range(5)는 0, 1, 2, 3, 4의 숫자를 생성한다.

– for 반복문은 이 숫자들을 순차적으로 i에 할당하며, 매번 print(i)를 통해 숫자를 출력한다.

ⓒ 예시 3: 문자열 순회

```python
message = "안녕하시오"

for char in message:
    print(char)
```

이 코드는 문자열 message의 각 문자를 순차적으로 char에 할당하고, 이를 출력한다.

안

녕

하

세

요

– 문자열도 반복 가능한 객체이므로, for 반복문을 사용해 각 문자를 순회할 수 있다.

– 이 코드에서는 message 문자열의 각 문자가 char에 할당되어 출력된다.

ⓓ 예시 4: 딕셔너리 순회

```python
person = {"이름": "철수", "나이": 25, "도시": "서울"}

for key in person:
    print(key, person[key])
```

이 코드는 딕셔너리의 각 키를 순회하며, 그에 대응하는 값을 함께 출력한다.

출력 결과

이름 철수
나이 25
도시 서울

해설

– 딕셔너리는 기본적으로 키(key)를 순회한다.

– for key in person:은 딕셔너리의 각 키를 순차적으로 key에 할당하고, person[key]를 통해 해당 키에 대응하는 값을 가져와 출력한다.

3) 반복문에서 range()의 활용

range() 함수는 for 반복문에서 숫자를 반복할 때 매우 유용하다. range()는 다양한 방식으로 사용될 수 있으며, 이를 통해 반복 횟수를 유연하게 제어할 수 있다.

㉠ range(start, stop): 시작 숫자부터 stop-1까지의 숫자를 생성한다.

```python
for i in range(1, 6):
    print(i)
```

출력 결과

1, 2, 3, 4, 5

㉡ range(start, stop, step): 시작 숫자부터 step 간격으로 숫자를 생성한다.

```python
for i in range(0, 10, 2):
    print(i)
```

출력 결과

0, 2, 4, 6, 8

㉢ range(stop): 0부터 stop-1까지의 숫자를 생성한다.

```python
for i in range(5):
    print(i)
```

0, 1, 2, 3, 4

4) 반복문의 장점

① 간결함

for 반복문은 단순하고 직관적인 구문을 제공하므로, 반복 작업을 빠르게 처리할 수 있다. 특히, 리스트, 문자열, 튜플 등 반복 가능한 객체를 순회할 때 매우 유용하다.

② 자동화

for 반복문을 사용하면 반복 횟수를 명시할 필요 없이 자동으로 각 요소에 대해 작업을 수행할 수 있다. 이를 통해 반복 작업을 자동화할 수 있다.
– 유연한 데이터 처리: 리스트나 딕셔너리, 문자열 등 다양한 자료형에 대해 적용할 수 있으므로, 데이터를 처리하는 데 매우 유용하다. 특히, 데이터 분석이나 처리 작업에서 필수적으로 사용된다.

5) 반복문 사용 시 주의할 점

for 반복문은 파이썬에서 가장 기본적이고 자주 사용되는 반복문으로, 반복 가능한 객체를 순회하거나 특정 범위의 숫자를 반복할 때 매우 유용하다. 이를 통해 코드를 간결하게 작성하고 효율적으로 작업을 자동화할 수 있으며, 다양한 데이터 구조를 처리하는 데도 매우 적합하다. for 반복문을 활용하여 반복 작업을 효과적으로 처리할 수 있다

① 반복 횟수에 대한 이해

for 반복문은 반복할 범위나 객체의 크기에 따라 자동으로 순회를 종료하지만, 잘못된 range() 값을 사용하면 의도와 다르게 동작할 수 있다.

② 효율성 고려

반복문 안에서 복잡한 연산이나 처리를 할 경우, 성능에 영향을 미칠 수 있다. 반복문 내에서 불필요한 연산을 최소화하는 것이 중요하다.

3 ▶ while 반복문

while 반복문은 조건이 참(True)일 동안 계속해서 반복적으로 코드 블록을 실행하는 반복문이다. 조건이 거짓(False)이 되면 반복이 종료된다. while 반복문은 반복 횟수가 미리

정해지지 않았을 때, 즉 조건을 만족하는 동안 계속 실행되어야 하는 작업을 처리하는 데 매우 유용하다.

while 반복문은 조건에 따라 동작하며, 조건이 참일 때마다 계속 반복된다. 이를 통해 유연한 반복 구조를 구현할 수 있으며, 조건이 언제든지 거짓이 되면 반복을 멈추게 된다.

1) while 반복문의 기본 구조

```python
while 조건:
    실행할 코드
```

- **조건:** 반복을 계속할지 여부를 결정하는 조건이다. 이 조건이 참(True)이면 코드 블록이 실행되고, 거짓(False)이면 반복이 종료된다.
- **실행할 코드:** 조건이 참일 때 반복적으로 실행되는 코드 블록이다.

2) while 반복문의 동작 과정

- **조건을 평가:** 반복문이 실행되기 전에 조건을 평가한다. 조건이 참(True)이면 반복문 안의 코드가 실행된다.
- **코드 실행:** 조건이 참인 경우, 코드 블록이 실행된다.
- **조건 재평가:** 코드 블록이 실행된 후 다시 조건을 평가한다. 조건이 계속 참일 경우, 코드 블록이 반복적으로 실행된다.

반복 종료: 조건이 거짓(False)이 되면 반복이 종료되고, 프로그램은 while 블록 다음의 코드를 실행한다.

㉠ 예시 1: 기본적인 while 반복문

```python
count = 0

while count < 5:
    print(count)
    count += 1
```

이 코드는 count가 5보다 작을 동안 count를 출력하고, 매 반복마다 count 값을 1씩 증가시킨다.

```
0
1
2
3
4
```

해설

– 처음에 count는 0이므로 조건 count < 5는 참이다. 따라서 count가 출력된다.

– count += 1로 인해 count가 1씩 증가하며, 이 과정이 5보다 작을 때까지 반복된다.

– count가 5가 되면 조건이 거짓이 되어 반복이 종료된다.

ⓛ 예시 2: 사용자 입력을 통한 반복

```python
user_input = ""
while user_input != "exit":
    user_input = input("종료하려면 'exit'을 입력하시오: ")
```

이 코드는 사용자가 'exit'를 입력할 때까지 계속해서 입력을 받는다. 'exit'가 입력되면 반복이 종료된다.

해설

– 처음에 user_input은 빈 문자열이므로, 조건 user_input != "exit"는 참이다.

– 사용자가 "exit"를 입력할 때까지 반복적으로 입력을 받는다.

– 사용자가 "exit"를 입력하면 조건이 거짓이 되어 반복이 종료된다.

ⓒ 예시 3: 무한 루프

무한 루프는 조건이 항상 참(True)이어서 반복이 끝나지 않는 상황을 말한다. 주로 조건을 명시적으로 끝내지 않거나, 의도적으로 끝없이 반복되는 작업을 처리할 때 사용된다.

```python
while True:
    print("무한 루프입니다.")
# 이 반복문은 끝나지 않음
```

이 코드는 while True로 항상 참인 조건을 사용하여 무한 루프를 생성한다. 이 반복문은 외부에서 멈추거나 프로그램을 종료하기 전까지 계속 실행된다.

조건이 항상 참이므로 이 반복문은 종료되지 않으며, 계속해서 "무한 루프입니다."를 출력한다.

3) while 반복문이 유용한 상황

① 반복 횟수가 미리 정해지지 않은 경우

while 반복문은 반복 횟수가 고정되지 않고, 특정 조건에 따라 반복을 종료해야 할 때 유용하다. 예를 들어, 사용자의 입력에 따라 작업을 반복하거나, 특정 이벤트가 발생할 때까지 반복하는 작업을 처리할 때 자주 사용된다.

② 동적 조건 처리

while 반복문은 조건을 실행 중에 동적으로 변경할 수 있어, 조건이 만족되지 않으면 반복을 중단하고, 계속 만족되면 반복을 이어나갈 수 있다.

4) 반복문에서 주의할 점

① 무한 루프 방지

while 반복문을 사용할 때는 반드시 종료 조건을 명확히 설정해야 한다. 조건이 계속해서 참으로 유지되면 반복이 멈추지 않는 무한 루프가 발생할 수 있으며, 이로 인해 프로그램이 중단되지 않고 계속 실행될 수 있다. 종료 조건을 잘못 설정하면 프로그램 성능 저하나 시스템 오류를 유발할 수 있다.

② 종료 조건 설정

while 반복문을 사용할 때는 반복을 종료할 수 있는 종료 조건을 명확히 설정해야 한다. 반복문 내에서 변수가 변경되지 않거나 조건이 갱신되지 않으면 무한 루프가 발생할 수 있으므로, 반복이 끝날 수 있도록 변수를 적절히 관리하는 것이 중요하다.

5) 반복 횟수 제어

while 반복문은 특정 조건을 기반으로 동작하므로, 조건을 통해 반복 횟수를 제어할 수 있다. 반복문 내에서 변수를 증가하거나 감소시켜 조건을 갱신하고, 이를 통해 반복 횟수를 제한할 수 있다.

```python
number = 10
```

```
while number > 0:
    print(number)
    number -= 1
```

이 코드는 number가 0보다 클 동안 반복하며, 매 반복마다 number를 1씩 감소시킨다.
number가 0이 되면 반복이 종료된다.

출력 결과

```
10
9
8
7
6
5
4
3
2
1
```

해설

- 처음에 number는 10이므로 조건 number > 0은 참이다.
- 반복문 내에서 number -= 1로 인해 number가 1씩 감소한다.
- number가 0이 되면 조건이 거짓이 되어 반복이 종료된다.

6) 반복문 사용 시 효율성 고려

반복문 내에서 복잡한 연산이나 많은 데이터 처리가 이루어질 경우, 반복문의 성능에 영향을 미칠 수 있다. 불필요한 연산을 최소화하고, 반복문 내에서의 작업을 효율적으로 처리하는 것이 중요하다.

예를 들어, 반복문 내에서 중복된 작업을 반복하지 않도록 주의해야 한다.

python

코드 복사
```python
# 비효율적인 반복문 예시
i = 0
while i < 1000:
    result = complex_calculation() # 매번 복잡한 계산 수행
    print(i, result)
    i += 1
```

이 코드는 매 반복마다 복잡한 계산을 수행하므로 비효율적일 수 있다. 복잡한 연산을 반복적으로 수행하지 않도록 최적화해야 한다. 이를 해결하기 위해서는, 리스트 컴프리헨션이나 제너레이터 표현식을 사용할 수 있다.

① 리스트 컴프리헨션

리스트 컴프리헨션은 리스트를 간결하고 효율적으로 생성하는 방법이다. 불필요한 반복문을 줄이고, 한 줄로 리스트를 생성할 수 있다.

```python
코드 복사
# 리스트 컴프리헨션 예시
squares = [x ** 2 for x in range(10)]
print(squares) # 출력: [0, 1, 4, 9, 16, 25, 36, 49, 64, 81]
```

리스트 컴프리헨션은 일반적인 for 반복문보다 실행 속도가 빠르고 코드의 가독성도 높아진다.

② 제너레이터 표현식

제너레이터 표현식은 메모리 사용량을 줄일 수 있는 방법으로, 한 번에 하나의 요소만 생성하여 메모리에 저장하지 않는다. 이는 대량의 데이터를 처리할 때 유용하다.

```python
코드 복사
# 제너레이터 표현식 예시
squares_gen = (x ** 2 for x in range(10))
for square in squares_gen:
    print(square) # 각 요소를 하나씩 출력
```

제너레이터 표현식은 메모리를 절약하면서도 효율적으로 데이터를 처리할 수 있게 해준다.

따라서 반복문을 사용할 때는 리스트 컴프리헨션과 제너레이터 표현식과 같은 최적화 방법을 활용하여 성능을 개선하는 것이 좋다.

break 키워드는 반복문을 즉시 종료시키는 역할을 한다. 반복문이 실행되는 도중에 특정 조건을 만족했을 때 더 이상 반복을 진행할 필요가 없을 경우, break 키워드를 사용하여 반복문을 강제로 중단할 수 있다. break는 for 반복문이나 while 반복문에서 모두 사용될 수 있으며, 조건이 참일 때 반복문을 중단하고 반복문 밖으로 빠져나오게 한다.

1) break 키워드의 기본 동작

break는 반복문 안에서 특정 조건이 참일 때 사용되며, 반복문의 나머지 부분을 실행하지 않고 즉시 종료된다. 이를 통해 불필요한 반복을 방지하고, 효율적으로 프로그램을 제어할 수 있다.

① break의 기본 구조

```python
while 조건:
    if 특정 조건:
        break
```

② 실행할 코드

– **특정 조건**: break를 실행할 조건이다. 이 조건이 참일 때 반복문이 종료된다.

– **break**: 반복문을 즉시 종료시키는 명령어이다. break가 실행되면 반복문은 중단되고, 반복문 이후의 코드로 넘어간다.

[break 키워드의 예시]

㉠ 예시 1: while 반복문에서 break 사용

```python
count = 0

while True:
    print(count)
    count += 1
    if count == 5:
        break
```

이 코드는 무한 루프에서 count가 5가 되면 break를 사용하여 반복을 종료한다.

```
0
1
2
3
4
```

- while True는 무한 루프를 생성하며, 조건이 항상 참(True)이므로 반복문은 끝없이 실행된다.

- 그러나 if count == 5 조건이 참일 때, break가 실행되어 반복문이 즉시 종료된다.

- 따라서 count가 5에 도달하면 더 이상 출력하지 않고, 반복이 중단된다.

ⓛ 예시 2: for 반복문에서 break 사용

```python
for i in range(10):
    if i == 7:
        break
    print(i)
```

이 코드는 0부터 9까지 반복하는 과정에서, i가 7이 되면 break를 사용해 반복을 종료한다.

```
0
1
2
3
4
5
6
```

- for 반복문은 range(10)에 의해 0부터 9까지의 숫자를 순차적으로 i에 할당하며 반복된다.

- i == 7이 되면 break가 실행되어 반복문이 종료되고, 그 이후의 숫자(7, 8, 9)는 출력되지 않는다.

2) break 키워드를 사용하는 이유

① 불필요한 반복 방지

break를 사용하면 조건이 만족되었을 때 즉시 반복을 중단할 수 있어, 불필요한 반복을 피하고 프로그램의 성능을 최적화할 수 있다. 예를 들어, 필요한 데이터를 찾았을 때 더 이상 반복할 필요가 없으면 break로 반복을 종료할 수 있다.

② 무한 루프에서의 종료

break는 무한 루프를 제어할 때 매우 유용하다. 무한 루프는 조건이 항상 참이므로 끝나지 않지만, break를 통해 특정 조건에서 반복을 종료할 수 있어 무한 루프를 안전하게 사용할 수 있다.

③ 빠른 탈출

특정 작업에서 조건이 만족되면 더 이상 작업을 진행할 필요가 없을 때, break를 사용하여 빠르게 반복문을 탈출할 수 있다. 이를 통해 코드가 더욱 효율적으로 동작할 수 있다.

3) 반복문에서 break 사용 시 주의할 점

① 정확한 조건 설정

break를 사용할 때는 반복문을 종료할 정확한 조건을 설정해야 한다. 조건을 잘못 설정하면 반복문이 예상보다 일찍 종료되거나, 반복을 중단하지 못하는 상황이 발생할 수 있다. 이를 통해 반복문이 언제 종료되어야 하는지 명확히 파악하는 것이 중요하다.

② 반복문의 흐름 이해

break는 반복문을 즉시 중단하므로, 반복문 내에서 처리해야 할 다른 작업이 있을 경우 주의해야 한다. break가 실행되면 반복문의 나머지 코드는 실행되지 않기 때문에, 필요한 작업이 모두 처리되었는지 확인한 후 break를 사용해야 한다.

4) break와 함께 자주 사용되는 패턴

① 검색 작업

반복문에서 특정 값을 찾았을 때 더 이상 반복할 필요가 없으므로, break를 사용하여 반복을 중단할 수 있다.

```python
numbers = [1, 2, 3, 4, 5, 6, 7, 8, 9]

for num in numbers:
    if num == 6:
        print(f"찾았다: {num}")
        break
```

이 코드는 숫자 리스트에서 6을 찾으면 break로 반복을 중단한다.

출력 결과

찾았다: 6

② 사용자 입력 제어

사용자에게 계속 입력을 받다가, 특정 입력 값을 받으면 반복을 중단할 수 있다.

```python
while True:
    user_input = input("종료하려면 'exit'을 입력하시오: ")
    if user_input == "exit":
        break
```

사용자가 'exit'를 입력하면 break를 통해 반복을 중단하고 프로그램이 종료된다.

③ 데이터 처리 중단

데이터를 처리하다가 필요한 조건을 만족하면 더 이상 데이터를 처리하지 않고 중단할 수 있다.

```python
data = [10, 20, 30, 40, 50]

for value in data:
    if value == 40:
        break
    print(f"처리 중: {value}")
```

이 코드는 40이 나오면 처리를 중단하고, 그 이전 값들만 처리한다.

처리 중: 10

처리 중: 20

처리 중: 30

5) break의 한계

break 키워드는 반복문을 제어하여, 특정 조건이 만족될 때 반복을 즉시 중단하는 중요한 도구이다. 이를 통해 불필요한 반복을 줄이고, 반복문을 보다 효율적으로 관리할 수 있다. 무한 루프와 같은 구조에서 break는 필수적이며, 올바르게 사용하면 프로그램의 성능을 최적화할 수 있다. 그러나, break를 사용할 때는 조건을 정확히 설정하고, 반복문이 적절히 종료되도록 주의해야 한다.

① 반복문 전체 종료

break는 현재 실행 중인 반복문을 완전히 종료시키기 때문에, 반복문 안에서 다른 조건들을 처리해야 할 때는 주의가 필요하다. 반복문 내에서 처리할 조건이 남아 있는 경우, break를 너무 일찍 사용하면 다른 작업이 수행되지 않고 종료될 수 있다.

② 중첩 반복문에서의 제어

중첩된 반복문(반복문 안에 또 다른 반복문이 있을 때)에서 break는 현재 실행 중인 가장 안쪽의 반복문만 종료한다. 즉, 외부의 반복문까지 종료하지는 않으므로 중첩된 반복문에서 break를 사용할 때는 제어 흐름을 주의해야 한다.

6) continue 키워드

반복문에서 현재 반복의 남은 부분을 건너뛰고, 다음 반복을 즉시 시작하도록 하는 역할을 한다. 즉, 특정 조건이 참일 때 반복문의 해당 반복 블록을 더 이상 실행하지 않고 다음 순번의 반복을 진행할 수 있게 한다. continue는 for와 while 반복문 모두에서 사용 가능하며, 현재 반복만 건너뛰고 전체 반복문은 계속 진행된다.

7) continue 키워드의 기본 동작

continue는 반복문 안에서 특정 조건이 참일 때 실행되며, 현재 반복을 중단하고 즉시 다음 반복으로 넘어가도록 한다. continue가 실행되면 반복문의 남은 부분은 무시되고, 반복문의 조건을 재평가하거나, 다음 항목으로 넘어가서 새로운 반복이 시작된다.

8) continue의 기본 구조

```python
python

while 조건:
    if 특정 조건:
        continue
```

① 실행할 코드

ㄱ **특정 조건:** continue를 실행할 조건이다. 이 조건이 참일 경우, 반복문의 남은 코드를 건너뛰고 다음 반복으로 넘어간다.

ㄴ **continue:** 조건이 참일 때, 현재 반복을 건너뛰고 반복문의 다음 순서로 이동한다.

② continue 키워드의 예시

ㄱ 예시 1: for 반복문에서 continue 사용

```python
python

for i in range(5):
    if i == 2:
        continue
    print(i)
```

이 코드는 0부터 4까지 반복하는 과정에서, i가 2일 때 continue를 사용하여 2를 출력하지 않고 건너뛴다.

출력 결과
```
0
1
3
4
```

해설

- for 반복문은 0부터 4까지 순차적으로 i에 할당하며 반복된다.
- i == 2 조건이 참일 때 continue가 실행되어, print(i)를 건너뛰고 다음 반복으로 넘어간다.
- 따라서 2는 출력되지 않고, 나머지 숫자만 출력된다.

ⓛ 예시 2: while 반복문에서 continue 사용

```python
count = 0

while count < 5:
    count += 1
    if count == 3:
        continue
    print(count)
```

이 코드는 count가 3일 때 continue를 사용하여 3을 건너뛰고, 1부터 5까지의 숫자 중 3을 제외한 숫자만 출력한다.

출력 결과

```
1
2
4
5
```

해설

- count가 3일 때 continue가 실행되어 print(count)가 실행되지 않는다.
- continue는 반복문을 종료하는 것이 아니라 다음 반복으로 넘어가게 하므로, 3을 제외한 나머지 숫자들이 출력된다.

9) continue를 사용하는 이유

① 특정 조건에서 반복을 건너뛰기

continue는 특정 조건에서 반복문의 나머지 코드를 실행하지 않고, 바로 다음 반복을 시작할 수 있게 한다. 이를 통해 특정 조건을 만족할 때는 반복 작업을 생략할 수 있다.

② 불필요한 코드 실행 방지

ⓖ continue는 조건이 참일 때 남은 코드를 실행하지 않음으로써 불필요한 연산이나 작업을 방지할 수 있다. 이로 인해 코드가 효율적으로 동작하게 된다.

ⓛ 데이터 필터링: 반복문을 통해 데이터를 처리할 때, 특정 조건에 맞는 항목은 건너뛰고 다른 항목만 처리할 수 있다. 예를 들어, 리스트에서 특정 값을 제외하고 처리하거나, 특정 조건에 맞는 데이터만 처리하고 나머지는 건너뛸 수 있다.

③ continue 사용의 실제 활용 예

㉠ 짝수만 출력하는 예시

```python
for i in range(10):
    if i % 2 != 0:
        continue
    print(i)
```

이 코드는 0부터 9까지의 숫자 중 짝수만 출력하고, 홀수는 continue로 건너뛴다.

출력 결과

```
0
2
4
6
8
```

해설

- i % 2 != 0 조건은 홀수를 의미한다. 이 조건이 참일 때 continue가 실행되어 홀수는 출력되지 않는다.
- 짝수인 경우에만 print(i)가 실행되어 짝수만 출력된다.

㉡ 리스트에서 특정 항목 건너뛰기

```python
fruits = ["사과", "바나나", "딸기", "포도"]

for fruit in fruits:
    if fruit == "바나나":
        continue
    print(fruit)
```

이 코드는 리스트에서 '바나나'를 제외한 과일만 출력한다.

출력 결과

```
사과
딸기
포도
```

해설

– fruit == "바나나" 조건이 참일 때 continue가 실행되어 '바나나'는 출력되지 않는다.

– 나머지 과일들은 정상적으로 출력된다.

ⓒ 1부터 100까지의 숫자 중 3의 배수만 출력하지 않기

```python
for i in range(1, 101):
    if i % 3 == 0:
        continue
    print(i)
```

이 코드는 1부터 100까지의 숫자 중 3의 배수를 제외한 모든 숫자를 출력한다.

출력 결과

1, 2, 4, 5, 7, 8, ... (중간 생략) ... 98, 100

해설

– i % 3 == 0은 3의 배수를 의미하며, 이 조건이 참일 때 continue가 실행된다.

– 따라서 3의 배수는 건너뛰고 나머지 숫자들이 출력된다.

10) continue 키워드 사용 시 주의할 점

① 조건 설정의 명확성

continue는 특정 조건을 만족할 때만 실행되므로, 조건을 명확히 설정해야 한다. 조건이 잘못 설정되면 의도한 결과를 얻지 못할 수 있다.

② 반복문의 흐름 이해

continue는 현재 반복만 건너뛰고 다음 반복을 계속 진행한다. 반복문의 남은 부분이 실행되지 않으므로, 중요한 코드가 건너뛰어지지 않도록 주의해야 한다. 반복문 내에서 필수 작업이 완료된 후 continue를 사용하는 것이 좋다.

③ 무한 루프 주의

continue를 사용하는 경우, 반복문을 종료할 조건이 적절히 처리되지 않으면 무한 루프가 발생할 수 있다. 예를 들어, while 반복문에서 반복 조건이 갱신되지 않고 continue가 계속 실행되면 무한히 반복될 수 있으므로, 종료 조건이 올바르게 작동하도록 주의해야 한다.

11) continue와 break의 차이

break	반복문을 즉시 종료하고, 반복문 밖으로 나간다.
continue	반복문의 현재 반복만 건너뛰고, 다음 반복으로 넘어간다.

예를 들어, 다음 코드를 통해 두 키워드의 차이를 명확히 볼 수 있다.

python

```python
for i in range(5):
    if i == 3:
        break
    print(i)
```

출력 결과

```
0
1
2
```

python

```python
for i in range(5):
    if i == 3:
        continue
    print(i)
```

출력 결과

```
0
1
2
4
```

해설

– break는 i == 3이 되었을 때 반복문을 즉시 종료하고 더 이상 출력하지 않는다.

– continue는 i == 3일 때 현재 반복만 건너뛰고, 다음 숫자(4)를 출력하면서 계속 반복한다.

continue 키워드는 반복문에서 특정 조건을 만족할 때 현재 반복을 건너뛰고 다음 반복을 진행하게 해주는 중요한 도구이다. 이를 통해 특정 조건에 맞는 항목을 생략하고, 효율적으로 반복 작업을 제어할 수 있다. continue는 불필요한 코드 실행을 방지하고, 특정 데이터를 필터링하는 등의 작업에 유용하게 사용된다. 그러나, continue를 사용할 때는 조건을 명확히 설정하고, 반복문의 흐름을 잘 이해하여 의도하지 않은 작업이 건너뛰어지지 않도록 주의해야 한다.

12) pass 키워드

① 파이썬에서 아무런 동작도 하지 않고, 단순히 자리를 채우는 역할을 하는 문장이다. 즉, 아무 작업도 하지 않고 코드 블록을 비워두고 싶을 때 사용된다. pass는 실행할 코드가 필요하지만 아직 작성되지 않았거나, 특정 조건에서 아무 동작도 하지 않기를 원할 때 사용한다.

② pass는 프로그램의 문법적인 구조를 유지하기 위해 사용되며, 코드가 실행될 때 아무런 영향도 미치지 않는다. 다만, 구문적으로 코드가 필요한 곳에서 코드 블록을 비워둘 수 없으므로, 이를 임시로 채워두기 위해 사용하는 것이다.

13) pass 키워드의 기본 동작

pass는 단순히 아무것도 하지 않고 지나가는 역할을 한다. 예를 들어, 반복문이나 조건문을 작성할 때 실제로 실행할 코드가 아직 없거나, 나중에 구현할 코드를 미리 작성해 두기 위한 자리 채우기 용도로 사용된다.

14) pass의 기본 구조

python

```
if 조건:
    pass # 나중에 구현할 코드
```

– 조건: 실행할 조건이 참(True)이 되면 코드 블록을 실행해야 하지만, 실제로 실행할 코드를 아직 작성하지 않은 경우 pass를 사용해 임시로 자리만 채운다.

① pass 키워드의 예시

㉠ 예시 1: 조건문에서 pass 사용

python

```
age = 20

if age >= 18:
    pass # 나중에 성인 처리 코드를 작성할 예정
else:
    print("미성년자입니다.")
```

이 코드는 age가 18 이상일 때 실행할 코드를 아직 작성하지 않은 상태로, 임시로 pass를 사용하여 코드 블록을 비워두고 있다.

출력 결과

아무것도 출력되지 않는다.

해설

– age >= 18 조건이 참(True)이므로, pass가 실행된다.

– 아무 동작도 하지 않고 코드 블록을 그냥 지나간다.

– pass가 없으면 빈 코드 블록을 허용하지 않기 때문에 오류가 발생하지만, pass를 사용하면 문법적으로 문제 없이 코드가 실행된다.

ⓛ 예시 2: 반복문에서 pass 사용

```python
for i in range(5):
    if i == 3:
        pass # 3일 때 특별히 할 일이 없음
    else:
        print(i)
```

이 코드는 i가 3일 때는 아무 작업도 하지 않고, 나머지 숫자들은 출력한다.

출력 결과
```
0
1
2
4
```

해설

– i == 3일 때 pass가 실행되며, 아무 동작도 하지 않고 다음 반복으로 넘어간다.

– 나머지 값들은 출력되며, 3은 건너뛰어졌다.

15) pass의 주요 사용 사례

① 자리 채우기 용도

코드를 작성하는 도중, 특정 조건이나 블록에 아직 작성되지 않은 코드를 임시로 비워두고 싶을 때 pass를 사용한다. 이를 통해 나중에 코드를 추가할 수 있는 자리를 만들어 두고, 현재는 실행에 문제가 없도록 유지할 수 있다.

② 미완성 함수

함수의 구조는 정의했지만, 구현할 코드를 나중에 작성할 예정일 때 pass를 사용하여 임시로 함수 블록을 채워 나중에 오류 없이 프로그램을 실행할 수 있게 한다.

```python
def my_function():
    pass # 나중에 함수 구현 예정
```

이 코드는 아직 함수가 구현되지 않았지만, 프로그램의 다른 부분을 테스트하기 위해 함수가 문법적으로 필요할 때 사용된다.

③ 예외 처리에서의 사용

예외 상황을 처리할 때, 특정한 예외를 무시하고 싶을 경우에도 pass를 사용할 수 있다. 예를 들어, 특정 예외가 발생했을 때 그 예외를 무시하고 지나가고 싶을 때 사용한다.

```python
try:
    x = int(input("숫자를 입력하시오: "))
except ValueError:
    pass # 숫자가 아닌 값이 입력되면 그냥 무시하고 지나감
```

이 코드는 숫자가 아닌 값을 입력했을 때 아무 동작도 하지 않고 무시하고 지나간다.

④ 클래스 정의 시 사용

클래스의 구조를 먼저 정의하고, 나중에 세부적인 내용을 구현할 때 pass를 사용할 수 있다.

```python
class MyClass:
    pass # 나중에 클래스 내용 구현 예정
```

이 코드는 빈 클래스를 정의해두고, 나중에 클래스 내부에 속성이나 메서드를 추가할 수 있게 한다.

16) pass의 역할과 중요성

① 코드의 구문적 완성 유지

파이썬에서는 빈 코드 블록을 허용하지 않기 때문에, 조건문, 반복문, 함수 등에서

구문적으로 코드가 필요할 때 pass는 유용하다. pass는 아무 작업도 하지 않지만, 코드 구조를 완성된 형태로 유지할 수 있게 도와준다.

② 코드 작성 중 오류 방지

코드가 완성되지 않았거나 아직 작성 중일 때, pass를 사용하면 나머지 코드 작성에 방해가 되지 않도록 프로그램을 실행할 수 있다. 이를 통해 코드가 완성되지 않았더라도 전체 프로그램이 정상적으로 실행될 수 있다.

③ 개발 과정에서의 유연성

프로그램을 개발할 때, 일부 기능을 나중에 구현해야 하거나, 아직 결정되지 않은 부분이 있을 때 pass를 사용하면, 그 부분을 미리 자리만 잡아두고 나중에 기능을 추가할 수 있다. 이는 큰 프로젝트를 개발할 때 매우 유용한 방식이다.

17) pass 사용 시 주의할 점

① 의미 없는 사용 지양

pass는 임시로 코드의 자리를 비워두기 위한 용도로 사용되며, 실제로 프로그램 로직에 필요한 부분에서는 사용하지 않아야 한다. 필요한 코드가 없으면 pass를 넣는 대신 실제로 실행해야 할 코드를 작성하는 것이 중요하다.

② 임시 조치에 불과

pass는 코드의 임시적인 비워두기에 불과하므로, 실제로 코드를 작성할 때 반드시 채워야 할 부분에는 pass 대신 실제 동작할 코드를 넣어야 한다. pass를 남겨둔 상태로 코드가 완성되면 기능이 동작하지 않거나, 예상치 못한 동작을 유발할 수 있다.

18) pass와 다른 제어 키워드 비교

pass 키워드는 파이썬에서 아무 작업도 하지 않으면서 코드의 자리를 채워주는 역할을 한다. 이를 통해 미완성 코드나 일시적으로 비워두고 싶은 부분을 처리할 수 있다. pass는 구문적 오류를 방지하고, 코드 구조를 유지하는 데 매우 유용하다. 하지만 필요한 곳에서는 반드시 실제 코드로 대체해야 하며, 임시 용도로만 사용해야 한다. pass는 큰 프로젝트나 복잡한 코드 작성 중에 구문을 미리 만들어 두고 나중에 채워넣는 유용한 도구이다.

break	반복문을 즉시 종료하고 반복문 밖으로 나가는 역할을 한다.
continue	현재 반복을 건너뛰고, 다음 반복을 진행하는 역할을 한다.
pass	아무 작업도 하지 않고, 그냥 지나가는 역할을 한다. 코드 블록을 채우기 위한 자리 표시용이다.

중첩 반복문은 반복문 안에 또 다른 반복문을 포함하는 구조로, 이중 반복문 또는 내부 반복문이라고도 불린다. 중첩 반복문을 사용하면 다중 차원의 데이터를 처리하거나, 복잡한 패턴을 생성하는 등의 작업을 할 수 있다. 외부 반복문이 한 번 실행될 때마다 내부 반복문이 반복적으로 실행되며, 이를 통해 복합적인 반복 작업을 수행할 수 있다.

1) 중첩 반복문의 기본 개념

① 중첩 반복문은 반복문 내부에 또 다른 반복문이 포함된 구조로, 보통 이중, 삼중 반복까지도 사용할 수 있다. 가장 기본적인 중첩 반복문은 2차원 배열이나 표와 같은 구조를 처리할 때 유용하게 쓰인다.

② 중첩 반복문은 두 개 이상의 반복문이 서로 겹쳐서 동작하며, 외부 반복문이 한 번 실행될 때마다 내부 반복문이 반복적으로 실행된다. 이를 통해 다차원의 데이터를 처리하거나, 여러 단계를 거쳐야 하는 복잡한 반복 작업을 수행할 수 있다.

2) 중첩 반복문의 기본 구조

```python
for 외부변수 in 반복 가능한 객체1:
    for 내부변수 in 반복 가능한 객체2:
        실행할 코드
```

① 외부 반복문

가장 바깥쪽에서 동작하는 반복문으로, 내부 반복문이 실행되는 동안 반복을 제어한다.

② 내부 반복문

외부 반복문의 각 반복이 실행될 때마다 반복적으로 실행되는 부분이다. 내부 반복문이 종료되면 외부 반복문의 다음 순번이 실행된다.

3) 중첩 반복문의 동작 과정

다음의 과정이 외부 반복문이 종료될 때까지 계속 반복된다.

> 외부 반복문의 첫 번째 반복이 실행 → 내부 반복문이 완전히 실행 → 내부 반복문이 종료되면, 외부 반복문의 다음 반복이 실행되고, 다시 내부 반복문이 실행

○ 예시 1: 간단한 중첩 반복문

```python
for i in range(3):  # 외부 반복문
    for j in range(2):  # 내부 반복문
        print(f"i:{i}, j:{j}")
```

이 코드는 외부 반복문이 3번 반복되는 동안, 내부 반복문이 2번씩 실행되며, i와 j 값을 출력한다.

출력 결과

```
i: 0, j: 0
i: 0, j: 1
i: 1, j: 0
i: 1, j: 1
i: 2, j: 0
i: 2, j: 1
```

해설

- i = 0일 때, 내부 반복문이 2번 실행되면서 j = 0, j = 1이 출력된다.

- i = 1일 때도 내부 반복문이 동일하게 2번 실행된다.

- 외부 반복문이 세 번 반복되면서, 내부 반복문은 그 안에서 6번 실행된다.

© 예시 2: 중첩 반복문을 이용한 구구단 출력

```python
for i in range(2, 10):  # 2단부터 9단까지
    for j in range(1, 10):  # 1부터 9까지 곱함
        print(f"{i} x {j} = {i * j}")
    print()  # 각 단을 구분하는 빈 줄 출력
```

이 코드는 구구단을 출력하는 프로그램으로, 외부 반복문이 단을 제어하고, 내부 반복문이 각 단의 곱셈을 수행한다.

출력 결과

```
2 x 1 = 2
2 x 2 = 4
2 x 3 = 6
...
9 x 8 = 72
9 x 9 = 81
```

- 외부 반복문은 2단부터 9단까지를 순차적으로 처리한다.

- 내부 반복문은 각 단에 대해 1부터 9까지의 숫자를 곱하여 결과를 출력한다.

- 외부 반복문이 한 번 실행될 때마다 내부 반복문이 9번 실행된다.

ⓒ 예시 3: 2차원 리스트 처리

```python
matrix = [
    [1, 2, 3],
    [4, 5, 6],
    [7, 8, 9]
]
for row in matrix: # 외부 반복문
    for element in row: # 내부 반복문
        print(element, end=" ")
    print()
```

이 코드는 2차원 리스트(행렬)를 순회하면서 각 요소를 출력한다. 외부 반복문은 행(row)을 순회하고, 내부 반복문은 각 행의 요소(element)를 순회한다.

출력 결과

```
1 2 3
4 5 6
7 8 9
```

해설

- 외부 반복문은 matrix 리스트의 각 행(row)을 순회한다.
- 내부 반복문은 각 행의 요소(element)를 순차적으로 출력한다.
- 이 구조를 통해 2차원 리스트의 모든 요소를 순회할 수 있다.

4) 중첩 반복문의 사용 사례

① 다차원 데이터 처리

중첩 반복문은 2차원 또는 그 이상의 데이터(예 행렬, 리스트의 리스트)를 처리할 때 유용하다. 예를 들어, 표 형태의 데이터나 좌표계를 처리할 때 중첩 반복문을 사용하여 각 행과 열을 순회할 수 있다.

② 복잡한 패턴 생성

중첩 반복문을 사용하면 별 모양, 삼각형 모양 등의 복잡한 출력 패턴을 쉽게 생성할 수 있다.

python

```python
for i in range(5):
    for j in range(i + 1):
        print("*", end="")
    print()
```

출력 결과

```
*
**
***
****
*****
```

해설

– 내부 반복문이 i + 1번 실행되므로, 매 줄마다 별의 개수가 증가하는 패턴이 출력된다.

③ 좌표계 처리

중첩 반복문은 이차원 좌표를 처리할 때 매우 유용하다. 예를 들어, 그래픽 프로그램에서 픽셀 좌표를 다루거나, 좌표 평면에서의 특정 작업을 수행할 때 중첩 반복문을 사용해 모든 좌표를 순차적으로 처리할 수 있다.

python

```python
for x in range(5):
    for y in range(5):
        print(f"({x}, {y})", end=" ")
    print()
```

출력 결과

```
(0, 0) (0, 1) (0, 2) (0, 3) (0, 4)
(1, 0) (1, 1) (1, 2) (1, 3) (1, 4)
(2, 0) (2, 1) (2, 2) (2, 3) (2, 4)
(3, 0) (3, 1) (3, 2) (3, 3) (3, 4)
(4, 0) (4, 1) (4, 2) (4, 3) (4, 4)
```

– **테이블 데이터 처리**: 중첩 반복문을 사용하여 테이블 데이터를 출력하거나 변환하는 작업을 수행할 수 있다. 예를 들어, CSV 파일을 읽어서 각 행과 열을 처리하는 데 사용되며, 엑셀 시트의 데이터를 처리할 때도 중첩 반복문이 유용하다.

5) 중첩 반복문의 장점

① 다차원 데이터 처리

중첩 반복문을 사용하면 2차원 이상의 복잡한 데이터 구조를 쉽게 처리할 수 있다. 이를 통해 행렬, 리스트의 리스트, 좌표계 등 다차원 데이터를 손쉽게 다룰 수 있다.

② 복잡한 작업 수행 가능

단일 반복문으로는 처리하기 어려운 복잡한 작업을 중첩 반복문으로 단순화할 수 있다. 예를 들어, 구구단 출력, 좌표 처리, 복잡한 패턴 생성 등을 효율적으로 처리할 수 있다.

③ 유연한 제어

중첩 반복문을 사용하면 다양한 조건에 따라 내부와 외부의 반복을 독립적으로 제어할 수 있다. 이를 통해 세밀한 작업 흐름 제어가 가능하다.

6) 중첩 반복문 사용 시 주의할 점

중첩 반복문은 반복문 안에 또 다른 반복문을 포함하여 다차원 데이터나 복잡한 작업을 처리하는 강력한 도구이다. 이를 통해 다양한 패턴 생성, 좌표 처리, 행렬 같은 복합적인 데이터 구조를 손쉽게 다룰 수 있다. 하지만 가독성과 성능 저하를 고려하여 적절히 사용해야 하며, 종료 조건을 명확히 설정해 무한 루프를 방지하는 것이 중요하다. 중첩 반복문을 적절히 활용하면, 복잡한 문제를 효과적으로 해결할 수 있는 유용한 방법을 제공한다.

① 가독성 저하

중첩 반복문이 너무 많아지면 코드의 가독성이 떨어질 수 있다. 반복문을 중첩하여 사용할 때는 코드를 명확하게 작성하고, 복잡한 로직은 주석을 통해 설명하는 것이 좋다.

② 성능 저하

중첩 반복문은 반복 횟수가 곱셈으로 증가하므로, 반복문이 많아질수록 프로그램의 성능이 저하될 수 있다. 특히 큰 데이터를 처리할 때는 중첩 반복문의 성능을 고려해야 하며, 가능하다면 최적화를 통해 성능을 개선해야 한다.

③ 무한 반복 주의

중첩 반복문에서 내부 반복문이 종료되지 않거나 조건이 적절히 설정되지 않으면 무한 루프에 빠질 수 있다. 따라서 종료 조건을 명확히 설정하고, 반복문이 정상적으로 종료되도록 주의해야 한다.

6 실습 예제

실습 예제 1 │ BMI 계산기

문제 설명

사용자로부터 신장(미터 단위)과 몸무게(킬로그램 단위)를 입력받아 BMI(체질량지수)를 계산하고, BMI 수치에 따라 건강 상태를 출력하는 프로그램을 작성하시오.

BMI 계산 방법

BMI = 몸무게(kg) / (신장(m) * 신장(m))
BMI < 18.5: 저체중
18.5 ≤ BMI < 25: 정상
25 ≤ BMI < 30: 과체중
BMI ≥ 30: 비만

코드

```python
# 사용자로부터 신장과 몸무게 입력받기
height = float(input("신장을 입력하시오 (센티미터 단위): "))
weight = float(input("몸무게를 입력하시오 (킬로그램 단위): "))

height /= 100

# BMI 계산
bmi = weight / (height ** 2)
# BMI 수치에 따라 상태 출력
if bmi < 18.5:
    print(f"BMI는 {bmi:.2f}로 저체중입니다.")
elif 18.5 <= bmi < 25:
    print(f"BMI는 {bmi:.2f}로 정상입니다.")
elif 25 <= bmi < 30:
    print(f"BMI는 {bmi:.2f}로 과체중입니다.")
else:
    print(f"BMI는 {bmi:.2f}로 비만입니다.")
```

출력 예시

> **출력**
> ───────────────────────────────
> 신장을 입력하시오 (센티미터 단위): 176
> 몸무게를 입력하시오 (킬로그램 단위): 67
> BMI는 22.20으로 정상입니다.

───────────────────────────────

실습 예제 2 **구구단 출력기**

문제 설명

사용자로부터 구구단의 단(2~9)을 입력받아 해당 구구단을 출력하는 프로그램을 작성하시오.

코드

```python
# 사용자로부터 구구단의 단 입력받기
dan = int(input("출력할 구구단의 단을 입력하시오 (2~9): "))
# 입력받은 단에 대한 구구단 출력
if 2 <= dan <= 9:
    for i in range(1, 10):
        print(f"{dan} x {i} = {dan * i}")
else:
    print("2에서 9 사이의 숫자를 입력하시오.")
```

출력 예시

> **출력**
> ───────────────────────────────
> 출력할 구구단의 단을 입력하시오 (2~9): 5
> 5 x 1 = 5
> 5 x 2 = 10
> 5 x 3 = 15
> 5 x 4 = 20
> 5 x 5 = 25
> 5 x 6 = 30
> 5 x 7 = 35
> 5 x 8 = 40
> 5 x 9 = 45

4지선다형 문제 (10문항)

01. 다음 중 반복문의 사용 목적이 아닌 것은?

① 코드의 중복 방지

② 자동화된 처리

③ 무한 루프 생성

④ 조건에 따른 유동적인 반복

02. 파이썬의 for 반복문에서 range(5)의 역할은 무엇인가?

① 1부터 5까지의 숫자를 생성한다.

② 0부터 4까지의 숫자를 생성한다.

③ 5부터 10까지의 숫자를 생성한다.

④ 숫자를 무작위로 생성한다.

03. 다음 중 while 반복문이 유용한 상황은?

① 반복 횟수가 미리 정해져 있을 때

② 특정 조건을 만족할 때까지 반복이 필요할 때

③ 구구단을 출력할 때

④ 리스트의 모든 요소를 순회할 때

04. 다음 코드의 출력 결과는 무엇인가?

```python
for i in range(3):
    for j in range(2):
        print(i, j)
```

① 0 1 2 0 1 2

② 0 0 1 1 2 2

③ 0 0 0 1 1 0 1

④ 0 0 1 0 1 1 2 0 2 1

05. break 키워드의 역할은 무엇인가?

① 반복문을 즉시 종료하고 다음 코드로 이동한다.

② 현재 반복을 건너뛰고 다음 반복을 실행한다.

③ 아무런 동작을 하지 않는다.

④ 반복문을 무한히 반복하게 만든다.

06. continue 키워드는 어떤 역할을 하는가?

① 반복문을 종료하고 다음 코드로 이동한다.

② 현재 반복을 건너뛰고 다음 반복으로 넘어간다.

③ 반복문의 조건을 무시하고 다음 반복을 실행한다.

④ 반복문을 계속 실행한다.

07. pass 키워드를 사용하는 이유로 가장 적절한 것은?

① 조건을 무시하기 위해

② 코드 실행을 중단하기 위해

③ 아직 구현되지 않은 코드를 자리만 채우기 위해

④ 무한 루프를 생성하기 위해

08. 다음 코드에서 출력되지 않는 숫자는 무엇인가?

```
for i in range(5):
if i == 3:
continue
print(i)
```

① 0

② 1

③ 2

④ 3

09. 중첩 반복문을 사용할 때 가장 주의해야 할 점은 무엇인가?

① 코드의 길이

② 조건문 작성

③ 성능 저하와 가독성

④ 변수를 잘못 선언하는 것

10. 다음 중 2차원 리스트를 처리할 때 가장 적합한 반복문 구조는 무엇인가?

① 단일 for 반복문
② while 반복문
③ 중첩 for 반복문
④ 단일 while 반복문

단답형/괄호형 문제(10문항)

01. while 반복문은 조건이 (   )일 때 반복을 계속한다.

02. for i in range(3)에서 i는 (   ) 역할을 한다.

03. break는 반복문을 (   )시킨다.

04. 리스트 fruits = ["사과", "바나나", "딸기"]에서 for fruit in fruits는 리스트의 (   )를 순회한다.

05. continue는 현재 반복을 (   )하고, 다음 반복으로 넘어가게 한다.

06. pass는 (   )하지 않고 코드를 비워두는 역할을 한다.

07. 중첩 반복문에서 외부 반복문이 한 번 실행될 때, 내부 반복문은 (   )번 실행된다.

08. range(1, 5)는 (   )부터 (   )까지의 숫자를 생성한다.

09. 반복문의 종료 조건이 잘못 설정되면 (   )가 발생할 수 있다.

10. 중첩 반복문을 사용하면 (   ) 이상의 차원을 가진 데이터를 처리할 수 있다.

서술형 문제 (5문항)

01. for 반복문과 while 반복문의 차이점과 각각의 사용 예를 설명하시오.

02. break와 continue의 차이점을 설명하고, 각 키워드가 사용된 예를 작성하시오.

03. 중첩 반복문이란 무엇이며, 중첩 반복문을 사용할 때 성능에 미치는 영향을 설명하시오.

04. pass 키워드를 사용하는 상황과 그 역할을 설명하시오.

05. 중첩 반복문을 사용하여 구구단을 출력하는 프로그램을 작성하고, 코드의 동작을 설명하시오.

함수

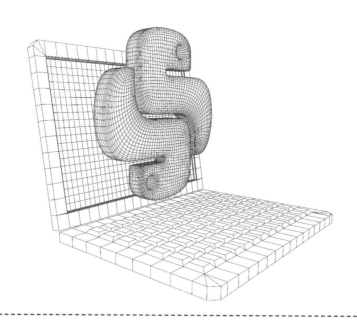

Chapter 06 함수

함수의 정의와 호출, 매개변수와 반환값을 학습하며, 기본 인수와
가변 인수를 이해하여 다양한 함수를 작성하고 활용함으로써 프로
그램을 모듈화하고 재사용성을 높인다.

1 함수의 정의와 호출

1) 함수 정의

파이썬에서 함수를 정의하려면 def 키워드를 사용하면 된다. 함수는 이름, 입력 매개변수(선택
가능), 그리고 실행할 코드로 구성된다. 기본적인 구조는 아래와 같다.

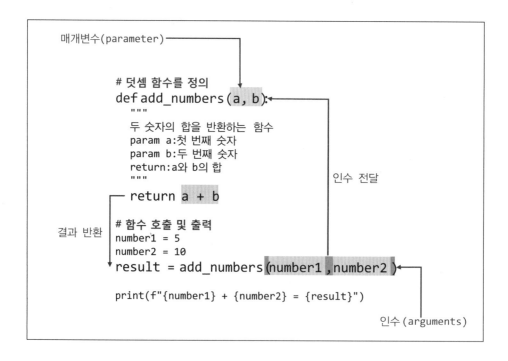

```python
""""
def 함수이름(매개변수1, 매개변수2, …):
    # 실행할 코드
    return 반환 값 # 반환 값은 선택 사항이다.
""""

def add(a, b):
    result = a + b
    return result
```

위 예시에서는 a와 b 두 값을 더한 결과를 반환하는 함수이다.

[주요 요소]

– 함수 이름: 함수를 구분하는 이름이다.

– 매개변수: 함수가 외부에서 받을 값을 의미한다. 없을 수도 있다.

– return 문: 함수의 결과를 반환할 때 사용하며, 반환 값이 없는 경우 생략할 수 있다.

2) 함수 호출

함수를 정의한 뒤, 호출하려면 함수 이름을 사용하면 된다. 괄호 안에 필요한 인수를 넣어서 호출한다.

```python
result = add(3, 5)
print(result) # 출력: 8
```

이 코드는 더하기 함수를 호출하여 3과 5를 더한 결과를 출력하는 예시이다.

[호출 방식]

– 함수 이름 뒤에 괄호를 붙이고 필요한 인수를 전달하면 된다.

– 함수에서 요구하는 만큼의 인수를 맞춰서 호출해야 한다.

① 기본 매개변수 값

함수 정의 시 매개변수에 기본값을 줄 수 있다. 이 경우 호출 시 인수를 생략하면 기본값이 사용된다.

```python
def hello(name="손님"):
    print(f"안녕하시오, {name}님!")
hello() # 출력: 안녕하시오, 손님님!
hello("철수") # 출력: 안녕하시오, 철수님!
```

기본값이 설정된 매개변수는 호출할 때 값을 생략해도 된다.

② 반환 값이 없는 함수

반환 값이 없는 함수는 return 문을 생략하거나, 값을 반환하지 않고 호출할 수 있다.

```python
def hello():
    print("안녕하시오!")


hello() # 출력: 안녕하시오!
```

이 함수는 실행만 하고 값을 반환하지 않는다.

③ 가변 매개변수

파이썬에서는 매개변수의 개수가 유동적인 경우 *args나 **kwargs를 사용한다.

㉠ 예시 1: *args(위치 인수)

```python
def 합계(*숫자들):
    return sum(숫자들)


print(합계(1, 2, 3, 4)) # 출력: 10
```

*args는 여러 개의 위치 인수를 받을 때 사용된다.

㉡ 예시 2: **kwargs(키워드 인수)

```python
def 소개(**정보):
for key, value in 정보.items():
    print(f"{key}: {value}")
```

```
소개(이름="철수", 나이=20, 직업="학생")
# 출력:
# 이름: 철수
# 나이: 20
# 직업: 학생
```

**kwargs는 키워드 인수를 여러 개 받을 때 사용된다.

> **요약**
> - 함수 정의: def 키워드를 사용해 정의하며, return으로 값을 반환한다.
> - 함수 호출: 함수 이름과 괄호를 사용해 호출하며, 인수를 전달한다.
> - 기본값 매개변수: 기본값을 지정하면 호출할 때 인수를 생략할 수 있다.
> - 가변 매개변수: *args와 **kwargs로 유동적인 인수를 처리할 수 있다.
> - 이와 같이 파이썬 함수는 코드를 효율적으로 재사용할 수 있게 도와주며, 다양한 입력값을 처리할 수 있는 유연한 구조를 제공한다.

2 매개변수와 인수

1) 매개변수란?

매개변수(Parameter)는 함수나 메서드를 정의할 때, 함수 내부에서 사용할 변수의 이름을 뜻한다. 이는 함수가 외부에서 받아들이는 데이터를 처리하기 위해 사용되는 변수이다. 매개변수는 함수 정의 시 괄호 안에 작성되며, 함수가 호출될 때 외부에서 전달된 값을 담는 그릇 역할을 한다.

python

```python
def 더하기(a, b):
    return a + b
```

위 예시에서 a와 b는 매개변수이다. 함수가 호출될 때 외부에서 전달된 값이 a와 b에 저장되어 함수 내부에서 사용된다.

2) 인수란?

인수(Argument)는 함수를 호출할 때 매개변수에 전달되는 실제 값이다. 인수는 함수 호출 시 괄호 안에 입력된다. 즉, 인수는 함수가 실행될 때 함수로 전달되는 값이다.

```
python

결과 = 더하기(3, 5)
```

이 코드에서 3과 5는 인수이다. 함수 더하기를 호출할 때 이 두 값이 a와 b라는 매개변수에
전달된다.

3) 매개변수와 인수의 차이

매개변수는 함수 정의 시 사용하는 변수의 이름이며, 인수는 함수 호출 시 실제로 전달되는
값이다. 즉, 매개변수는 함수가 어떤 데이터를 받을지 정의하는 역할을 하고, 인수는 실제로 그
데이터를 전달하는 역할을 한다.

```
python

def 더하기(a, b): # a, b는 매개변수
    return a + b

결과 = 더하기(3, 5) # 3, 5는 인수
```

a, b는 매개변수로, 함수 내부에서 사용될 변수이다.

3, 5는 인수로, 이 값들이 함수 호출 시 a, b에 각각 대입된다.

4) 매개변수의 종류

파이썬에서는 여러 유형의 매개변수를 사용할 수 있다. 매개변수의 정의 방식에 따라 함수
호출 시 인수를 전달하는 방법이 달라진다.

① 위치 매개변수

위치 매개변수는 함수 정의 시 기본적으로 사용하는 매개변수이다. 함수 호출 시 인수를
순서대로 매개변수에 전달해야 한다.

```
python

def 더하기(a, b):
    return a + b
더하기(1, 2) # a=1, b=2로 전달됨
```

② 기본값 매개변수

매개변수에 기본값을 설정할 수 있으며, 호출 시 해당 인수를 생략하면 기본값이 사용된다.

```python
def 인사말(이름="손님"):
    print(f"안녕하시오, {이름}님!")

인사말( ) # 이름에 기본값 "손님"이 사용됨
인사말("철수") # 이름에 "철수"가 전달됨
```

③ 가변 매개변수

가변 매개변수는 함수가 불특정 다수의 인수를 받을 수 있게 한다. 이는 *args와 **kwargs를 사용하여 처리할 수 있다.

ㄱ *args: 여러 개의 위치 인수를 받을 때 사용한다.

ㄴ **kwargs: 여러 개의 키워드 인수를 받을 때 사용한다.

```python
def 합계(*숫자들):
return sum(숫자들)

합계(1, 2, 3, 4) # 여러 개의 인수가 전달됨
```

5) 인수 전달 방법

함수 호출 시 인수는 위치 인수나 키워드 인수로 전달할 수 있다.

① 위치 인수

위치 인수는 함수 정의된 순서대로 매개변수에 전달되는 인수이다. 함수 호출 시 인수의 순서를 맞춰야 한다.

```python
def 더하기(a, b):
return a + b

더하기(1, 2) # 1이 a로, 2가 b로 전달됨
```

② 키워드 인수

키워드 인수는 매개변수 이름을 명시하여 값을 전달하는 방법이다. 순서를 지키지 않아도 된다.

```python
def 더하기(a, b):
return a + b

더하기(b=5, a=3) # 순서에 상관없이 a=3, b=5로 전달됨
```

> **요약**
> - 매개변수는 함수 정의 시 사용하는 변수 이름이고, 함수가 데이터를 받을 준비를 한다.
> - 인수는 함수 호출 시 매개변수에 실제로 전달되는 값이다.
> - 위치 인수와 키워드 인수로 인수를 전달할 수 있으며, 기본값 매개변수나 가변 매개변수를 통해 다양한 형태로 함수 호출이 가능하다.
> - 매개변수와 인수의 개념을 정확히 이해하면 함수 사용에서 발생하는 오류를 줄일 수 있고, 다양한 방식으로 함수를 호출할 수 있다.

3 기본 인수와 키워드 인수

1) 기본 인수(기본값 매개변수)

기본 인수(Default Argument)는 함수 정의 시 매개변수에 기본값을 미리 지정해 놓은 것이다. 함수를 호출할 때 해당 매개변수에 인수를 전달하지 않으면, 기본값이 자동으로 사용된다. 이를 통해 함수 호출 시 인수를 생략할 수 있는 유연성을 제공한다.

① 기본 인수의 특징

- 기본값을 가진 매개변수는 함수 정의에서 마지막에 위치해야 한다. 기본값이 없는 매개변수 뒤에 기본값이 있는 매개변수를 놓는 것이 규칙이다.
- 함수 호출 시 인수를 생략하면 기본값이 적용된다.

② 기본 인수 정의 방식

```python
def 함수이름(매개변수1=기본값1, 매개변수2=기본값2):
    # 실행할 코드
    pass
```

예시

```python
def 인사말(이름="손님"):
    print(f"안녕하시오, {이름}님!")
```

- 위 함수는 매개변수 이름에 기본값 "손님"을 설정하였다. 이 함수는 호출 시 이름을 전달하지 않으면 "손님"을 사용한다.

③ 함수 호출 예시

```python
인사말( ) # 출력: 안녕하시오, 손님님!
인사말("철수") # 출력: 안녕하시오, 철수님!
```

- 첫 번째 호출에서는 인수를 전달하지 않았기 때문에 기본값 "손님"이 사용되었다.
- 두 번째 호출에서는 "철수"라는 인수를 전달했으므로 기본값 대신 "철수"가 사용되었다.

2) 키워드 인수

키워드 인수(Keyword Argument)는 함수 호출 시 매개변수 이름을 명시하여 인수를 전달하는 방법이다. 키워드 인수를 사용하면 인수의 순서와 관계없이 원하는 매개변수에 값을 직접 지정할 수 있다. 이를 통해 함수 호출 시 매개변수 순서에 얽매이지 않고 가독성을 높일 수 있다.

① 키워드 인수의 특징

- 함수 정의에 있는 매개변수 이름을 명시하여 인수를 전달한다.
- 인수의 순서를 지키지 않아도 되므로, 여러 매개변수가 있는 함수 호출에서 실수를 줄일 수 있다.
- 키워드 인수는 위치 인수 뒤에 와야 한다. 즉, 위치 인수를 먼저 전달하고 그 뒤에 키워드 인수를 사용할 수 있다.

② 키워드 인수 정의 방식

```python
함수이름( 매개변수1=값1, 매개변수2=값2)
```

```python
def 학생정보(이름, 나이, 학년):
    print(f"이름: {이름}, 나이: {나이}, 학년: {학년}")
```

③ 함수 호출 예시

```python
학생정보(이름="철수", 나이=15, 학년=3)
```

- 위 예시에서 키워드 인수를 사용하여 매개변수 이름과 값을 직접 지정했다. 이를 통해 인수의 순서에 상관없이 함수를 호출할 수 있다.
- 또한 위치 인수와 함께 키워드 인수를 사용할 수도 있다.

```python
학생정보("영희", 학년=2, 나이=14)
```

- 위 호출에서는 이름은 위치 인수로, 학년과 나이는 키워드 인수로 전달하였다.

3) 기본 인수와 키워드 인수의 결합

기본값이 있는 매개변수와 키워드 인수를 함께 사용하면, 더욱 유연한 함수 호출이 가능하다. 키워드 인수를 통해 기본값을 가진 매개변수에 원하는 값을 지정할 수 있다.

```python
def 정보출력(이름, 나이=20, 국적="한국"):

    print(f"이름: {이름}, 나이: {나이}, 국적: {국적}")
```

이 함수에서 나이와 국적은 기본값을 가지고 있으며, 이름은 필수적으로 인수를 전달해야 한다.

① 함수 호출 예시

```python
정보출력("철수") # 출력: 이름: 철수, 나이: 20, 국적: 한국

정보출력("영희", 나이=25) # 출력: 이름: 영희, 나이: 25, 국적: 한국

정보출력("민수", 국적="미국") # 출력: 이름: 민수, 나이: 20, 국적: 미국
```

- 첫 번째 호출에서는 이름만 전달되었고, 나이와 국적은 기본값이 사용되었다.
- 두 번째 호출에서는 이름과 나이를 지정하고, 국적은 기본값을 사용하였다.
- 세 번째 호출에서는 이름과 국적을 지정하고, 나이는 기본값을 사용하였다.

4) 주의사항

① 기본값 매개변수 위치

기본값이 있는 매개변수는 반드시 기본값이 없는 매개변수 뒤에 와야 한다. 그렇지 않으면 문법 오류가 발생한다.

```python
def 잘못된함수(기본값있는매개변수=10, 매개변수):

    pass # 오류 발생
```

② 위치 인수와 키워드 인수의 혼합

함수 호출 시 위치 인수는 키워드 인수보다 앞에 위치해야 한다. 키워드 인수를 먼저 사용하고 그 뒤에 위치 인수를 사용하는 것은 허용되지 않는다.

```python
정보출력(나이=25, "철수") # 오류 발생
```

> **요약**
> - 기본 인수: 함수 정의 시 매개변수에 기본값을 설정하여 함수 호출 시 인수를 생략할 수 있게 한다.
> - 키워드 인수: 함수 호출 시 매개변수 이름을 명시하여 인수를 전달하는 방식으로, 순서를 신경 쓰지 않아도 된다.
> - 기본 인수와 키워드 인수는 함께 사용할 수 있으며, 이를 통해 함수 호출을 더욱 유연하게 할 수 있다.
> - 이 두 가지 개념을 잘 활용하면 함수 호출에서 가독성을 높이고, 다양한 경우에 맞게 함수를 사용할 수 있다.

4 반환 값과 return

1) 반환 값이란?

① 반환 값(Return Value)은 함수가 작업을 수행한 후, 그 결과로 함수 외부에 전달하는 값이다. 함수는 일종의 작업을 수행하고, 그 결과를 호출한 코드에 전달할 수 있는데, 이때 전달되는 값이 바로 반환 값이다. 반환 값은 함수의 최종 결과물로, 이후 다른 연산에 사용되거나 출력될 수 있다.

② 반환 값의 특징

- 함수가 호출된 곳으로 값을 돌려주며, 그 값을 다른 변수에 저장하거나 바로 사용할 수 있다.

- 반환 값이 없으면 함수는 기본적으로 None을 반환한다. 즉, 함수가 명시적으로 값을 반환하지 않으면, 파이썬에서는 None이라는 특별한 값이 반환된다.

2) return 문이란?

① return 문은 함수 내에서 실행 결과를 호출한 곳으로 돌려주기 위해 사용되는 명령어이다. return 문을 사용하여 함수가 반환할 값을 지정하며, return이 실행되면 함수는 즉시 종료되고 그 이후의 코드는 실행되지 않는다.

② return 문의 역할

- 함수가 어떤 값을 반환하도록 한다.

- 함수의 실행을 중단시키고, 그 지점에서 종료시킨다.

③ 기본 구조

```python
def 함수이름(매개변수들):
# 함수의 실행 코드
return 반환할값
```

3) 반환 값이 있는 함수

return 문을 사용하여 명시적으로 값을 반환하는 함수는 호출된 곳에 값을 돌려준다. 이 값을 변수에 저장하거나 다른 연산에 사용할 수 있다.

예시

```python
def 더하기(a, b):
return a + b
```

이 함수는 두 값을 더한 결과를 return 문으로 반환한다. 반환된 값은 결과라는 변수에 저장되어 출력된다.

4) 반환 값이 없는 함수

반환 값이 없는 함수는 return 문을 사용하지 않거나, return 뒤에 아무 값도 명시하지 않는다. 이 경우 함수는 None을 반환하게 된다.

예시

```python
def 인사():
    print("안녕하시오!")
결과 = 인사() # '결과' 변수에는 'None'이 저장됨
print(결과) # 출력: None
```

이 함수는 단순히 인사말을 출력하고, 값을 반환하지 않는다. 따라서 함수가 호출되었을 때 함수 내부의 코드가 실행되지만, 반환 값이 없기 때문에 기본적으로 None이 반환된다.

5) return 문을 통한 함수 종료

return 문이 실행되면 함수는 즉시 종료된다. return 이후의 코드는 실행되지 않으므로, 함수가 특정 조건에서 종료되도록 할 수 있다.

예시

```python
def 나누기(a, b):
    if b == 0:
        return "0으로 나눌 수 없습니다." # b가 0일 때 함수는 이 문장에서 종료됨
    return a / b # b가 0이 아닐 때만 이 코드가 실행됨

print(나누기(10, 2)) # 출력: 5.0
print(나누기(10, 0)) # 출력: 0으로 나눌 수 없습니다.
```

이 함수에서 return 문은 조건에 따라 다르게 실행된다. b가 0이면 "0으로 나눌 수 없습니다."라는 문자열을 반환하고 함수가 종료되며, 그 뒤의 나눗셈 코드는 실행되지 않는다.

6) 여러 값을 반환하기

파이썬에서는 return 문을 사용하여 여러 개의 값을 한 번에 반환할 수 있다. 여러 값을 반환할 때는 튜플 형태로 반환된다.

예시

```python
def 계산(a, b):
    합 = a + b
    차 = a - b
    곱 = a * b
    나눗셈 = a / b if b != 0 else None
    return 합, 차, 곱, 나눗셈


결과 = 계산(10, 5)
print(결과) # 출력: (15, 5, 50, 2.0)
```

이 함수는 네 개의 값을 한꺼번에 반환한다. return 뒤에 여러 값을 콤마로 구분하여 나열하면, 함수는 이들을 튜플 형태로 반환한다. 호출한 쪽에서는 이를 튜플로 받아서 사용할 수 있다.

7) 반환 값 활용하기

함수의 반환 값은 다른 함수의 인수로 사용되거나, 변수에 저장되거나, 바로 출력할 수 있다. 반환 값을 사용하면 함수가 계산한 결과를 다양한 방식으로 처리할 수 있다.

예시

```python
def 제곱(x):
    return x * x


결과 = 제곱(4) # 반환 값을 변수에 저장
print(제곱(2) + 제곱(3)) # 반환 값을 바로 연산에 사용
```

- 첫 번째 함수 호출에서는 반환 값을 결과 변수에 저장하였다.
- 두 번째 함수 호출에서는 반환 값을 연산에 바로 사용하였다.

5 가변 인수

1) 반환 값이란?

① 반환 값(Return Value)은 함수가 수행한 작업의 결과로, 함수가 호출된 곳으로 돌려주는 값이다.

② 함수는 일종의 계산을 하거나 작업을 수행한 후, 그 결과를 함수 밖으로 전달하기 위해 반환 값을 사용한다.

③ 반환 값은 함수가 종료될 때 함께 전달되며, 이후 다른 변수에 저장되거나 다른 연산에 사용될 수 있다.

④ 반환 값의 특징

   – 함수는 반환 값을 통해 작업 결과를 외부로 전달한다.

   – 반환 값이 없는 함수는 None을 반환한다. 즉, 함수 내에서 명시적으로 값을 반환하지 않으면 파이썬은 기본적으로 None이라는 값을 반환한다.

2) return 문이란?

① return 문은 함수 내에서 값을 호출한 곳으로 돌려주기 위한 명령어이다.

② return을 사용하면 함수의 실행을 종료하고, 지정한 값을 반환하게 된다.

③ return 문이 실행되면 함수는 즉시 종료되며, 그 이후의 코드는 실행되지 않는다.

④ return 문의 역할

   – 함수의 실행 결과를 반환한다.

   – 함수의 실행을 종료시킨다.

⑤ return 문 기본 구조

```python
def 함수이름(매개변수들):
    # 실행할 코드
    return 반환할값
```

3) 반환 값이 있는 함수

return 문을 사용하여 명시적으로 값을 반환하는 함수는 호출된 곳에 결과값을 돌려준다. 반환된 값은 함수 밖에서 사용할 수 있다.

예시

```python
def 더하기(a, b):
    return a + b

결과 = 더하기(3, 5) # 함수가 반환한 8이 '결과' 변수에 저장됨
print(결과) # 출력: 8
```

위 함수는 두 값을 더한 결과를 return 문으로 반환한다. 반환된 값은 호출된 곳에서 변수에 저장되어 사용된다.

4) 반환 값이 없는 함수

반환 값이 없는 함수는 return 문을 사용하지 않거나, return 뒤에 아무 값도 명시하지 않는다. 이런 경우 함수는 기본적으로 None을 반환한다.

예시

```python
def 인사():
    print("안녕하시오!")

결과 = 인사() # '결과' 변수에 'None'이 저장됨
print(결과) # 출력: None
```

이 함수는 단순히 메시지를 출력하고, 값을 반환하지 않는다. 따라서 호출된 후에는 None이 반환된다.

5) return 문을 사용하여 함수 종료하기

return 문이 실행되면 함수는 즉시 종료된다. return 이후의 코드는 실행되지 않는다. 이를 통해 조건에 따라 함수 실행을 조기에 종료할 수 있다.

예시

```python
def 나누기(a, b):
    if b == 0:
        return "0으로 나눌 수 없습니다." # b가 0이면 함수가 여기서 종료됨
    return a / b # b가 0이 아닐 경우에만 이 코드가 실행됨
print(나누기(10, 2)) # 출력: 5.0
print(나누기(10, 0)) # 출력: 0으로 나눌 수 없습니다.
```

이 함수에서 b가 0일 때는 첫 번째 return 문이 실행되면서 함수가 종료되고, 그 이후의 코드가 실행되지 않는다.

6) 여러 값을 반환하기

파이썬에서는 return 문을 사용하여 여러 개의 값을 한꺼번에 반환할 수 있다. 이 경우 여러 값을 튜플 형태로 반환하며, 함수 호출 시 이를 튜플로 받아 처리할 수 있다.

예시

```python
def 계산(a, b):
    합 = a + b
    차 = a - b
    곱 = a * b
    나눗셈 = a / b if b != 0 else None
    return 합, 차, 곱, 나눗셈

결과 = 계산(10, 5)
print(결과) # 출력: (15, 5, 50, 2.0)
```

위 함수는 네 개의 값을 한꺼번에 반환하며, 결과는 튜플로 출력된다.

7) 반환 값의 활용

함수의 반환 값은 다른 함수의 인수로 전달되거나 변수에 저장되어 추가적인 작업에 사용될 수 있다. 반환 값을 이용하면 함수를 통한 결과를 더욱 유연하게 처리할 수 있다.

예시

```python
def 제곱(x):
    return x * x


결과 = 제곱(4) # 반환 값을 변수에 저장
print(제곱(2) + 제곱(3)) # 반환 값을 연산에 바로 사용
```

위 예시에서 첫 번째 함수 호출은 반환 값을 변수에 저장하고, 두 번째 호출에서는 반환 값을 다른 계산에 바로 사용하였다.

요약
- 반환 값은 함수가 작업을 완료한 후 그 결과를 돌려주는 값이다. 함수가 값을 반환하지 않으면 기본적으로 None이 반환된다.
- return 문은 함수의 실행을 종료하고 값을 반환하는 역할을 한다.
- 여러 개의 값을 한 번에 반환할 수 있으며, 반환된 값은 변수에 저장하거나 다른 연산에 사용할 수 있다.
- return 문을 활용하여 함수 실행을 조건에 따라 조기에 종료할 수 있다.
- return과 반환 값의 개념을 잘 이해하면, 함수의 재사용성과 효율성을 크게 높일 수 있다.

6 실습 예제

실습 예제 1 **기본 인수와 키워드 인수 활용하기**

문제 설명

사용자로부터 이름과 나이를 입력받아 인사말을 출력하는 프로그램을 작성하시오. 사용자가 나이를 입력하지 않으면 기본적으로 20살로 간주하고 인사말을 출력한다.

문제 설명

사용자로부터 이름과 나이를 입력받아 인사말을 출력하는 프로그램을 작성하시오. 사용자가 나이를 입력하지 않으면 기본적으로 20살로 간주하고 인사말을 출력한다.

코드

python

```python
def 인사말(이름, 나이=20):
    print(f"안녕하시오, {이름}님! 나이가 {나이}살이시군요.")
# 사용자 입력 받기
이름 = input("이름을 입력하시오: ")
나이 = input("나이를 입력하시오 (입력하지 않으면 20살로 간주): ")
# 나이가 입력되었는지 확인하여 호출
if 나이:
    인사말(이름, int(나이))
else:
    인사말(이름)
```

출력 예시

출력

```
이름을 입력하시오: 철수
나이를 입력하시오 (입력하지 않으면 20살로 간주): 25
안녕하시오, 철수님! 나이가 25살이시군요.
```

실습 예제 2 | 여러 개의 값을 반환하는 함수

문제 설명

두 숫자를 입력받아 이들의 합, 차, 곱, 나눗셈을 한 번에 계산하는 프로그램을 작성하시오. 이때 나눗셈은 두 번째 숫자가 0일 경우, "나눌 수 없습니다."라는 메시지를 출력하도록 한다.

코드

python

```python
def 계산(a, b):
    합 = a + b
    차 = a - b
    곱 = a * b
    if b != 0:
        나눗셈 = a / b
    else:
        나눗셈 = "나눌 수 없습니다."
    return 합, 차, 곱, 나눗셈
# 사용자 입력 받기
a = int(input("첫 번째 숫자를 입력하시오: "))
b = int(input("두 번째 숫자를 입력하시오: "))
# 함수 호출 및 결과 출력
합, 차, 곱, 나눗셈 = 계산(a, b)
print(f"합: {합}, 차: {차}, 곱: {곱}, 나눗셈: {나눗셈}")
```

출력 예시

출력

```
첫 번째 숫자를 입력하시오: 10
두 번째 숫자를 입력하시오: 0
합: 10, 차: 10, 곱: 0, 나눗셈: 나눌 수 없습니다.
```

※ 정답 및 해설은 성안당 도서몰 [자료실]에서 제공합니다.

4지선다형 문제 (10문항)

01. 파이썬에서 함수를 정의할 때 사용하는 키워드는 무엇인가?

① def
② lambda
③ function
④ define

02. 다음 함수의 결과로 반환되는 값은?

```
def 더하기(a, b):
    return a + b
결과 = 더하기(3, 5)
```

① 3
② 5
③ 8
④ 15

03. 함수 호출 시 기본값이 있는 매개변수를 설정하는 방법은?

① 함수 정의 시 인수를 생략한다.
② 함수 호출 시 매개변수 이름을 생략한다.
③ 함수 정의 시 매개변수에 값을 미리 지정한다.
④ 함수 호출 시 기본값을 사용하지 않는다.

04. 다음 중 'return' 문에 대한 설명으로 옳은 것은?

① 함수의 실행을 중지하지 않는다.
② 반환 값 없이 함수가 끝날 수 없다.
③ 함수 실행 결과를 반환하고 실행을 종료한다.
④ 'return' 문이 없으면 함수가 오류를 발생시킨다.

05. 다음 중 가변 매개변수를 사용하는 함수 정의는?

① 'def 함수이름(*args):'　　　　② 'def 함수이름(**kwargs):'

③ 둘 다 맞다.　　　　　　　　④ 둘 다 틀리다.

06. 다음 중 키워드 인수의 특징은?

① 인수의 순서를 지켜야 한다.

② 위치 인수보다 먼저 사용해야 한다.

③ 매개변수 이름을 명시하여 값을 전달한다.

④ 기본값이 있는 매개변수를 사용할 수 없다.

07. 함수가 실행되었을 때 반환 값이 없는 경우, 파이썬은 기본적으로 무엇을 반환하는가?

① 0　　　　　　　　　　　　② None

③ 빈 문자열　　　　　　　　　④ 오류 발생

08. 람다 함수는 다음 중 무엇과 유사한 역할을 하는가?

① 메서드　　　　　　　　　　② 클래스

③ 일반 함수　　　　　　　　　④ 모듈

09. 'lambda' 함수의 특징으로 옳은 것은?

① 여러 줄의 코드를 포함할 수 있다.

② 'return' 문을 명시적으로 사용해야 한다.

③ 간단한 계산을 한 줄로 처리할 수 있다.

④ 복잡한 로직을 처리하는 데 적합하다.

10. 다음 코드의 실행 결과는?

```python
# python
def 합계(*숫자들):
return sum(숫자들)
print(합계(1, 2, 3, 4))
```

① 10　　　　　　　　　　　　② 24

③ 0　　　　　　　　　　　　　④ 오류 발생

단답형/괄호형 문제(10문항)

01. 파이썬에서 함수는 (   ) 키워드를 사용해 정의한다.

02. 함수 내부에서 실행된 결과를 반환하려면 (   ) 문을 사용한다.

03. 기본값이 설정된 매개변수를 생략하고 함수 호출 시, 함수는 해당 매개변수에 (   ) 값을 사용한다.

04. 매개변수 없이 함수를 호출할 때는 함수의 (   ) 값이 자동으로 적용된다.

05. 위치 인수는 함수 호출 시 인수의 (   )에 따라 매개변수에 전달된다.

06. 람다 함수는 일반 함수와 달리 (   ) 이름을 갖지 않는다.

07. 함수 호출에서 매개변수 이름을 명시하여 값을 전달하는 방법을 (   ) 인수라고 한다.

08. '*args'는 여러 개의 (   ) 인수를 받을 때 사용된다.

09. 함수 호출 시 값을 반환하지 않으면 함수는 기본적으로 (   )를 반환한다.

10. 가변 인수는 (   ) 또는 (   )로 처리할 수 있다.

01. 파이썬에서 함수를 정의하고 호출하는 방법을 설명하시오.

02. 기본값 매개변수와 가변 매개변수의 차이점을 설명하고, 각각의 예시를 제시하시오.

03. 'return' 문이 함수 실행에서 어떤 역할을 하는지 설명하시오.

04. 람다 함수와 일반 함수의 차이점을 설명하고, 람다 함수가 주로 사용되는 경우를 예시와 함께 설명 하시오.

05. 함수의 매개변수와 인수의 개념을 설명하고, 위치 인수와 키워드 인수의 차이를 예시와 함께 설명 하시오.

Chapter

07

리스트와 튜플

| PYTHON PROGRAMMING |

Chapter 07 리스트와 튜플

 스트와 튜플의 개념과 생성 방법, 인덱싱, 슬라이싱, 리스트 메서드를
활용하여 여러 데이터 항목을 저장하고 접근하는 방법을 익히며, 리스
트와 튜플의 차이점을 학습한다.

1 리스트의 생성과 사용

1) 리스트란?

① 리스트(List)는 파이썬에서 여러 개의 값을 하나의 변수에 저장할 수 있는 자료형이다.

② 리스트는 순서가 있는 데이터들의 집합이며, 그 안에 다양한 자료형을 혼합해서 저장할 수
있다.

③ 리스트는 배열과 유사하지만, 파이썬의 리스트는 크기가 가변적이고 다양한 자료형을
혼합하여 저장할 수 있다는 점에서 더 유연하다.

④ 리스트는 [](대괄호) 안에 값을 넣어서 생성하며, 각 값은 콤마(,)로 구분한다.

2) 리스트 생성 방법

① 리스트는 대괄호 안에 값을 나열하여 생성할 수 있다.

> 예시

```python
리스트1 = [1, 2, 3, 4, 5]
리스트2 = ['a', 'b', 'c']
리스트3 = [1, 'a', True, 3.14]
```

위 예시에서 리스트1은 숫자 값으로 이루어진 리스트, 리스트2는 문자로 이루어진 리스트,
리스트3은 정수, 문자, 불리언, 실수 등 여러 자료형이 혼합된 리스트이다.

② 빈 리스트를 생성할 수도 있다.

```python
빈리스트 = [ ]
```

3) 리스트 요소 접근

리스트의 각 요소는 인덱스(순번)를 사용하여 접근할 수 있다. 파이썬의 리스트 인덱스는 0부터 시작하며, 음수 인덱스를 사용하면 리스트의 마지막 요소부터 접근할 수 있다.

예시

```python
리스트 = [10, 20, 30, 40, 50]
print(리스트[0]) # 출력: 10 (첫 번째 요소)
print(리스트[2]) # 출력: 30 (세 번째 요소)
print(리스트[-1]) # 출력: 50 (마지막 요소)
```

리스트[0]은 첫 번째 요소에 접근하며, 리스트[-1]은 마지막 요소에 접근한다.

4) 리스트의 요소 변경

리스트는 가변형 자료형이기 때문에, 한 번 생성된 후에도 리스트의 요소를 변경할 수 있다.

예시

```python
리스트 = [10, 20, 30]
리스트[1] = 200 # 두 번째 요소를 200으로 변경
print(리스트) # 출력: [10, 200, 30]
```

위 코드에서 리스트의 두 번째 요소인 20이 200으로 변경되었다.

5) 리스트에 요소 추가

리스트에 요소를 추가하려면 append() 메서드를 사용하여 리스트의 마지막에 값을 추가할 수 있다. 또는 insert() 메서드를 사용하여 특정 위치에 요소를 추가할 수 있다.

㉠ 예시 1: append() 사용

```python
리스트 = [1, 2, 3]
리스트.append(4)
print(리스트) # 출력: [1, 2, 3, 4]
```

append()는 리스트의 끝에 값을 추가한다.

㉡ 예시 2: insert() 사용

```python
리스트 = [1, 2, 3]
리스트.insert(1, 100) # 인덱스 1 위치에 100 추가
print(리스트) # 출력: [1, 100, 2, 3]
```

insert()는 리스트의 지정된 인덱스 위치에 값을 추가한다.

6) 리스트에서 요소 삭제

리스트에서 요소를 삭제하는 방법은 여러 가지가 있다. remove() 메서드는 지정된 값을 삭제하고, pop() 메서드는 인덱스 위치에 있는 값을 삭제한다. del 키워드는 특정 인덱스 또는 범위의 값을 삭제할 수 있다.

㉠ 예시 1: remove() 사용

```python
리스트 = [1, 2, 3, 4]
리스트.remove(3)
print(리스트) # 출력: [1, 2, 4]
```

remove()는 첫 번째로 등장하는 지정된 값을 삭제한다.

㉡ 예시 2: pop() 사용

```python
리스트 = [1, 2, 3, 4]
리스트.pop(1) # 인덱스 1 위치에 있는 요소 삭제
print(리스트) # 출력: [1, 3, 4]
```

pop()은 지정된 인덱스에 있는 값을 삭제하며, 인덱스를 지정하지 않으면 마지막 값을 삭제한다.

ⓒ 예시 3: del 키워드 사용

```python
리스트 = [1, 2, 3, 4, 5]
del 리스트[0] # 첫 번째 요소 삭제
print(리스트) # 출력: [2, 3, 4, 5]
```

del은 리스트의 특정 요소 또는 범위를 삭제할 때 사용된다.

7) 리스트의 길이 구하기

리스트의 길이(요소의 개수)를 구하려면 len() 함수를 사용하면 된다.

예시

```python
리스트 = [1, 2, 3, 4, 5]
print(len(리스트)) # 출력: 5
```

len() 함수는 리스트의 요소 개수를 반환한다.

8) 리스트의 슬라이싱

리스트에서 특정 구간의 요소들을 추출하려면 슬라이싱을 사용할 수 있다. 슬라이싱은 리스트[시작:끝] 형태로 사용하며, 끝 인덱스는 포함되지 않는다.

예시

```python
리스트 = [10, 20, 30, 40, 50]
부분 = 리스트[1:4] # 인덱스 1에서 3까지 추출
print(부분) # 출력: [20, 30, 40]
```

9) 리스트의 반복

리스트는 for 반복문을 사용하여 각 요소를 순차적으로 처리할 수 있다.

예시

```python
리스트 = [1, 2, 3, 4]
for 요소 in 리스트:
    print(요소)
```

이 코드는 리스트의 각 요소를 순차적으로 출력한다.

10) 리스트의 기타 메서드

리스트는 다양하고 유용한 메서드를 제공한다.

sort()	리스트를 오름차순으로 정렬한다.
reverse()	리스트의 순서를 뒤집는다.
count()	리스트에서 특정 값의 개수를 센다.

예시

```python
리스트 = [3, 1, 4, 1, 5, 9]
리스트.sort() # 정렬
print(리스트) # 출력: [1, 1, 3, 4, 5, 9]
리스트.reverse() # 순서 뒤집기
print(리스트) # 출력: [9, 5, 4, 3, 1, 1]
print(리스트.count(1)) # 1의 개수 세기, 출력: 2
```

요약
- 리스트는 대괄호 []로 생성되며, 여러 자료형을 저장할 수 있다.
- 리스트의 요소는 인덱스를 사용해 접근하고, 수정 및 삭제할 수 있다.
- append()와 insert()로 요소를 추가하고, remove(), pop(), del로 요소를 삭제할 수 있다.
- 리스트의 길이는 len() 함수로 구할 수 있으며, 슬라이싱을 통해 리스트의 부분을 추출할 수 있다.
- 다양한 메서드를 통해 리스트를 정렬, 뒤집기, 개수 세기 등의 작업을 할 수 있다.
- 리스트는 파이썬에서 가장 많이 사용되는 자료형 중 하나로, 데이터를 다루는 데 있어 매우 유용하다.

2 리스트 인덱싱과 슬라이싱

1) 리스트 인덱싱

인덱싱은 리스트 내의 특정 요소에 접근하는 방법이다. 파이썬에서 리스트의 각 요소는 0부터 시작하는 고유한 인덱스를 가진다. 인덱스를 사용하여 리스트의 특정 위치에 있는 요소를 참조할 수 있으며, 음수 인덱스를 사용하면 리스트의 끝에서부터 요소에 접근할 수 있다.

① 양의 인덱스

리스트의 첫 번째 요소는 인덱스 0번에 위치하며, 두 번째 요소는 인덱스 1번, 그다음 요소는 2번 인덱스에 위치한다.

예시

```python
리스트 = [10, 20, 30, 40, 50]
print(리스트[0]) # 출력: 10 (첫 번째 요소)
print(리스트[3]) # 출력: 40 (네 번째 요소)
```

② 음의 인덱스

음의 인덱스를 사용하면 리스트의 마지막 요소부터 접근할 수 있다. −1은 리스트의 마지막 요소를, −2는 끝에서 두 번째 요소를 의미한다.

예시

```python
리스트 = [10, 20, 30, 40, 50]
print(리스트[-1]) # 출력: 50 (마지막 요소)
print(리스트[-2]) # 출력: 40 (끝에서 두 번째 요소)
```

2) 리스트 슬라이싱

슬라이싱은 리스트에서 특정 범위의 요소들을 추출하는 방법이다. 슬라이싱은 시작 인덱스와 끝 인덱스를 지정하여 리스트의 일부분을 잘라내는 방식으로 작동한다. 슬라이싱의 기본 형식은 리스트[시작:끝]이며, 슬라이싱은 시작 인덱스부터 끝 인덱스 직전까지의 요소들을 추출한다. 끝 인덱스는 포함되지 않는다.

① 기본 슬라이싱

슬라이싱을 통해 리스트의 특정 구간을 추출할 수 있다. 시작 인덱스부터 끝 인덱스까지 추출하는데, 끝 인덱스는 포함되지 않는다.

예시

```python
리스트 = [10, 20, 30, 40, 50]
부분리스트 = 리스트[1:4]
print(부분리스트) # 출력: [20, 30, 40] (인덱스 1부터 3까지)
```

인덱스 1번부터 4번 이전까지의 요소, 즉 1번, 2번, 3번 요소가 추출되었다.

② 시작 또는 끝 생략

슬라이싱에서 시작 인덱스를 생략하면, 리스트의 처음부터 슬라이싱이 시작된다. 반대로 끝 인덱스를 생략하면, 리스트의 마지막 요소까지 슬라이싱이 진행된다.

예시

```python
리스트 = [10, 20, 30, 40, 50]
print(리스트[:3]) # 출력: [10, 20, 30] (처음부터 인덱스 2까지)
print(리스트[2:]) # 출력: [30, 40, 50] (인덱스 2부터 끝까지)
```

리스트[:3]은 리스트의 처음부터 인덱스 2번까지 추출하고, 리스트[2:]는 인덱스 2번부터 끝까지 추출한다.

③ 전체 슬라이싱

슬라이싱 구간을 완전히 생략하면, 리스트 전체를 복사할 수 있다.

예시

```python
리스트 = [10, 20, 30, 40, 50]
전체 = 리스트[:]
print(전체) # 출력: [10, 20, 30, 40, 50]
```

④ 스텝(Step) 사용

슬라이싱에서는 시작 인덱스와 끝 인덱스 외에도 스텝(step)을 지정할 수 있다. 스텝은 슬라이싱 시 요소를 건너뛰면서 추출하는데 사용되며, 기본값은 1이다. 스텝을 지정하려면 리스트[시작:끝:스텝] 형태로 작성한다.

예시

```python
리스트 = [10, 20, 30, 40, 50, 60, 70]
print(리스트[::2]) # 출력: [10, 30, 50, 70] (2개씩 건너뛰며 추출)
print(리스트[1:6:2]) # 출력: [20, 40, 60] (인덱스 1부터 5까지 2개씩 건너뛰며 추출)
```

리스트[::2]는 리스트의 처음부터 끝까지 2개씩 건너뛰며 요소를 추출한다.

⑤ 음의 스텝 사용

음의 스텝을 사용하면 리스트를 역순으로 슬라이싱할 수 있다.

예시

```python
리스트 = [10, 20, 30, 40, 50]
print(리스트[::-1]) # 출력: [50, 40, 30, 20, 10] (역순으로 전체 리스트 출력)
```

리스트[::-1]은 리스트를 역순으로 출력한다.

3) 인덱싱과 슬라이싱의 차이

인덱싱은 리스트의 특정 위치에 있는 하나의 요소에 접근하는 방법이며, 리스트[인덱스] 형식으로 사용된다.

슬라이싱은 리스트에서 특정 범위의 여러 요소를 추출하는 방법이며, 리스트[시작:끝] 형식으로 사용된다.

3 리스트 메서드

1) append( ) 메서드

append() 메서드는 리스트의 마지막에 새로운 요소를 추가하는 메서드이다. 이 메서드를 사용하면 리스트의 끝에 원하는 값을 하나 추가할 수 있다.

예시

```python
리스트 = [1, 2, 3]
리스트.append(4)
print(리스트) # 출력: [1, 2, 3, 4]
```

– 설명: append()는 리스트의 끝에 요소를 추가한다.

2) insert( ) 메서드

insert() 메서드는 리스트의 특정 위치에 요소를 추가하는 메서드이다. 첫 번째 인자로 인덱스를, 두 번째 인자로 추가할 값을 전달한다.

예시

```python
리스트 = [1, 2, 3]
리스트.insert(1, 100) # 인덱스 1에 100을 추가
print(리스트) # 출력: [1, 100, 2, 3]
```

– 설명: insert()는 지정한 인덱스에 요소를 추가한다. 기존의 요소들은 오른쪽으로 이동한다.

3) remove( ) 메서드

remove() 메서드는 리스트에서 특정 값을 찾아 삭제하는 메서드이다. 중복되는 값이 있을 경우, 첫 번째로 발견된 값만 삭제된다.

예시

```python
리스트 = [1, 2, 3, 2, 4]
리스트.remove(2)
print(리스트) # 출력: [1, 3, 2, 4]
```

– 설명: remove()는 첫 번째로 등장하는 2를 삭제한다.

4) pop( ) 메서드

pop( ) 메서드는 리스트의 마지막 요소를 제거하고 반환하는 메서드이다. 인덱스를 지정하면 특정 인덱스의 요소를 제거할 수도 있다.

㉠ 예시 1: 마지막 요소 제거

```python
리스트 = [1, 2, 3]
요소 = 리스트.pop( )
print(리스트) # 출력: [1, 2]
print(요소) # 출력: 3
```

㉡ 예시 2: 특정 인덱스 요소 제거

```python
리스트 = [1, 2, 3]
요소 = 리스트.pop(1) # 인덱스 1 요소 제거
print(리스트) # 출력: [1, 3]
print(요소) # 출력: 2
```

– 설명: pop( )은 기본적으로 마지막 요소를 제거하며, 인덱스를 지정하면 해당 위치의 요소를 제거한다.

5) clear( ) 메서드

clear( ) 메서드는 리스트의 모든 요소를 제거하는 메서드이다. 리스트를 비우는 데 사용된다.

예시

```python
리스트 = [1, 2, 3]
리스트.clear( )
print(리스트) # 출력: [ ]
```

– 설명: clear( )는 리스트의 모든 요소를 삭제하고 빈 리스트로 만든다.

6) index( ) 메서드

index() 메서드는 리스트에서 특정 값의 첫 번째 등장 위치(인덱스)를 반환하는 메서드이다. 찾고자 하는 값이 리스트에 없을 경우 오류가 발생한다.

예시

```python
리스트 = [10, 20, 30, 20, 40]
인덱스 = 리스트.index(20)
print(인덱스) # 출력: 1
```

– 설명: index()는 리스트에서 첫 번째로 등장하는 20의 인덱스를 반환한다.

7) count( ) 메서드

count() 메서드는 리스트에서 특정 값이 몇 번 등장하는지 세어주는 메서드이다.

예시

```python
리스트 = [1, 2, 2, 3, 2]
개수 = 리스트.count(2)
print(개수) # 출력: 3
```

– 설명: count()는 리스트에서 값 2가 3번 등장했음을 반환한다.

8) sort( ) 메서드

sort() 메서드는 리스트의 요소를 오름차순으로 정렬하는 메서드이다. reverse=True 옵션을 주면 내림차순으로 정렬할 수 있다.

㉠ 예시 1: 기본 오름차순 정렬

```python
리스트 = [3, 1, 4, 1, 5]
리스트.sort()
print(리스트) # 출력: [1, 1, 3, 4, 5]
```

ⓒ 예시 2: 내림차순 정렬

```python
python

리스트 = [3, 1, 4, 1, 5]
리스트.sort(reverse=True)
print(리스트) # 출력: [5, 4, 3, 1, 1]
```

- 설명: sort()는 기본적으로 오름차순으로 정렬하며, reverse=True를 추가하면 내림차순으로 정렬된다.

9) reverse() 메서드

reverse() 메서드는 리스트의 요소 순서를 뒤집는 메서드이다. 정렬과는 무관하게 현재 리스트의 순서를 역순으로 바꾼다.

예시

```python
python

리스트 = [1, 2, 3, 4]
리스트.reverse()
print(리스트) # 출력: [4, 3, 2, 1]
```

- 설명: reverse()는 리스트의 순서를 그대로 뒤집는다.

10) copy() 메서드

copy() 메서드는 리스트를 복사하는 메서드이다. 얕은 복사를 수행하며, 새로운 리스트를 반환한다.

예시

```python
python

리스트1 = [1, 2, 3]
리스트2 = 리스트1.copy()
print(리스트2) # 출력: [1, 2, 3]
```

- 설명: copy()는 원본 리스트를 변경하지 않고 새로운 리스트를 생성한다.

4 튜플의 생성과 사용

1) 튜플이란?

① 튜플(Tuple)은 파이썬에서 여러 개의 값을 하나의 변수에 저장할 수 있는 자료형이다.

② 리스트와 비슷하지만 튜플은 수정할 수 없고(불변), 생성된 후에는 값을 변경할 수 없는 특징이 있다. 이러한 특성 때문에 데이터의 불변성을 보장해야 하는 상황에서 주로 사용된다.

③ 튜플은 소괄호 ()로 감싸서 생성하며 여러 자료형을 혼합해서 저장할 수 있다.

2) 튜플 생성 방법

① 튜플은 소괄호 ()를 사용하여 값을 나열해 생성한다. 각 값은 콤마(,)로 구분된다.

예시

```python
튜플1 = (1, 2, 3, 4, 5)
튜플2 = ('a', 'b', 'c')
튜플3 = (1, 'a', True, 3.14)
```

② 튜플1은 숫자 값으로 이루어진 튜플, 튜플2는 문자로 이루어진 튜플, 튜플3은 여러 자료형이 혼합된 튜플이다.

③ 튜플은 빈 튜플로도 생성할 수 있다.

```python
빈튜플 = ()
```

3) 단일 요소 튜플 생성

하나의 요소만 가진 튜플을 만들 때는, 요소 뒤에 반드시 콤마(,)를 붙여야 한다. 그렇지 않으면 튜플이 아닌 일반적인 자료형으로 인식된다.

예시

```python
단일튜플 = (5,) # 콤마를 붙여야 단일 요소 튜플이 된다.
print(type(단일튜플)) # 출력: <class 'tuple'>
```

```
일반값 = (5) # 콤마가 없으면 튜플이 아닌 정수로 인식됨
print(type(일반값)) # 출력: ⟨class 'int'⟩
```

4) 튜플 요소 접근

① 튜플의 요소는 리스트처럼 인덱스를 사용하여 접근할 수 있다. 인덱스는 0부터 시작하며, 음수 인덱스를 사용하면 마지막 요소부터 접근할 수 있다.

예시

python
```
튜플 = (10, 20, 30, 40, 50)
print(튜플[0]) # 출력: 10 (첫 번째 요소)
print(튜플[2]) # 출력: 30 (세 번째 요소)
print(튜플[-1]) # 출력: 50 (마지막 요소)
```

② 인덱스를 사용해 리스트처럼 요소를 참조할 수 있다. 그러나 튜플은 불변형 자료형이므로 값을 수정할 수 없다.

5) 튜플의 불변성

① 튜플은 한 번 생성되면 그 값을 변경하거나 삭제할 수 없다.

② 튜플의 불변성은 데이터를 보호해야 할 때 유용하다. 만약 튜플의 값을 변경하려고 시도하면 오류가 발생한다.

예시

python
```
튜플 = (10, 20, 30)
튜플[1] = 200 # 오류 발생: TypeError: 'tuple' object does not support item assignment
```

– 설명: 튜플의 값을 수정하려고 하면 TypeError가 발생한다.

6) 튜플의 슬라이싱

튜플에서도 슬라이싱을 통해 특정 범위의 요소들을 추출할 수 있다. 슬라이싱의 형식은 리스트와 동일하게 튜플[시작:끝]이며, 끝 인덱스는 포함되지 않는다.

```python
튜플 = (10, 20, 30, 40, 50)
부분 = 튜플[1:4] # 인덱스 1부터 3까지 추출
print(부분) # 출력: (20, 30, 40)
```

– 설명: 인덱스 1부터 4 이전까지의 요소를 추출하여 새로운 튜플을 만든다.

7) 튜플의 병합

튜플은 더하기 연산자(+)를 사용하여 서로 병합할 수 있다. 병합된 결과는 새로운 튜플로 반환된다.

```python
튜플1 = (1, 2, 3)
튜플2 = (4, 5, 6)
결과 = 튜플1 + 튜플2
print(결과) # 출력: (1, 2, 3, 4, 5, 6)
```

– 설명: + 연산자를 사용하여 두 튜플을 병합하면 새로운 튜플이 생성된다.

8) 튜플의 반복

튜플은 곱하기 연산자(*)를 사용하여 반복할 수 있다. 원하는 횟수만큼 요소를 반복한 새로운 튜플을 얻을 수 있다.

```python
튜플 = (1, 2, 3)
결과 = 튜플 * 3
print(결과) # 출력: (1, 2, 3, 1, 2, 3, 1, 2, 3)
```

– 설명: * 연산자를 사용하여 튜플을 세 번 반복한 새로운 튜플을 만들 수 있다.

9) 튜플의 길이 구하기

튜플의 요소 개수를 구하려면 len() 함수를 사용할 수 있다.

```python
튜플 = (10, 20, 30, 40)
print(len(튜플)) # 출력: 4
```

– 설명: len() 함수는 튜플의 요소 개수를 반환한다.

10) 튜플의 활용: 여러 값 반환

튜플은 여러 개의 값을 한꺼번에 반환할 때 유용하다. 함수에서 여러 값을 동시에 반환하고 싶을 때, 튜플을 사용하여 여러 값을 한 번에 반환할 수 있다.

예시

```python
def 계산(a, b):
    합 = a + b
    차 = a - b
    return 합, 차 # 튜플로 여러 값을 반환

결과 = 계산(10, 5)
print(결과) # 출력: (15, 5)
```

– 설명: 함수에서 여러 값을 반환할 때 튜플로 반환하여 간편하게 다룰 수 있다.

11) 튜플의 메서드

튜플은 불변형 자료형이므로 메서드가 제한적이다. 대표적인 메서드는 count()와 index() 이다.

① count() 메서드

count()는 튜플에서 특정 값이 몇 번 등장하는지 반환한다.

예시

```python
튜플 = (1, 2, 2, 3, 2)
print(튜플.count(2)) # 출력: 3
```

② index() 메서드

index()는 특정 값이 처음으로 등장하는 인덱스를 반환한다. 값이 없으면 오류가 발생한다.

예시

```python
튜플 = (10, 20, 30, 20)
print(튜플.index(20)) # 출력: 1 (첫 번째 20의 인덱스)
```

12) 튜플과 리스트의 차이점

① 변경 가능성

리스트는 값을 수정, 추가, 삭제할 수 있는 가변형 자료형이고, 튜플은 한 번 생성되면 값을 수정할 수 없는 불변형 자료형이다.

② 성능

튜플은 리스트보다 더 빠르고 메모리 효율적인 경우가 많다.

③ 사용 용도

튜플은 값의 변경이 필요 없는 상황에서 사용되며, 주로 데이터 보호가 필요한 경우에 사용된다.

> **요약**
> – 튜플은 불변 자료형으로, 생성된 후 값을 수정할 수 없다.
> – 튜플은 소괄호 ()를 사용하여 생성하며, 여러 자료형을 저장할 수 있다.
> – 인덱스를 사용하여 튜플의 요소에 접근할 수 있지만, 값을 변경할 수는 없다.
> – 튜플은 슬라이싱, 병합, 반복 등의 작업이 가능하다.
> – 튜플은 count()와 index() 같은 메서드를 사용할 수 있다.
> – 튜플은 여러 값을 한꺼번에 반환할 때 유용하게 사용된다.
> – 튜플은 데이터의 불변성을 보장할 필요가 있을 때, 또는 여러 값을 한꺼번에 처리해야 할 때 매우 유용한 자료형이다.

5 리스트와 튜플의 차이점

1) 변경 가능성(가변성 vs 불변성)

리스트	리스트는 가변형 자료형이다. 한 번 생성된 리스트는 그 안에 있는 요소들을 추가, 삭제, 수정할 수 있다. 즉, 리스트는 데이터를 유동적으로 관리할 수 있다.
튜플	튜플은 불변형 자료형이다. 한 번 생성된 튜플은 그 안의 요소들을 수정, 삭제, 추가할 수 없다. 즉, 튜플은 데이터를 고정된 상태로 유지해야 할 때 사용된다.

예시

python

```
# 리스트는 가변형이므로 요소를 수정할 수 있다.
리스트 = [1, 2, 3]
리스트[1] = 200
print(리스트) # 출력: [1, 200, 3]
# 튜플은 불변형이므로 요소를 수정할 수 없다.
튜플 = (1, 2, 3)
튜플[1] = 200 # 오류 발생: TypeError: 'tuple' object does not support item assignment
```

2) 사용 목적

리스트	리스트는 데이터를 유연하게 추가, 수정, 삭제할 필요가 있을 때 사용된다. 리스트는 동적으로 데이터를 관리하는 데 적합하다.
튜플	튜플은 변경이 필요 없는 데이터를 저장하거나, 데이터의 안전성이 중요한 경우에 사용된다. 특히 함수의 반환값으로 여러 개의 값을 반환할 때 유용하다.

예시

python

```
# 리스트는 데이터가 유동적으로 변경되는 상황에서 유용하다.
학생_리스트 = ["철수", "영희", "민수"]
학생_리스트.append("수진")
print(학생_리스트) # 출력: ["철수", "영희", "민수", "수진"]
# 튜플은 데이터가 고정되어야 할 때 사용된다.
요일_튜플 = ("월", "화", "수", "목", "금", "토", "일")
```

3) 메모리 사용과 성능

리스트	리스트는 요소를 추가하거나 삭제할 수 있기 때문에 더 많은 메모리를 사용한다. 또한, 동적 변경이 가능한 자료형이므로 성능이 튜플보다 약간 느릴 수 있다.
튜플	튜플은 불변형이므로 메모리 사용량이 상대적으로 적고, 성능이 더 빠르다. 특히 대량의 데이터를 처리할 때 튜플은 더 효율적이다.

예시

튜플이 메모리를 덜 사용하고 빠른 성능을 보이는 경우는 대량의 데이터를 처리할 때 눈에 띈다. 튜플을 사용할 때 데이터의 고정성 덕분에 파이썬이 메모리를 효율적으로 관리한다.

4) 사용 가능한 메서드의 차이

리스트	리스트는 가변형이기 때문에 요소를 추가하거나 삭제하는 다양한 메서드를 제공한다. 예를 들어 append(), remove(), pop(), insert() 등의 메서드를 사용할 수 있다.
튜플	튜플은 불변형이므로 요소를 변경하는 메서드가 없다. 대신, count()와 index() 같은 기본적인 메서드만 사용할 수 있다.

예시

```python
# 리스트 메서드 예시
리스트 = [1, 2, 3]
리스트.append(4)
print(리스트) # 출력: [1, 2, 3, 4]
# 튜플 메서드 예시
튜플 = (1, 2, 3)
print(튜플.count(2)) # 출력: 1 (튜플에서 2가 1번 등장)
```

5) 선언 방법

리스트	리스트는 대괄호 []를 사용하여 선언한다.
튜플	튜플은 소괄호 ()를 사용하여 선언한다.

```python
리스트 = [1, 2, 3] # 리스트 선언
튜플 = (1, 2, 3) # 튜플 선언
```

6) 반복과 슬라이싱

리스트와 튜플 모두 슬라이싱과 반복이 가능하다. 둘 다 인덱스를 사용해 요소를 참조하거나, 슬라이싱을 통해 일부 요소들을 추출할 수 있다.

예시

```python
# 리스트와 튜플 모두 슬라이싱 가능
리스트 = [10, 20, 30, 40]
튜플 = (10, 20, 30, 40)
print(리스트[1:3]) # 출력: [20, 30]
print(튜플[1:3]) # 출력: (20, 30)
```

7) 데이터 수정의 필요성 여부

리스트	데이터를 수정해야 하는 경우에 사용된다. 예를 들어, 사용자 목록을 관리할 때 사용자가 추가되거나 삭제될 가능성이 있는 경우 리스트를 사용하는 것이 적합하다.
튜플	데이터를 수정할 필요가 없을 때 사용된다. 예를 들어, 요일이나 년/월/일 같은 값은 변경될 필요가 없기 때문에 튜플로 저장하는 것이 적합하다.

8) 패킹과 언패킹

리스트와 튜플 모두 패킹(여러 값을 하나의 변수에 묶는 것)과 언패킹(튜플이나 리스트의 값을 여러 변수로 풀어내는 것)에 사용할 수 있다. 다만 튜플은 더 자주 함수의 여러 값을 반환할 때 사용된다.

python

```
# 튜플 패킹과 언패킹
튜플 = (1, 2, 3) # 패킹
a, b, c = 튜플 # 언패킹
print(a, b, c) # 출력: 1 2 3
```

- 변경 가능성: 리스트는 가변형이고, 튜플은 불변형이다.
- 사용 목적: 리스트는 유연한 데이터 관리를 위해, 튜플은 변경할 필요가 없는 데이터를 위해 사용된다.
- 메모리와 성능: 튜플이 리스트보다 메모리 사용량이 적고 성능이 더 빠르다.
- 메서드 차이: 리스트는 요소 추가, 삭제를 지원하는 다양한 메서드를 제공하며, 튜플은 기본적인 메서드만 제공한다.
- 선언 방법: 리스트는 대괄호 [], 튜플은 소괄호 ()를 사용해 선언한다.
- 리스트와 튜플의 차이를 이해하고 적절하게 사용하면, 데이터를 효율적으로 관리할 수 있다.

특징	리스트(List)	튜플(Tuple)	딕셔너리(Dictionary)
데이터 구조	순차적 데이터 저장	순차적 데이터 저장	키-값(Key-Value) 쌍 구조
생성 방식	[ ](대괄호 사용)	( )(소괄호 사용)	{ }(중괄호 사용)
변경 가능 여부	변경 가능(Mutable)	변경 불가 (Immutable)	변경 가능(Mutable)
중복 허용 여부	값의 중복 허용	값의 중복 허용	키는 중복 불가, 값은 허용
순서 유지 여부	순서 유지	순서 유지	파이썬 3.7 이상에서는 순서 유지
인덱싱 가능 여부	가능(정수형 인덱스 사용)	가능(정수형 인덱스 사용)	키를 통해 접근 가능
용도	여러 값 관리 및 조작	변경할 필요 없는 값 관리	연관 데이터 저장 및 검색
예제 생성	fruits = [" apple " , " banana "]	colors = (" red " , " blue ")	person = { " name " : " Alice " , " age " : 30}

사용 예제

- 리스트

python

```
fruits = [ "apple", "banana", "cherry" ]
fruits.append( "orange" ) # 요소 추가
print(fruits) # [ 'apple', 'banana', 'cherry', 'orange' ]
```

- 튜플

python

```python
coordinates = (10, 20, 30)
print(coordinates[0] # 10
```

- 딕셔너리

python

```python
person = {"name": "Alice", "age": 25}
print(person["name"]) # Alice
person["age"] = 26 # 값 변경
```

6 실습 예제

실습 예제 1 | **리스트에서 값 추가와 삭제**

문제 설명

사용자로부터 숫자 5개를 입력받아 리스트에 추가한 후, 리스트에서 하나의 값을 삭제하고, 최종 리스트를 출력하는 프로그램을 작성하시오.

코드

python

```python
# 빈 리스트 생성
숫자리스트 = []
# 사용자로부터 숫자 5개 입력받기
for i in range(5):
    숫자 = int(input(f"숫자 {i+1} 입력: "))
    숫자리스트.append(숫자)
# 리스트에서 삭제할 값 입력받기
삭제할값 = int(input("리스트에서 삭제할 값을 입력하시오: "))
# 값 삭제
숫자리스트.remove(삭제할값)
# 최종 리스트 출력
print("최종 리스트:", 숫자리스트)
```

CHAPTER 07 리스트와 튜플 | 213

출력 예시

출력

숫자 1 입력: 10

숫자 2 입력: 20

숫자 3 입력: 30

숫자 4 입력: 40

숫자 5 입력: 50

리스트에서 삭제할 값을 입력하시오: 30

최종 리스트: [10, 20, 40, 50]

실습 예제 2 **튜플의 값 출력 및 길이 계산**

문제 설명

튜플에 저장된 값들을 출력하고, 튜플의 길이를 구하는 프로그램을 작성하시오. 사용자로부터 입력받은 값을 이용해 튜플을 생성하고, 해당 튜플의 값을 출력한 뒤, 튜플의 길이를 출력하시오.

코드

python

```python
# 튜플에 들어갈 값들을 사용자로부터 입력받기
튜플 = tuple(input("튜플에 들어갈 값을 공백으로 구분해 입력하시오: ").split())
# 튜플 값 출력
print("튜플의 값:", 튜플)
# 튜플의 길이 출력
print("튜플의 길이:", len(튜플))
```

출력 예시

출력

튜플에 들어갈 값을 공백으로 구분해 입력하시오: 1 2 3 4 5

튜플의 값: ('1', '2', '3', '4', '5')

튜플의 길이: 5

연습문제

4지선다형 문제 (10문항)

01. 파이썬에서 리스트를 생성할 때 사용하는 기호는?

① ( )　　　　　　　　　　② { }

③ [ ]　　　　　　　　　　④ 〈 〉

02. 다음 중 리스트에서 요소를 추가하는 메서드는 무엇인가?

① append( )　　　　　　　② remove( )

③ clear( )　　　　　　　　④ index( )

03. 리스트의 요소를 제거하는 메서드는 무엇인가?

① append( )　　　　　　　② remove( )

③ insert( )　　　　　　　④ count( )

04. 다음 중 튜플의 특징으로 옳은 것은?

① 값을 추가할 수 있다.　　　② 값을 수정할 수 있다.

③ 값을 삭제할 수 있다.　　　④ 불변형이다.

05. 다음 코드의 실행 결과는?

```python
# python
리스트 = [10, 20, 30]
리스트[1] = 200
print(리스트)
```

① [10, 20, 30]　　　　　　② [10, 200, 30]

③ [200, 10, 30]　　　　　　④ 오류 발생

06. 튜플의 요소에 접근하는 방법으로 옳은 것은?

① 튜플.append(값)

② 튜플[인덱스]

③ 튜플.pop()

④ 튜플.remove(값)

07. 리스트의 길이를 구하는 함수는 무엇인가?

① size()   ② count()

③ len()   ④ range()

08. 다음 중 리스트와 튜플의 차이점으로 올바른 것은?

① 리스트는 불변형이다.

② 튜플은 값을 추가할 수 있다.

③ 리스트는 가변형이고, 튜플은 불변형이다.

④ 리스트는 한 번 생성되면 수정할 수 없다.

09. 리스트에서 특정 값을 삭제하고 그 값을 반환하는 메서드는?

① remove()   ② del

③ pop()   ④ clear()

10. 다음 코드의 실행 결과는?

```python
# python
튜플 = (1, 2, 3, 4)
print(튜플[2:])
```

① (1, 2)   ② (3, 4)

③ [3, 4]   ④ 오류 발생

01. 파이썬에서 리스트는 (   ) 기호를 사용해 생성된다.

02. 튜플은 생성된 후에 요소를 (   )할 수 없다.

03. (   ) 메서드는 리스트의 끝에 새로운 요소를 추가하는 데 사용된다.

04. 튜플에서 요소에 접근할 때는 (   )를 사용한다.

05. 리스트의 길이를 구할 때는 (   ) 함수를 사용한다.

06. 리스트에서 인덱스를 사용해 요소를 제거하려면 (   ) 메서드를 사용한다.

07. 튜플에서 여러 개의 값을 동시에 반환하는 것을 (   )이라고 한다.

08. 리스트와 튜플은 모두 (   )을(를) 통해 특정 범위의 값을 추출할 수 있다.

09. (   ) 메서드는 리스트에서 값이 등장하는 횟수를 세는 메서드이다.

10. 리스트는 (   ), 튜플은 (   )로 선언된다.

01. 리스트와 튜플의 차이점을 설명하시오.

02. 리스트에서 요소를 추가하고 삭제하는 방법에 대해 설명하시오.

03. 파이썬에서 슬라이싱이 무엇인지 설명하고, 리스트에서 어떻게 사용하는지 예시를 들어 설명하시오.

04. 튜플의 불변성에 대해 설명하고, 불변성의 장점과 단점을 서술하시오.

05. 리스트의 append()와 insert() 메서드의 차이점을 설명하시오.

딕셔너리와 집합

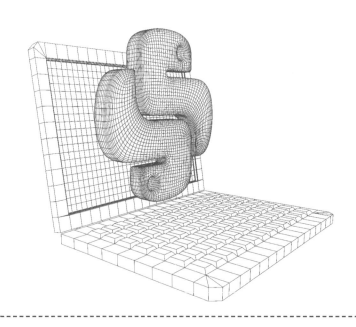

딕셔너리와 집합

 딕셔너리와 집합의 구조와 용도를 이해하고, 각자의 주요 메서드를 활용하여 데이터의 중복 없이 저장, 조회, 삭제하는 방법을 학습한다. 다양한 집합 연산(합집합, 교집합 등)도 연습하여 데이터를 효율적으로 관리한다.

1 딕셔너리의 개념과 사용

1) 딕셔너리란?

딕셔너리(Dictionary)는 파이썬에서 키(key)와 값(value)을 쌍으로 묶어 데이터를 저장하는 비순서형 자료구조이다. 딕셔너리는 리스트와 달리 순서가 없고, 키를 통해 값에 접근할 수 있다. 즉, 리스트는 인덱스를 통해 값에 접근하지만, 딕셔너리는 고유한 키를 통해 값에 접근한다. 중괄호 {}로 정의하며, 각 요소는 키: 값 형태로 작성된다. 딕셔너리의 키는 중복될 수 없고, 값은 중복될 수 있다.

예시

```python
학생 = {'이름': '철수', '나이': 20, '성별': '남'}
```

– 설명: 딕셔너리는 '이름', '나이', '성별'이라는 키와 '철수', 20, '남'이라는 값으로 구성된다. 키를 통해 값에 접근할 수 있다.

2) 딕셔너리의 생성

① 딕셔너리는 중괄호 {}를 사용해 키와 값을 쌍으로 나열하여 생성한다. 키는 문자열, 숫자 등 불변형 자료형이어야 하며, 값은 리스트, 튜플, 또 다른 딕셔너리 등 모든 자료형이 가능하다.

예시

```python
정보 = {'이름': '영희', '나이': 25, '직업': '프로그래머'}
```

– 설명: '이름'이라는 키에는 '영희', '나이'에는 25, '직업'에는 '프로그래머'가 대응하는 딕셔너리이다.

② 빈 딕셔너리도 생성할 수 있다.

python

```
빈딕셔너리 = {}
```

3) 딕셔너리의 요소 접근

딕셔너리에서 값을 접근할 때는 키를 사용하여 값을 조회한다. 리스트처럼 인덱스를 사용하지 않고, 딕셔너리의 키를 통해 값에 접근한다.

예시

python

```
학생 = {'이름': '철수', '나이': 20, '성별': '남'}
print(학생['이름']) # 출력: 철수
print(학생['나이']) # 출력: 20
```

– 설명: '이름'이라는 키를 통해 '철수'라는 값에, '나이'라는 키를 통해 20이라는 값에 접근할 수 있다.

4) 딕셔너리 요소 추가 및 수정

딕셔너리에서 새로운 키-값 쌍을 추가하거나, 기존 키의 값을 수정할 수 있다. 존재하지 않는 키에 값을 할당하면 새로운 키-값 쌍이 추가되고, 존재하는 키에 값을 할당하면 해당 키의 값이 수정된다.

㉠ 예시 1: 요소 추가

python

```
학생 = {'이름': '철수', '나이': 20}
학생['학교'] = '서울고등학교' # 새로운 키-값 쌍 추가
print(학생) # 출력: {'이름': '철수', '나이': 20, '학교': '서울고등학교'}
```

– 설명: '학교'라는 키와 '서울고등학교'라는 값이 추가되었다.

ⓒ 예시 2: 요소 수정

```python
python

학생 = {'이름': '철수', '나이': 20}
학생['나이'] = 21 # 기존 키의 값 수정
print(학생) # 출력: {'이름': '철수', '나이': 21}
```

  – 설명: '나이'라는 키의 값이 20에서 21로 수정되었다.

5) 딕셔너리 요소 삭제

딕셔너리에서 요소를 삭제하는 방법은 del 키워드 또는 pop() 메서드를 사용하는 것이다.
del은 단순히 요소를 삭제하고, pop()은 삭제된 값을 반환한다.

㉠ 예시 1: del을 사용한 삭제

```python
python

학생 = {'이름': '철수', '나이': 20, '성별': '남'}
del 학생['성별'] # '성별' 요소 삭제
print(학생) # 출력: {'이름': '철수', '나이': 20}
```

ⓒ 예시 2: pop()을 사용한 삭제

```python
python

학생 = {'이름': '철수', '나이': 20, '성별': '남'}
나이 = 학생.pop('나이') # '나이' 요소 삭제 후 값 반환
print(학생) # 출력: {'이름': '철수', '성별': '남'}
print(나이) # 출력: 20
```

  – 설명: pop()은 '나이' 요소를 삭제하면서 그 값을 반환한다.

6) 딕셔너리 메서드

① keys() 메서드

keys() 메서드는 딕셔너리의 모든 키를 반환한다.

python

```
학생 = {'이름': '철수', '나이': 20, '성별': '남'}
print(학생.keys()) # 출력: dict_keys(['이름', '나이', '성별'])
```

② values() 메서드

values() 메서드는 딕셔너리의 모든 값을 반환한다.

예시

python

```
학생 = {'이름': '철수', '나이': 20, '성별': '남'}
print(학생.values()) # 출력: dict_values(['철수', 20, '남'])
```

③ items() 메서드

items() 메서드는 키와 값 쌍을 튜플 형태로 반환한다.

예시

python

```
학생 = {'이름': '철수', '나이': 20, '성별': '남'}
print(학생.items()) # 출력: dict_items([('이름', '철수'), ('나이', 20), ('성별', '남')])
```

④ get() 메서드

get() 메서드는 키를 사용해 값을 반환하며, 존재하지 않는 키를 요청할 때 오류 대신 기본값을 반환한다. 기본값을 지정하지 않으면 None이 반환된다.

예시

python

```
학생 = {'이름': '철수', '나이': 20}
print(학생.get('성별')) # 출력: None
print(학생.get('성별', '미정')) # 출력: '미정'
```

– 설명: '성별' 키가 없을 때 기본값 '미정'이 반환된다.

7) 딕셔너리의 반복

딕셔너리는 for 반복문을 통해 키와 값을 반복 처리할 수 있다. items() 메서드를 사용하면
키와 값을 동시에 처리할 수 있다.

예시

```python
학생 = {'이름': '철수', '나이': 20, '성별': '남'}
for 키, 값 in 학생.items():
print(f'{키}: {값}')
```

출력

```python
이름: 철수
나이: 20
성별: 남
```

> **요약**
> – 딕셔너리는 키와 값 쌍으로 데이터를 저장하며, 중괄호 {}를 사용하여 생성한다.
> – 키는 중복될 수 없으며, 각 키에 대응하는 값을 저장한다.
> – 딕셔너리는 키를 통해 값에 접근하며, 새로운 키-값 쌍을 추가하거나, 기존 키의 값을 수정할 수 있다.
> – 딕셔너리의 요소는 del 또는 pop()으로 삭제할 수 있으며, pop()은 값을 반환한다.
> – keys(), values(), items() 등의 메서드를 사용하여 딕셔너리의 키, 값, 또는 키-값 쌍을 확인할 수 있다.
> – 반복문을 통해 딕셔너리의 모든 키와 값을 순차적으로 처리할 수 있다.
> – 딕셔너리는 데이터를 키와 값으로 저장하고 관리하는 데 매우 효율적인 자료형으로, 다양한 상황에서 유용하게 사용된다.

2 딕셔너리 메서드

1) keys() 메서드

keys() 메서드는 딕셔너리의 모든 키를 반환한다. 반환되는 값은 dict_keys 객체로, 리스트와
유사하지만 리스트는 아니다. 반복문 등에서 활용할 수 있다.

python

딕셔너리 = {'이름': '철수', '나이': 25, '성별': '남'}
print(딕셔너리.keys()) # 출력: dict_keys(['이름', '나이', '성별'])

– 설명: keys() 메서드는 딕셔너리에서 모든 키를 추출하여 반환한다.

2) values() 메서드

values() 메서드는 딕셔너리의 모든 값을 반환한다. 반환되는 값은 dict_values 객체로, 리스트처럼 보이지만 실제 리스트는 아니다. 딕셔너리의 값들을 처리할 때 유용하다.

python

딕셔너리 = {'이름': '철수', '나이': 25, '성별': '남'}
print(딕셔너리.values()) # 출력: dict_values(['철수', 25, '남'])

– 설명: values() 메서드는 딕셔너리에서 값들을 모두 반환한다.

3) items() 메서드

items() 메서드는 딕셔너리의 모든 키와 값 쌍을 반환한다. 반환되는 값은 dict_items 객체로, 각 요소가 (키, 값) 형태의 튜플로 이루어져 있다. 반복문에서 키와 값을 동시에 처리할 때 유용하다.

python

딕셔너리 = {'이름': '철수', '나이': 25, '성별': '남'}
print(딕셔너리.items()) # 출력: dict_items([('이름', '철수'), ('나이', 25), ('성별', '남')])

– 설명: items() 메서드는 딕셔너리의 모든 키와 값 쌍을 튜플 형태로 반환한다.

4) get() 메서드

get() 메서드는 키를 통해 값을 가져오는 메서드로, 존재하지 않는 키를 요청할 경우 오류를 발생시키지 않고 None을 반환한다. 기본값을 지정할 수 있으며, 지정된 기본값이 반환될 수도 있다.

```python
딕셔너리 = {'이름': '철수', '나이': 25}
print(딕셔너리.get('성별')) # 출력: None (키가 없을 때)
print(딕셔너리.get('성별', '알 수 없음')) # 출력: '알 수 없음' (기본값 지정)
```

- 설명: get() 메서드는 안전하게 키를 조회할 수 있으며, 키가 없을 때 오류를 발생시키지 않는다.

5) pop() 메서드

pop() 메서드는 지정한 키의 값을 반환하고, 딕셔너리에서 해당 키와 값을 삭제한다. 삭제된 값을 반환하며, 키가 존재하지 않으면 오류가 발생한다. 기본값을 지정하면 키가 없을 때 기본값을 반환할 수 있다.

예시

```python
딕셔너리 = {'이름': '철수', '나이': 25}
나이 = 딕셔너리.pop('나이') # '나이' 키 삭제 및 값 반환
print(딕셔너리) # 출력: {'이름': '철수'}
print(나이) # 출력: 25
```

- 설명: pop() 메서드는 지정한 키를 삭제하고 그 값을 반환한다.

6) update() 메서드

update() 메서드는 딕셔너리에 다른 딕셔너리 또는 키-값 쌍을 추가하거나, 기존 값을 수정할 때 사용한다. 이미 존재하는 키가 있으면 값을 덮어쓰고, 없는 키는 새로 추가한다.

예시

```python
딕셔너리 = {'이름': '철수', '나이': 25}
딕셔너리.update({'성별': '남', '나이': 26})
print(딕셔너리) # 출력: {'이름': '철수', '나이': 26, '성별': '남'}
```

- 설명: update() 메서드는 키가 중복될 경우 값을 수정하고, 새로운 키는 추가한다.

7) clear( ) 메서드

clear() 메서드는 딕셔너리의 모든 요소를 삭제하여 빈 딕셔너리로 만든다.

예시

```python
딕셔너리 = {'이름': '철수', '나이': 25}
딕셔너리.clear()
print(딕셔너리) # 출력: {}
```

– 설명: clear() 메서드는 딕셔너리의 모든 데이터를 삭제하여 빈 딕셔너리로 만든다.

8) setdefault( ) 메서드

setdefault() 메서드는 키가 존재하면 해당 값을 반환하고, 존재하지 않으면 키를 추가하고 기본값을 반환한다.

예시

```python
딕셔너리 = {'이름': '철수', '나이': 25}
성별 = 딕셔너리.setdefault('성별', '남')
print(딕셔너리) # 출력: {'이름': '철수', '나이': 25, '성별': '남'}
print(성별) # 출력: '남'
```

– 설명: setdefault() 메서드는 키가 없으면 기본값으로 키를 추가하고, 해당 값을 반환한다.

9) copy( ) 메서드

copy() 메서드는 딕셔너리의 얕은 복사본을 만든다. 원본 딕셔너리와는 독립적인 새로운 딕셔너리를 생성한다.

예시

```python
딕셔너리 = {'이름': '철수', '나이': 25}
복사본 = 딕셔너리.copy()
복사본['나이'] = 30
print(딕셔너리) # 출력: {'이름': '철수', '나이': 25}
print(복사본) # 출력: {'이름': '철수', '나이': 30}
```

– 설명: copy() 메서드는 원본 딕셔너리와 독립적인 복사본을 만들어, 원본과 복사본의 변경이 서로에게 영향을 주지 않는다.

> **요약**
> – keys(): 딕셔너리의 모든 키를 반환한다.
> – values(): 딕셔너리의 모든 값을 반환한다.
> – items(): 딕셔너리의 키와 값 쌍을 반환한다.
> – get(): 안전하게 값을 조회하며, 존재하지 않는 키를 요청해도 오류가 발생하지 않는다.
> – pop(): 키를 삭제하고 그 값을 반환한다.
> – update(): 다른 딕셔너리나 키-값 쌍을 추가하거나 수정한다.
> – clear(): 딕셔너리의 모든 요소를 삭제한다.
> – setdefault(): 키가 없으면 기본값을 사용하여 추가하고, 값을 반환한다.
> – copy(): 딕셔너리의 얕은 복사본을 반환한다.
> – 이 메서드들을 적절히 사용하면 딕셔너리의 데이터를 효율적으로 관리하고 처리할 수 있다.

3 집합의 개념과 사용

1) 집합(Set)이란?

집합(Set)은 파이썬에서 순서가 없고 중복을 허용하지 않는 자료형이다. 수학에서의 집합과 개념이 유사하며, 중복된 값을 자동으로 제거한다. 집합은 중괄호 {}를 사용하여 생성하며, 리스트나 튜플과는 달리 인덱스가 없기 때문에, 요소에 접근하려면 반복문 등을 사용해야 한다. 집합의 중요한 특징은 중복된 요소가 자동으로 제거된다는 것이다.

예시

```python
집합 = {1, 2, 3, 4, 5}
```

– 설명: 이 집합은 1, 2, 3, 4, 5로 이루어진 집합이며, 순서가 없고 중복된 값이 없다.

[중복 자동 제거 예시]

```python
집합 = {1, 2, 2, 3, 3, 4}
print(집합) # 출력: {1, 2, 3, 4}
```

– 설명: 중복된 값인 2와 3이 자동으로 제거되어 {1, 2, 3, 4}만 남는다.

2) 집합 생성 방법

집합은 중괄호 {}를 사용하여 생성하며, 중복을 허용하지 않고, 순서가 없다. 빈 집합을 생성할 때는 set() 함수를 사용한다. 빈 중괄호 {}는 딕셔너리로 인식되기 때문에, 반드시 set()을 사용해야 한다.

```python
집합 = {1, 2, 3, 4, 5}
빈_집합 = set() # 빈 집합 생성
```

– 설명: 중괄호를 사용해 값을 직접 넣어 집합을 생성할 수 있고, 빈 집합은 set()을 사용해야 한다.

3) 집합에 요소 추가

집합에 요소를 추가하려면 add() 메서드를 사용한다. 한 번에 하나의 요소만 추가할 수 있다.

예시

```python
집합 = {1, 2, 3}
집합.add(4)
print(집합) # 출력: {1, 2, 3, 4}
```

– 설명: add() 메서드는 집합에 새로운 요소를 추가한다.

4) 집합에 여러 요소 추가

한 번에 여러 개의 요소를 집합에 추가하려면 update() 메서드를 사용한다. 이 메서드는 다른 리스트나 튜플 등에서 여러 요소를 추가할 때 사용된다.

예시

```python
집합 = {1, 2, 3}
집합.update([4, 5, 6])
print(집합) # 출력: {1, 2, 3, 4, 5, 6}
```

– 설명: update() 메서드를 사용하면 한 번에 여러 요소를 집합에 추가할 수 있다.

5) 집합에서 요소 삭제

집합에서 요소를 삭제하려면 remove() 또는 discard() 메서드를 사용할 수 있다. remove()는 삭제하려는 요소가 없으면 오류를 발생시키고, discard()는 오류 없이 요소가 있으면 삭제하고, 없으면 무시한다.

㉠ 예시 1: remove() 메서드

```python
집합 = {1, 2, 3, 4}
집합.remove(3)
print(집합) # 출력: {1, 2, 4}
```

㉡ 예시 2: discard() 메서드

```python
집합 = {1, 2, 3, 4}
집합.discard(5) # 5는 집합에 없지만 오류가 발생하지 않음
print(집합) # 출력: {1, 2, 3, 4}
```

- 설명: remove()는 요소가 없을 경우 오류가 발생하지만, discard()는 없는 요소를 삭제할 때도 오류가 발생하지 않는다.

6) 집합의 집합 연산

파이썬의 집합은 수학에서의 집합처럼 합집합, 교집합, 차집합 등을 수행할 수 있다. 이를 통해 두 집합 간의 관계를 쉽게 처리할 수 있다.

① 합집합(| 또는 union())

두 집합의 모든 요소를 합친 결과를 반환한다.

예시

```python
집합1 = {1, 2, 3}
집합2 = {3, 4, 5}
합집합 = 집합1 | 집합2 # 또는 집합1.union(집합2)
print(합집합) # 출력: {1, 2, 3, 4, 5}
```

- 설명: | 연산자나 union() 메서드를 사용하여 두 집합의 합집합을 구할 수 있다.

② 교집합(& 또는 intersection( ))

두 집합에 공통으로 존재하는 요소만 반환한다.

예시

```python
집합1 = {1, 2, 3}
집합2 = {3, 4, 5}
교집합 = 집합1 & 집합2 # 또는 집합1.intersection(집합2)
print(교집합) # 출력: {3}
```

– 설명: & 연산자나 intersection() 메서드를 사용하여 교집합을 구할 수 있다.

③ 차집합(– 또는 difference( ))

첫 번째 집합에서 두 번째 집합에 없는 요소들을 반환한다.

예시

```python
집합1 = {1, 2, 3}
집합2 = {3, 4, 5}
차집합 = 집합1 - 집합2 # 또는 집합1.difference(집합2)
print(차집합) # 출력: {1, 2}
```

– 설명: – 연산자나 difference() 메서드를 사용하여 차집합을 구할 수 있다.

④ 대칭차집합(^ 또는 symmetric_difference( ))

두 집합 중 한쪽에만 존재하는 요소를 반환한다.

예시

```python
집합1 = {1, 2, 3}
집합2 = {3, 4, 5}
대칭차집합 = 집합1 ^ 집합2 # 또는 집합1.symmetric_difference(집합2)
print(대칭차집합) # 출력: {1, 2, 4, 5}
```

– 설명: ^ 연산자나 symmetric_difference() 메서드를 사용하면 대칭차집합을 구할 수 있다.

7) 집합의 기타 메서드

① len( ) 메서드

집합의 요소 개수를 반환한다.

예시

```python
집합 = {1, 2, 3, 4, 5}
print(len(집합)) # 출력: 5
```

– 설명: len()을 사용하면 집합의 요소가 몇 개 있는지 알 수 있다.

② clear( ) 메서드

집합의 모든 요소를 삭제하여 빈 집합으로 만든다.

예시

```python
집합 = {1, 2, 3}
집합.clear()
print(집합) # 출력: set()
```

– 설명: clear() 메서드는 집합의 모든 요소를 삭제하고 빈 집합으로 만든다.

> 요약
> – 집합(Set)은 중복을 허용하지 않고 순서가 없는 자료형이다.
> – add()를 사용해 요소를 추가할 수 있고, update()로 여러 요소를 추가할 수 있다.
> – 요소를 삭제할 때는 remove()와 discard()를 사용할 수 있으며, remove()는 요소가 없으면 오류를 발생시키고, discard()는 오류 없이 처리한다.
> – 집합은 수학에서처럼 합집합, 교집합, 차집합 등의 연산이 가능하다.
> – len()으로 집합의 크기를 확인하고, clear()로 모든 요소를 삭제할 수 있다.
> – 집합은 중복된 데이터를 제거하고, 여러 집합 간의 연산을 쉽게 처리할 때 매우 유용한 자료형이다.

4 집합 연산(합집합, 교집합, 차집합)

1) 합집합(Union)

합집합은 두 집합에서 각 집합의 모든 요소를 포함하는 집합을 말한다. 즉, 두 집합에 존재하는 모든 요소를 반환하며, 중복된 요소는 하나만 포함된다. 파이썬에서는 | 연산자 또는 union() 메서드를 사용하여 합집합을 구할 수 있다.

사용 방법

| 연산자: 집합1 | 집합2

union() 메서드: 집합1.union(집합2)

예시

```python
집합A = {1, 2, 3}
집합B = {3, 4, 5}
합집합 = 집합A | 집합B # 또는 집합A.union(집합B)
print(합집합) # 출력: {1, 2, 3, 4, 5}
```

– 설명: 두 집합의 요소 중 중복된 값 3은 하나로 처리되고, 두 집합에 있는 모든 요소가 반환된다.

2) 교집합(Intersection)

교집합은 두 집합에서 공통으로 포함된 요소만을 모은 집합이다. 즉, 두 집합에 동시에 존재하는 요소만 반환된다. 파이썬에서는 & 연산자 또는 intersection() 메서드를 사용하여 교집합을 구할 수 있다.

사용 방법

& 연산자: 집합1 & 집합2

intersection() 메서드: 집합1.intersection(집합2)

예시

```python
집합A = {1, 2, 3}
집합B = {3, 4, 5}
교집합 = 집합A & 집합B # 또는 집합A.intersection(집합B)
print(교집합) # 출력: {3}
```

– 설명: 두 집합에서 공통으로 존재하는 값 3만 반환된다.

3) 차집합(Difference)

차집합은 첫 번째 집합에는 있지만 두 번째 집합에는 없는 요소들로 구성된 집합이다. 즉, 두 번째 집합에 없는 첫 번째 집합의 요소들만 반환된다. 파이썬에서는 - 연산자 또는 difference() 메서드를 사용하여 차집합을 구할 수 있다.

사용 방법

- 연산자: 집합1 - 집합2

difference() 메서드: 집합1.difference(집합2)

예시

```python
집합A = {1, 2, 3}
집합B = {3, 4, 5}
차집합 = 집합A - 집합B # 또는 집합A.difference(집합B)
print(차집합) # 출력: {1, 2}
```

- 설명: 첫 번째 집합인 집합A에 있지만, 두 번째 집합인 집합B에는 없는 값들인 1과 2가 반환된다.

4) 대칭차집합(Symmetric Difference)

대칭차집합은 두 집합 중 한쪽에만 존재하는 요소들로 이루어진 집합이다. 즉, 두 집합에 공통으로 존재하지 않는 요소만 반환된다. 파이썬에서는 ^ 연산자 또는 symmetric_difference() 메서드를 사용하여 대칭차집합을 구할 수 있다.

사용 방법

^ 연산자: 집합1 ^ 집합2

symmetric_difference() 메서드: 집합1.symmetric_difference(집합2)

예시

```python
집합A = {1, 2, 3}
집합B = {3, 4, 5}
대칭차집합 = 집합A ^ 집합B # 또는 집합A.symmetric_difference(집합B)
print(대칭차집합) # 출력: {1, 2, 4, 5}
```

- 설명: 집합A와 집합B에 모두 존재하지 않는 요소 1, 2, 4, 5가 반환된다.

- 합집합(Union): 두 집합의 모든 요소를 포함하는 집합으로, 중복된 값은 하나만 포함된다. | 연산자 또는 union() 메서드를 사용한다.
- 교집합(Intersection): 두 집합에 공통으로 포함된 요소들로 구성된 집합이다. & 연산자 또는 intersection() 메서드를 사용한다.
- 차집합(Difference): 첫 번째 집합에는 있지만, 두 번째 집합에는 없는 요소들로 구성된 집합이다.
- 연산자 또는 difference() 메서드를 사용한다.
- 대칭차집합(Symmetric Difference): 두 집합 중 한쪽에만 존재하는 요소들로 구성된 집합이다.
  ^ 연산자 또는 symmetric_difference() 메서드를 사용한다.
- 집합 연산은 여러 데이터 간의 관계를 쉽게 처리할 수 있게 해주는 매우 유용한 기능이다.

5 실습 예제

실습 예제 1 | 학생 정보 관리 프로그램(딕셔너리 활용)

문제 설명

- 학생의 이름, 나이, 성별, 학교 정보를 저장하고 관리하는 프로그램을 작성하시오.
- 학생의 정보를 딕셔너리에 저장한 후, 해당 정보를 조회하고 수정하는 기능을 구현한다.

요구사항

- 학생 정보(이름, 나이, 성별, 학교)를 딕셔너리에 저장한다.
- 키를 사용하여 학생의 나이와 학교 정보를 출력한다.
- 학생의 나이를 1살 더해서 수정하고, 수정된 정보를 출력한다.
- 학생의 학교 정보를 다른 학교로 수정한다.
- 딕셔너리에서 pop() 메서드를 사용해 성별 정보를 삭제하고, 최종 딕셔너리를 출력한다.

코드

python

```python
# 1. 학생 정보 딕셔너리 생성
학생 = {'이름': '철수', '나이': 20, '성별': '남', '학교': '서울고등학교'}
# 2. 나이와 학교 정보 출력
print(f"학생의 나이: {학생['나이']}")
print(f"학생의 학교: {학생['학교']}")
# 3. 나이 수정 (1살 추가)
학생['나이'] += 1
print(f"수정된 학생의 나이: {학생['나이']}")
# 4. 학교 정보 수정
학생['학교'] = '서울대학교'
print(f"수정된 학생의 학교: {학생['학교']}")
# 5. pop() 메서드로 성별 정보 삭제 후 출력
성별 = 학생.pop('성별')
print(f"삭제된 성별: {성별}")
print(f"최종 학생 정보: {학생}")
```

출력 예시

출력

```
학생의 나이: 20
학생의 학교: 서울고등학교
수정된 학생의 나이: 21
수정된 학생의 학교: 서울대학교
삭제된 성별: 남
최종 학생 정보: {'이름': '철수', '나이': 21, '학교': '서울대학교'}
```

실습 예제 2 **수강생 집합 관리(집합 활용)**

문제 설명

두 개의 수업에 등록한 수강생 목록을 집합으로 관리하고, 각 수업 간의 수강생이 겹치는 여부나 차이를 파악하는 프로그램을 작성하시오.

요구사항

– 첫 번째 수업의 수강생 목록과 두 번째 수업의 수강생 목록을 각각 집합으로 저장한다.

– 두 수업을 모두 듣는 교집합을 구하여 출력한다.

– 두 수업을 하나라도 듣는 합집합을 구하여 출력한다.

– 첫 번째 수업만 듣는 학생들의 차집합을 구하여 출력한다.

– 두 수업에서 한쪽 수업만 듣는 학생들의 대칭차집합을 구하여 출력한다.

코드

```python
# 1. 두 수업의 수강생 목록을 집합으로 저장
첫번째_수업 = {'철수', '영희', '민수', '수지'}
두번째_수업 = {'영희', '수지', '지훈', '하나'}
# 2. 교집합 구하기 (두 수업 모두 듣는 수강생)
교집합 = 첫번째_수업 & 두번째_수업
print(f"두 수업 모두 듣는 수강생: {교집합}")
# 3. 합집합 구하기 (두 수업 중 하나라도 듣는 수강생)
합집합 = 첫번째_수업 | 두번째_수업
print(f"두 수업 중 하나라도 듣는 수강생: {합집합}")
# 4. 첫 번째 수업만 듣는 수강생 (차집합)
차집합 = 첫번째_수업 - 두번째_수업
print(f"첫 번째 수업만 듣는 수강생: {차집합}")
# 5. 두 수업 중 한쪽 수업만 듣는 수강생 (대칭차집합)
대칭차집합 = 첫번째_수업 ^ 두번째_수업
print(f"한쪽 수업만 듣는 수강생: {대칭차집합}")
```

출력 예시

두 수업 모두 듣는 수강생: {'영희', '수지'}

두 수업 중 하나라도 듣는 수강생: {'철수', '영희', '수지', '지훈', '민수', '하나'}

첫 번째 수업만 듣는 수강생: {'철수', '민수'}

한쪽 수업만 듣는 수강생: {'철수', '지훈', '민수', '하나'}

연습문제

4지선다형 문제 (10문항)

01. 딕셔너리에서 값을 접근할 때 사용하는 방법은?

① 인덱스　　　　　　　　　② 키

③ 리스트　　　　　　　　　④ 튜플

02. 딕셔너리에서 중복이 허용되지 않는 것은?

① 값　　　　　　　　　　　② 키

③ 리스트　　　　　　　　　④ 튜플

03. 딕셔너리에서 keys( ) 메서드는 무엇을 반환하는가?

① 딕셔너리의 모든 값

② 딕셔너리의 모든 키

③ 딕셔너리의 모든 키와 값 쌍

④ 딕셔너리의 길이

04. 집합에서 중복된 값이 자동으로 제거되는 이유는 무엇인가?

① 순서가 없기 때문에

② 중괄호로 생성되기 때문에

③ 집합은 중복을 허용하지 않기 때문에

④ 튜플과 유사한 자료형이기 때문에

05. 집합에서 요소를 하나씩 추가할 때 사용하는 메서드는?

① add( )　　　　　　　　　② insert( )

③ append( )　　　　　　　④ extend( )

06. 집합의 모든 요소를 삭제하고 빈 집합으로 만드는 메서드는?

① remove( )   ② discard( )
③ clear( )   ④ del( )

07. 집합의 합집합을 구할 때 사용하는 연산자는?

① &   ② |
③ −   ④ ^

08. 딕셔너리에서 키가 없을 때 기본값을 반환하고 새로 추가하는 메서드는?

① get( )   ② pop( )
③ update( )   ④ setdefault( )

09. 교집합을 구하는 연산자는?

① | ② &
③ ^   ④ −

10. 대칭차집합을 구하는 연산자는?

① | ② &
③ ^   ④ −

01. 딕셔너리에서 키를 통해 값을 안전하게 조회하는 메서드는 (   )이다.

02. 딕셔너리의 모든 키와 값을 동시에 반환하는 메서드는 (   )이다.

03. 딕셔너리에서 요소를 삭제하고 그 값을 반환하는 메서드는 (   )이다.

04. 집합은 (   )와 달리 중복을 허용하지 않는다.

05. 집합의 교집합을 구할 때 사용하는 연산자는 (   )이다.

06. 집합에서 요소를 추가할 때 사용하는 메서드는 (   )이다.

07. 집합에서 없는 요소를 삭제할 때 오류가 발생하지 않게 처리하는 메서드는 (   )이다.

08. 집합에서 중복된 요소는 자동으로 (   )된다.

09. 두 집합의 합집합을 구할 때 사용하는 메서드는 (   )이다.

10. 딕셔너리의 요소를 모두 삭제하는 메서드는 (   )이다.

01. 딕셔너리와 리스트의 차이점을 설명하고, 딕셔너리가 유용하게 사용되는 상황을 예를 들어 설명하시오.

02. 딕셔너리의 setdefault( ) 메서드의 동작 방식과 사용 예시를 설명하시오.

03. 집합의 합집합, 교집합, 차집합, 대칭차집합의 차이점과 각 연산의 사용 예를 설명하시오.

04. 집합 자료형의 특징과 집합이 사용되는 경우를 설명하시오.

05. 딕셔너리에서 요소를 추가하거나 수정할 때의 방법을 설명하고, update() 메서드의 사용 예시를 들어 설명하시오.

Chapter

09

파일 입출력

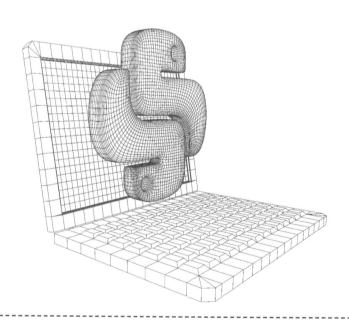

파일 입출력

파일 읽기와 쓰기의 기초 개념을 배우고, 파일 열기 모드(r, w, a)를 이해하여 텍스트 파일을 다루는 프로그램을 작성한다. 고급 예외 처리 기술도 추가하여 파일 입출력 과정에서 발생할 수 있는 오류를 안전하게 관리한다.

1 파일 입출력의 기본 개념

파이썬에서 파일 입출력(file I/O)은 파일을 읽고 쓰는 과정을 포함하며, 이를 통해 외부 데이터를 프로그램에 가져오거나, 프로그램에서 생성된 데이터를 파일로 저장할 수 있다. 파일 입출력의 기본 개념과 절차를 자세히 설명하면 다음과 같다.

1) 파일 열기

파일을 읽거나 쓰기 전에 먼저 파일을 열어야 한다. 파이썬에서 파일을 열 때는 open() 함수를 사용하며, 이 함수는 파일을 처리할 때 사용할 파일 객체를 반환한다.

① open() 함수는 두 개의 인수를 가진다.
- 첫 번째 인수: 파일 이름(경로 포함)
- 두 번째 인수: 파일 열기 모드(옵션)

② 파일 열기 모드
- 'r': 읽기 모드(파일의 내용을 읽을 때 사용)
- 'w': 쓰기 모드(파일에 데이터를 쓸 때 사용, 파일이 없으면 새로 생성되고, 파일이 이미 있으면 기존 내용을 덮어쓴다)
- 'a': 추가 모드(파일 끝에 데이터를 추가)
- 'b': 바이너리 모드(바이너리 파일을 읽거나 쓸 때 사용, 예 이미지 파일)
- 't': 텍스트 모드(기본값으로, 텍스트 파일을 처리할 때 사용)

```python
# 예시: 파일을 읽기 모드로 열기
file = open('example.txt', 'r')
```

2) 파일 읽기

파일을 열었으면 그 내용을 읽을 수 있다. 파일 읽기 방법은 여러 가지가 있다.

① 주요 파일 읽기 메서드

- read() : 파일 전체 내용을 한 번에 읽는다.

- readline() : 파일에서 한 줄씩 읽는다.

- readlines() : 파일의 모든 줄을 리스트로 반환한다.

```python
# 파일 전체 내용 읽기
with open('example.txt', 'r') as file:
    content = file.read()
    print(content)


# 파일을 한 줄씩 읽기
with open('example.txt', 'r') as file:
    for line in file:
        print(line.strip()) # 줄바꿈 문자 제거
```

3) 파일 쓰기

파일에 데이터를 쓰기 위해서는 파일을 쓰기 모드('w' 또는 'a')로 열어야 한다. 파일이 쓰기 모드로 열리면, 기존 파일의 내용이 모두 삭제되고 새로 작성되므로 주의가 필요하다.

```python
# 파일에 데이터 쓰기
with open('output.txt', 'w') as file:
    file.write("Hello, World!\n")
    file.write("This is a new line.\n")
```

① 추가 모드에서 쓰기

```python
# 파일 끝에 데이터 추가
with open('output.txt', 'a') as file:
    file.write("This line is appended.\n")
```

4) 파일 닫기

파일을 다 사용한 후에는 반드시 파일을 닫아야 한다. 그렇지 않으면 데이터 손실이나 메모리 누수가 발생할 수 있다. 파일을 닫기 위해서는 close() 메서드를 사용한다. 그러나 파이썬에서는 with 문을 사용하여 파일을 열 때, 코드 블록이 끝나면 파일이 자동으로 닫힌다.

```python
file = open('example.txt', 'r')
# 파일 작업
file.close() # 파일 닫기
# with 문을 사용하여 파일 자동으로 닫기
with open('example.txt', 'r') as file:
    content = file.read()
```

5) 예외 처리

파일을 처리할 때 파일이 없거나 권한이 없을 수 있다. 이러한 경우를 대비해 try-except 구문을 사용하여 예외를 처리할 수 있다.

```python
try:
    with open('non_existent_file.txt', 'r') as file:
        content = file.read()
except FileNotFoundError:
    print("파일을 찾을 수 없습니다.")
except PermissionError:
    print("파일을 열 권한이 없습니다.")
```

요약

- 파일 입출력은 파일을 열고, 읽고, 쓰고, 닫는 절차로 이루어진다.
- open() 함수를 사용하여 파일을 열고, 파일 모드를 지정해야 한다.
- 파일 작업이 끝나면 반드시 파일을 닫아야 하며, with 문을 사용하면 자동으로 파일이 닫힌다.
- 파일 입출력 과정에서 발생할 수 있는 예외를 try-except로 처리하여 오류를 방지할 수 있다.

파이썬에서 텍스트 파일 읽기는 파일 입출력의 중요한 부분 중 하나로, 다양한 방법으로 파일 내용을 읽어올 수 있다.

1) 파일 열기

파일을 읽기 위해 먼저 파일을 열어야 한다. 파이썬에서는 open() 함수를 사용하여 파일을 열수 있으며, 파일을 읽기 위해서는 'r' 모드를 사용한다. 파일을 열 때 파일이 존재하지 않으면 FileNotFoundError 예외가 발생하므로 주의해야 한다.

```python
file = open('example.txt', 'r')
```

위 코드에서 'example.txt' 파일을 읽기 모드로 열었다. 파일을 열면 파일 객체가 생성되며, 이후 이 파일 객체를 통해 파일 내용을 읽어올 수 있다.

2) 파일 읽기 방법

파일을 읽는 방법에는 여러 가지가 있으며, 파일 크기나 읽고자 하는 방식에 따라 적절한 방법을 선택할 수 있다.

① read() 메서드

read() 메서드는 파일의 전체 내용을 한 번에 문자열로 읽어온다. 이 방법은 작은 파일에 적합하지만, 파일 크기가 크면 메모리 문제를 일으킬 수 있다.

```python
with open('example.txt', 'r') as file:
    content = file.read()
    print(content)
```

이 코드는 파일의 모든 내용을 한 번에 읽어와 content 변수에 저장한 뒤 출력한다.

② read(size) 메서드

read(size)는 파일에서 지정한 크기만큼의 데이터를 읽어온다. 이 방법은 큰 파일을 조금씩 읽을 때 유용하다. size는 읽을 바이트 수를 의미한다.

```python
with open('example.txt', 'r') as file:
    content = file.read(100) # 처음 100바이트 읽기
    print(content)
```

이 코드는 파일에서 처음 100바이트를 읽어온다.

③ readline() 메서드

readline() 메서드는 파일에서 한 줄씩 읽어온다. 파일의 크기가 크거나 줄 단위로 처리해야 할 때 유용하다.

```python
with open('example.txt', 'r') as file:
    line = file.readline() # 첫 번째 줄 읽기
    print(line)
```

파일을 한 줄씩 읽으며, 줄바꿈 문자가 포함된다. 여러 줄을 반복해서 읽으려면 루프를 사용할 수 있다.

```python
with open('example.txt', 'r') as file:
    while True:
        line = file.readline()
        if not line: # 더 이상 읽을 줄이 없으면 종료
            break
        print(line.strip()) # 줄바꿈 문자 제거 후 출력
```

④ readlines() 메서드

readlines() 메서드는 파일의 모든 줄을 리스트 형태로 읽어온다. 각 줄은 리스트의 한 요소로 저장된다.

```python
with open('example.txt', 'r') as file:
    lines = file.readlines()
    for line in lines:
        print(line.strip())
```

이 코드는 파일의 모든 줄을 리스트로 읽어와 lines 변수에 저장한 후 각 줄을 출력한다. 파일이 크면 메모리에 많은 공간을 차지할 수 있으므로, 큰 파일에는 적합하지 않다.

3) 파일 자동 닫기

파일을 열었으면 파일 작업이 끝난 후 반드시 파일을 닫아야 한다. 파일을 닫지 않으면 데이터 손실이나 메모리 누수가 발생할 수 있다. 파일을 닫기 위해 close() 메서드를 사용할 수 있지만, 파이썬에서는 with 문을 사용하여 파일을 열면, 블록이 끝날 때 자동으로 파일이 닫힌다.

```python
with open('example.txt', 'r') as file:
    content = file.read()
    # 파일은 여기서 자동으로 닫힘
```

이 방법은 파일을 안전하게 다루기 위해 권장된다.

4) 파일 읽기 시 주의 사항

파일을 읽을 때 다음과 같은 사항을 주의해야 한다.

① 파일이 존재하지 않으면 FileNotFoundError 예외가 발생한다.

② 읽기 모드에서는 파일이 존재해야 하며, 존재하지 않는 파일을 읽으려 하면 에러가 발생한다.

③ 파일 크기가 크면 read() 메서드를 사용할 때 메모리 부족 문제가 발생할 수 있으므로, 파일을 한 번에 읽지 말고 필요한 만큼만 읽는 것이 좋다.

5) 예외 처리

파일을 열 때 예외가 발생할 수 있으므로, try-except 구문을 사용하여 안전하게 처리할 수 있다.

```python
try:
    with open('example.txt', 'r') as file:
        content = file.read()
except FileNotFoundError:
    print("파일을 찾을 수 없습니다.")
except Exception as e:
    print(f"파일을 읽는 도중 문제가 발생했습니다: {e}")
```

파이썬에서 텍스트 파일을 읽는 방법에는 read(), readline(), readlines() 등이 있으며, 파일 크기와 읽고자 하는 방식에 따라 적절한 방법을 선택해야 한다. with 문을 사용하여 파일을 열면 파일을 자동으로 닫을 수 있어 안전하다.

3 텍스트 파일 쓰기(write, writelines)

파이썬에서 텍스트 파일 쓰기는 파일에 데이터를 기록하는 과정으로, 여러 방법을 통해 파일에 데이터를 저장할 수 있다. 텍스트 파일에 데이터를 쓰기 위한 기본 개념과 방법에 대해 상세히 알아보자.

1) 파일 열기

파일에 데이터를 쓰기 전에 파일을 열어야 한다. 파일을 열 때 open() 함수를 사용하며, 파일 쓰기 모드를 지정해야 한다. 주요 파일 쓰기 모드는 다음과 같다.

- 'w': 쓰기 모드. 파일이 존재하면 파일의 내용을 모두 지우고 새로 쓴다. 파일이 없으면 새 파일을 생성한다.
- 'a': 추가 모드. 파일이 존재할 경우 기존 내용 뒤에 데이터를 추가한다. 파일이 없으면 새 파일을 생성한다.
- 'x': 파일이 존재하지 않을 때만 파일을 새로 생성하고 쓰기 모드로 연다. 파일이 이미 존재하면 에러를 발생시킨다.

예시

python
```
file = open('example.txt', 'w') # 쓰기 모드로 파일 열기
```

이 코드는 'example.txt'라는 파일을 쓰기 모드로 열고, 파일이 존재하지 않으면 새로 생성한다. 파일이 존재하면 기존 내용이 삭제되고 새로운 데이터로 덮어쓴다.

2) 파일 쓰기

파일을 열었으면 데이터를 파일에 쓸 수 있다. 텍스트 파일에 데이터를 쓰는 방법에는 여러 가지가 있으며, 보통 write() 메서드를 사용한다.

① write() 메서드

write() 메서드는 문자열을 파일에 쓴다. 이 메서드를 사용할 때, 줄바꿈을 자동으로

해주지 않으므로, 줄바꿈이 필요한 경우 명시적으로 \n을 포함시켜야 한다.

```python
with open('example.txt', 'w') as file:
    file.write("Hello, World!\n")
    file.write("This is a new line.\n")
```

위 코드는 파일에 두 줄의 텍스트를 쓴다. 첫 번째 줄은 "Hello, World!"이고, 두 번째 줄은 "This is a new line."이다. 각각의 문자열 끝에 \n을 추가해 줄바꿈을 명시적으로 처리한다.

② writelines( ) 메서드

writelines( ) 메서드는 여러 줄을 한 번에 파일에 쓰는 데 사용된다. 이 메서드는 리스트나 다른 이터러블(iterable) 객체를 받아 파일에 각 요소를 순서대로 쓴다. 각 요소가 줄바꿈 문자를 포함하지 않으면 직접 추가해줘야 한다.

```python
lines = ["First line\n", "Second line\n", "Third line\n"]
with open('example.txt', 'w') as file:
    file.writelines(lines)
```

이 코드는 lines 리스트에 있는 각 문자열을 파일에 쓴다. 리스트에 있는 각 요소에 줄바꿈 문자가 포함되어 있기 때문에, 파일에 줄바꿈이 자동으로 처리된다.

3) 파일 닫기

파일에 데이터를 다 썼으면 파일을 닫아야 한다. 파일을 닫지 않으면 데이터 손실이나 메모리 누수가 발생할 수 있다. 파일을 닫기 위해서는 close() 메서드를 사용할 수 있지만, 파이썬에서는 with 문을 사용하여 파일을 열면, 코드 블록이 끝날 때 파일이 자동으로 닫힌다.

```python
file = open('example.txt', 'w')
file.write("Some text")
file.close() # 파일 닫기
# with 문을 사용하여 자동으로 파일 닫기
with open('example.txt', 'w') as file:
    file.write("Some text")
```

4) 추가 모드에서 쓰기('a')

추가 모드는 파일에 데이터를 덮어쓰지 않고, 파일 끝에 데이터를 추가하는 방법이다. 파일에 기존 내용이 남아 있는 상태에서 새로운 내용을 덧붙일 때 사용된다.

```python
with open('example.txt', 'a') as file:
    file.write("This text will be appended.\n")
```

이 코드는 기존 파일의 마지막에 새로운 텍스트를 추가한다. 파일이 없으면 새로 생성된다.

5) 파일 쓰기 시 발생할 수 있는 문제

파일을 쓰는 과정에서 발생할 수 있는 몇 가지 문제에 대해 알아보자.

① 파일이 이미 존재할 때 쓰기 모드로 열기('w')

파일이 이미 존재하는 경우 쓰기 모드 'w'로 열면, 기존 파일의 내용이 모두 삭제되고 새로운 내용으로 덮어쓴다. 기존 데이터를 유지하고 싶다면 추가 모드 'a'를 사용해야 한다.

```python
with open('example.txt', 'w') as file:
    file.write("This will overwrite the file.\n")
```

위 코드는 기존 파일 내용을 삭제하고 새로운 내용을 작성한다.

② 파일이 없을 때 추가 모드 사용하기('a')

파일이 없을 때 추가 모드 'a'로 열면, 자동으로 파일이 생성된다. 따라서 파일이 없더라도 에러 없이 새로운 파일을 만들고 데이터를 쓸 수 있다.

```python
with open('new_file.txt', 'a') as file:
    file.write("This is a new file created in append mode.\n")
```

6) 예외 처리

파일을 쓰는 동안 발생할 수 있는 예외를 처리하기 위해 try-except 구문을 사용할 수 있다. 파일 쓰기 과정에서 발생할 수 있는 오류에는 파일 쓰기 권한 문제, 디스크 용량 부족 등이 있다.

```python
try:
    with open('example.txt', 'w') as file:
        file.write("Some important data")
except IOError as e:
    print(f"파일 쓰기 중 오류 발생: {e}")
```

7) 바이너리 파일 쓰기

텍스트 파일 외에도 바이너리 파일을 쓰기 위해서는 파일을 'wb' 모드로 열어야 한다. 예를 들어, 이미지 파일이나 기타 이진 데이터를 파일에 쓸 때는 이 모드를 사용한다.

```python
with open('image.jpg', 'wb') as file:
    file.write(b'binary_data_here')
```

이 코드는 바이너리 데이터를 파일에 쓸 때 사용된다. 텍스트 파일 쓰기와 달리, 데이터는 반드시 바이트형식이어야 한다.

> **요약**
> - 파일을 쓰기 위해서는 open() 함수를 사용하고, 파일 쓰기 모드를 지정해야 한다.
> - write() 메서드는 문자열을 파일에 쓸 때 사용하며, writelines()는 여러 줄을 리스트 형태로 파일에 쓸 때 유용하다.
> - 추가 모드('a')를 사용하면 파일 끝에 데이터를 추가할 수 있고, with 문을 사용하여 파일을 열면 자동으로 파일이 닫힌다.
> - 파일 쓰기 시 발생할 수 있는 오류는 try-except로 처리하여 안전하게 파일을 쓸 수 있다.

4 파일 모드(r, w, a, b)

파이썬에서 파일을 다룰 때, open() 함수의 두 번째 인수로 파일 모드를 지정하여 파일을 어떻게 열지 결정한다. 파일 모드는 파일을 읽기, 쓰기, 추가 등의 작업을 할 때 파일을 여는 방식을 정의한다. 각 파일 모드의 기능과 특징을 하나씩 상세하게 알아보자.

1) 읽기 모드('r')

- 'r' 모드는 읽기 전용(read)을 의미한다.
- 파일이 존재해야만 열 수 있으며, 파일이 없을 경우 FileNotFoundError 예외가 발생한다.
- 파일의 내용을 읽기만 할 수 있으며, 파일에 데이터를 쓰는 작업은 불가능하다.
- 파일 포인터는 파일의 시작 부분에 위치한다.

예시

```python
with open('example.txt', 'r') as file:
    content = file.read() # 파일 내용 읽기
    print(content)
```

이 코드는 'example.txt' 파일을 읽기 전용으로 열고 파일 내용을 출력한다.

2) 쓰기 모드('w')

- 'w' 모드는 쓰기 전용(write)을 의미한다.
- 파일이 존재하지 않으면 새로 생성된다.
- 파일이 이미 존재할 경우, 기존 파일의 모든 내용이 삭제되고 새로운 내용이 덮어쓰인다.
- 파일 포인터는 파일의 시작 부분에 위치하며, 파일에 데이터를 처음부터 쓰기 시작한다.

예시

```python
with open('example.txt', 'w') as file:
    file.write("This will overwrite the file.\n")
```

이 코드는 파일에 새로운 데이터를 기록하며, 파일이 이미 존재하면 기존 내용을 삭제하고 새로운 내용을 쓴다.

3) 추가 모드('a')

- 'a' 모드는 추가(append)를 의미한다.
- 파일이 존재하지 않으면 새로 생성된다.
- 파일이 존재할 경우, 기존 내용은 유지되며 새로운 데이터는 파일 끝에 추가된다.
- 파일 포인터는 파일의 끝 부분에 위치하며, 데이터는 항상 파일의 마지막에 추가된다.

```python
with open('example.txt', 'a') as file:
    file.write("This text will be appended.₩n")
```

이 코드는 기존 파일 끝에 새로운 텍스트를 추가한다. 파일이 없으면 새로 생성된다.

4) 바이너리 모드('b')

- 'b' 모드는 바이너리(binary) 파일을 읽거나 쓸 때 사용된다.
- 일반적으로 텍스트 파일은 UTF-8 등으로 인코딩된 문자열 데이터를 저장하지만, 바이너리 모드에서는 이미지, 비디오, 오디오 파일 등 비텍스트 데이터를 처리한다.
- 바이너리 모드는 다른 파일 모드('r', 'w', 'a' 등)와 함께 사용된다. 예를 들어, 'rb'는 바이너리 읽기 모드, 'wb'는 바이너리 쓰기 모드를 의미한다.
- 바이너리 모드에서는 데이터를 바이트 형태로 처리해야 하므로, 읽거나 쓸 때 바이트 문자열(b'...')을 사용해야 한다.

예시

```python
# 바이너리 읽기 모드
with open('image.jpg', 'rb') as file:
    data = file.read() # 이미지 파일의 바이너리 데이터 읽기

# 바이너리 쓰기 모드
with open('output_image.jpg', 'wb') as file:
    file.write(data) # 바이너리 데이터를 파일에 쓰기
```

이 코드는 이미지 파일을 바이너리 모드로 읽어서 새로운 파일에 그대로 복사하는 예이다.

5) 읽기 및 쓰기 모드 조합

여러 모드를 조합하여 파일을 읽거나 쓸 수 있다. 주요 조합 모드는 다음과 같다.

① 읽기/쓰기 모드('r+')

- 'r+' 모드는 읽기와 쓰기를 동시에 지원한다.
- 파일이 존재해야 하며, 파일이 없으면 FileNotFoundError가 발생한다.

– 파일의 내용을 읽을 수 있으며, 동시에 내용을 수정하거나 새로운 데이터를 쓸 수 있다.

– 파일 포인터는 파일의 시작 부분에 위치한다.

```python
with open('example.txt', 'r+') as file:
    content = file.read( ) # 파일 내용 읽기
    file.write("\nNew content added.") # 파일에 내용 추가
```

이 코드는 파일을 읽은 후, 새로운 데이터를 파일 끝에 추가한다.

② 쓰기/읽기 모드('w+')

– 'w+' 모드는 쓰기와 읽기를 동시에 지원한다.

– 파일이 존재하지 않으면 새로 생성된다.

– 파일이 존재하면 기존 파일의 내용이 모두 삭제된다.

– 파일 포인터는 파일의 시작 부분에 위치하며, 쓰기 작업이 우선시된다.

```python
with open('example.txt', 'w+') as file:
    file.write("Overwriting the file.\n")
    file.seek(0) # 파일 포인터를 시작 부분으로 이동
    content = file.read( ) # 파일 내용 읽기
    print(content)
```

이 코드는 파일 내용을 모두 덮어쓰고, 파일 포인터를 다시 처음으로 이동하여 내용을 읽어온다.

③ 추가/읽기 모드('a+')

– 'a+' 모드는 추가와 읽기를 동시에 지원한다.

– 파일이 존재하지 않으면 새로 생성된다.

– 파일이 존재할 경우 기존 파일의 내용은 유지되고, 새로운 내용은 파일 끝에 추가된다.

– 파일 포인터는 파일의 끝에 위치하며, 처음부터 읽으려면 seek(0)으로 파일 포인터를 이동시켜야 한다.

```python
with open('example.txt', 'a+') as file:
    file.write("Appending this line.\n")
    file.seek(0) # 파일 포인터를 처음으로 이동
    content = file.read() # 파일 내용 읽기
    print(content)
```

이 코드는 파일에 새로운 내용을 추가하고, 파일 전체 내용을 읽어 출력한다.

6) 파일 모드 정리

다음은 주요 파일 모드의 요약이다.

파일 모드	설명
'r'	읽기 전용 모드. 파일이 존재해야 함
'w'	쓰기 전용 모드. 파일이 없으면 생성하고, 있으면 덮어씀
'a'	추가 모드. 파일 끝에 데이터를 추가함
'b'	바이너리 모드. 바이너리 파일을 읽거나 쓸 때 사용
'r+'	읽기 및 쓰기 모드 파일이 존재해야 함
'w+'	쓰기 및 읽기 모드. 파일이 없으면 생성하고, 있으면 덮어씀
'ar'	추가 및 읽기 모드. 파일 끝에 데이터를 추가하고 읽기 가능

파이썬에서 파일 모드는 파일을 읽거나 쓸 때 어떻게 다룰지를 결정하는 중요한 인수다. 'r', 'w', 'a' 등의 모드는 파일을 읽기, 쓰기, 추가하는 방식에 따라 선택하며, 바이너리 모드를 사용하여 비텍스트 데이터를 처리할 수도 있다. 모드 선택은 작업 목적에 따라 적절히 조합해 사용할 수 있다.

5 파일 닫기와 예외 처리

파일 작업을 할 때는 작업이 끝나면 반드시 파일을 닫아야 한다. 파일을 닫지 않으면 메모리 누수나 데이터 손실이 발생할 수 있다. 파이썬에서는 close() 메서드를 사용하여 파일을 닫을 수 있다.

```python
python

file = open('example.txt', 'r')
# 파일 작업 수행
file.close() # 수동으로 파일을 닫음
```

하지만, 파일을 수동으로 닫는 과정에서 실수로 파일을 닫지 않는 문제가 발생할 수 있다. 이를 방지하기 위해 파이썬에서는 with 문을 사용하여 파일을 처리하는 방법을 제공한다. with 문을 사용하면 파일 작업이 끝난 후 자동으로 파일이 닫히므로, close()를 호출할 필요가 없다. 또한, 예외가 발생해도 파일이 안전하게 닫힌다.

```python
python

# python
with open('example.txt', 'r') as file:
    # 파일 작업 수행
    data = file.read()
# 파일이 자동으로 닫힘
```

with 문을 사용하면 자원을 자동으로 정리할 수 있으므로, 예외 처리 코드가 필요 없고 코드가 더욱 간결해진다. 예를 들어, try-except-finally 블록을 사용하여 파일을 닫는 경우, 파일을 닫는 부분을 finally 블록에서 처리해야 한다. 하지만 with 문을 사용하면 이러한 과정을 자동으로 처리할 수 있다.

```python
python

# python
# try-except-finally를 사용한 경우
file = open('example.txt', 'r')
try:
    # 파일 작업 수행
    data = file.read()
except Exception as e:
    print(f"오류 발생: {e}")
finally:
    file.close() # 파일을 반드시 닫아야 함

# with 문을 사용한 경우
with open('example.txt', 'r') as file:
```

```
    # 파일 작업 수행
    data = file.read()
  # 파일이 자동으로 닫힘
```

이처럼 with 문을 사용하면 파일 작업이 끝나면 자동으로 파일을 닫아주기 때문에, 실수로 파일을 닫지 않는 문제를 방지할 수 있으며, 파일 입출력에서 발생할 수 있는 예외 상황을 더욱 쉽게 처리할 수 있다.

따라서, 파일을 다룰 때는 항상 with 문을 사용하는 것이 좋다.

6 고급 예외 처리: 파일 잠금 및 멀티스레드 환경

기본적인 파일 처리 예외 외에도, 멀티스레드 환경에서의 파일 잠금 처리나 메모리 매핑과 같은 고급 주제가 중요하다. 이러한 기술을 활용하면 여러 스레드 또는 프로세스가 동시에 파일을 안전하게 다룰 수 있다.

① 멀티스레드 환경에서의 파일 잠금 처리

멀티스레드 환경에서 여러 스레드가 동시에 파일에 접근할 경우, 데이터 손상이나 충돌이 발생할 수 있다. 이러한 문제를 방지하기 위해 파일 잠금 기능을 사용하여 파일이 안전하게 처리되도록 해야 한다. threading 모듈의 Lock 객체를 사용하여 파일 작업 중에 파일을 잠글 수 있다.

```python
import threading
lock = threading.Lock()
def write_to_file(filename, content):
    with lock: # 파일 작업 중 다른 스레드의 접근 차단
        with open(filename, 'a') as file:
            file.write(content + '\n')
```

위 코드는 파일에 쓰기 작업을 할 때 잠금을 걸어, 다른 스레드가 같은 파일에 동시에 접근하지 못하도록 한다. 이를 통해 데이터 충돌을 방지할 수 있다.

② 메모리 매핑(Memory Mapping)

대량의 데이터를 처리할 때 파일을 효율적으로 다루기 위해 메모리 매핑을 사용할 수 있다. 메모리 매핑은 파일의 데이터를 메모리에 직접 매핑하여 더 빠르게 접근할 수 있게 해준다. 이는 특히 파일 크기가 크거나, 빈번한 파일 접근이 필요한 경우에 유용하다. 파이썬에서는 mmap 모듈을 사용하여 메모리 매핑을 구현할 수 있다.

```python
import mmap
with open('example.txt', 'r+b') as f:
    # 파일을 메모리에 매핑
    mm = mmap.mmap(f.fileno(), 0)
    print(mm.readline()) # 메모리에서 직접 파일을 읽음
    mm.close()
```

메모리 매핑을 사용하면 파일의 일부를 메모리에 로드하여 필요할 때만 데이터를 읽고 쓸 수 있으므로, 성능을 크게 향상시킬 수 있다.

이와 같이 멀티스레드 환경에서의 파일 잠금 처리와 메모리 매핑은 파일 입출력의 효율성을 높이는 데 매우 유용한 고급 주제이다.

7 실습 예제

실습 예제 1 파일 읽기 예외 처리

```python
# 예제 1: 존재하지 않는 파일을 읽으려 할 때 예외 처리하기
try:
    with open('non_existent_file.txt', 'r') as file:
        content = file.read()
        print(content)
except FileNotFoundError:
    print("해당 파일을 찾을 수 없습니다. 파일 경로를 확인해주세요.")
```

```
except PermissionError:
    print("파일에 접근할 권한이 없습니다.")
except Exception as e:
    print(f"알 수 없는 오류가 발생했습니다: {e}")
```

이 코드는 파일을 읽으려고 시도할 때, 해당 파일이 없으면 FileNotFoundError 예외를 처리하여 파일을 찾을 수 없다는 메시지를 출력한다. 권한 문제 발생 시 PermissionError를 처리하고, 예상하지 못한 오류가 발생할 경우에는 해당 오류를 출력하도록 한다.

실습 예제 2 ┃ 파일 쓰기 예외 처리

python

```
try:
    with open('/root/protected_file.txt', 'w') as file:
        file.write("이 파일에 쓰려고 한다.")
except PermissionError:
    print("파일에 쓰기 권한이 없습니다.")
except Exception as e:
    print(f"파일 쓰기 중 오류가 발생했습니다: {e}")
```

이 코드는 파일을 쓰기 모드로 열고 데이터를 작성하려고 시도하지만, 파일에 대한 쓰기 권한이 없는 경우 PermissionError 예외를 처리한다. 다른 예기치 못한 오류가 발생할 경우에도 이를 처리하여, 오류 메시지를 출력하고 프로그램이 정상적으로 종료되도록 한다.

연습문제

4지선다형 문제 (10문항)

01. 파일을 읽기 전용으로 열기 위해 사용하는 모드는 무엇인가?

① 'w'   ② 'r'

③ 'a'   ④ 'x'

02. 파일의 기존 내용을 모두 삭제하고 새로 데이터를 쓰기 위해 사용하는 모드는 무엇인가?

① 'a'   ② 'r+'

③ 'w'   ④ 'rb'

03. 다음 중 파일을 열고 작업이 끝난 후 파일을 자동으로 닫는 방식은 무엇인가?

① try-finally   ② with 문

③ except 문   ④ open 함수

04. 파일이 존재하지 않을 때만 파일을 생성하고 열기 위해 사용하는 모드는 무엇인가?

① 'r'   ② 'w'

③ 'a'   ④ 'x'

05. 다음 중 파일의 모든 줄을 리스트로 반환하는 메서드는 무엇인가?

① read()   ② readline()

③ readlines()   ④ write()

06. 바이너리 파일을 읽기 위해 사용하는 모드는 무엇인가?

① 'r'   ② 'w'

③ 'rb'   ④ 'a'

07. 파일 쓰기 과정에서 파일에 쓰기 권한이 없을 경우 발생하는 예외는 무엇인가?

① FileNotFoundError

② PermissionError

③ IOError

④ Exception

08. 파일의 첫 번째 줄만 읽기 위해 사용하는 메서드는 무엇인가?

① read()

② readlines()

③ write()

④ readline()

09. 파일을 쓰기 모드로 열 때, 파일이 이미 존재하는 경우 발생하는 현상은 무엇인가?

① 파일이 추가됨

② 파일 내용이 유지됨

③ 파일 내용이 삭제됨

④ 파일이 새로 생성됨

10. 다음 중 파일을 열고 내용을 추가할 수 있는 모드는 무엇인가?

① 'r'

② 'w'

③ 'a'

④ 'rb'

01. 파이썬에서 파일을 열기 위해 사용하는 함수는 (   )이다.

02. 'r' 모드는 파일을 (   ) 전용으로 연다.

03. 파일을 다 사용한 후에는 (   ) 메서드를 호출하여 파일을 닫아야 한다.

04. 텍스트 파일을 한 줄씩 읽을 때 사용하는 메서드는 (   )이다.

05. 파일을 읽기와 쓰기 모두 가능하게 열기 위한 모드는 (   )이다.

06. 파일이 존재하지 않으면 새로 생성하고 쓰기 위해 사용하는 모드는 (   )이다.

07. 바이너리 파일을 읽기 위해서는 (   ) 모드를 사용해야 한다.

08. 파일을 읽거나 쓰는 도중 발생하는 예외를 처리하기 위해 사용하는 구문은 (   )이다.

09. 파일을 열 때, 파일이 없으면 자동으로 생성되고 기존 내용은 유지되는 모드는 (   )이다.

10. 파일 쓰기 중 파일이 이미 존재하는 경우 (   ) 예외가 발생할 수 있다.

01. 파이썬에서 파일 입출력을 수행하는 절차에 대해 설명하시오.

02. with 파일을 열고 내용을 읽은 후 파일을 닫는 과정을 with 문을 사용하여 설명하시오.

03. 파이썬에서 텍스트 파일을 읽는 방법 3가지를 설명하고, 각 방법의 특징을 비교하시오.

04. 바이너리 모드('b')와 텍스트 모드('t')의 차이점을 설명하시오.

05. 파일을 쓰기 모드로 열었을 때 기존 파일이 삭제되지 않게 하려면 어떤 모드를 사용해야 하는지 설명하시오.

모듈과 패키지

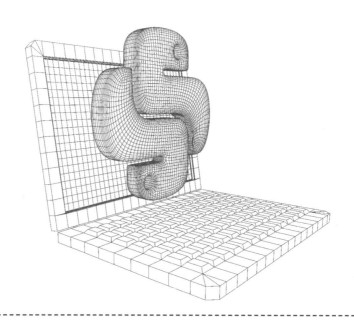

Chapter 10 모듈과 패키지

모듈과 패키지의 개념을 익히고, Python 표준 라이브러리와 외부 패키지 설치(pip)를 통해 코드의 재사용성을 높이며 Python의 기능을 확장하는 방법을 학습한다. 이를 통해 복잡한 문제를 모듈 단위로 나누어 관리할 수 있게 한다.

1 모듈의 개념과 사용법

모듈은 파이썬에서 코드의 재사용성을 높이고, 프로그램을 더 체계적으로 관리할 수 있게 해주는 중요한 개념이다. 모듈을 사용하면 관련된 코드들을 별도의 파일로 분리해 둘 수 있어, 코드의 유지보수와 관리가 쉬워지고, 다른 프로그램에서도 쉽게 재사용할 수 있다. 파이썬에서 모듈은 하나의 파일 안에 관련된 변수, 함수, 클래스 등을 묶어두는 방식으로 구현된다.

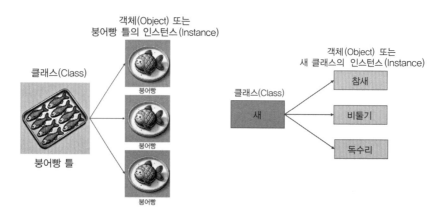

1) 모듈의 기본 개념

모듈(Module)은 관련된 코드들이 포함된 파이썬 파일이다. 파일 하나가 하나의 모듈이 되며, 모듈 내에는 변수, 함수, 클래스 등 다양한 코드 구성 요소가 들어갈 수 있다. 모듈을 사용하면 코드의 재사용과 모듈화가 가능해져, 코드의 가독성과 유지보수성을 높일 수 있다.

① 모듈의 장점

- **코드 재사용:** 모듈화된 코드를 여러 프로젝트에서 재사용할 수 있다.
- **코드 관리:** 기능별로 코드를 분리하여 관리할 수 있다.

- **네임스페이스 분리**: 모듈별로 별도의 네임스페이스를 제공하여, 변수나 함수 이름의 충돌을 방지할 수 있다.

2) 모듈의 사용법

① 모듈의 생성

모듈은 단순히 .py 파일로 생성된다. 예를 들어, my_module.py라는 파일을 하나 만든다고 하면, 이 파일이 하나의 모듈로 사용될 수 있다.

python

```python
# my_module.py
def greet(name):
    return f"Hello, {name}!"
def add(a, b):
    return a + b
```

위 예시는 greet와 add라는 두 가지 함수를 가진 모듈이다.

② 모듈의 불러오기(import)

모듈을 사용하려면 import 키워드를 통해 다른 파일에서 불러올 수 있다.

python

```python
# main.py
import my_module
print(my_module.greet("Alice")) # "Hello, Alice!"
print(my_module.add(3, 4)) # 7
```

`해설`

my_module 모듈을 import하여 그 안의 함수들을 사용하고 있다. my_module.greet와 my_module.add와 같은 방식으로 모듈 내 함수에 접근한다.

③ 모듈에서 특정 구성 요소만 가져오기(from ... import)

모듈 내에서 특정 함수나 변수만 가져올 수 있다. 이렇게 하면 모듈 이름을 앞에 붙이지 않고도 함수를 바로 사용할 수 있다.

python

```python
from my_module import greet
print(greet("Bob")) # "Hello, Bob!"
```

greet 함수만 모듈에서 가져왔으므로 my_module.greet 대신 greet만으로 호출할 수 있다.

④ 모듈에 별칭 주기(as)

모듈을 불러올 때 별칭(alias)을 줄 수 있다. 이를 통해 모듈의 이름을 짧게 사용하거나, 더 명확하게 표현할 수 있다.

```python
import my_module as mm
print(mm.greet("Charlie")) # "Hello, Charlie!"
```

my_module 대신 mm이라는 별칭을 주어 코드를 더 간결하게 만들었다.

⑤ 모듈 내 모든 구성 요소 불러오기(from ... import *)

모듈 내의 모든 구성 요소를 한 번에 불러올 수 있다. 하지만 네임스페이스 충돌이 발생할 수 있으므로, 권장되지 않는 방식이다.

```python
from my_module import *
print(greet("Dave")) # "Hello, Dave!"
print(add(5, 6)) # 11
```

my_module 내의 모든 함수가 현재 네임스페이스로 불러와졌기 때문에 greet나 add를 직접 호출할 수 있다.

3) 표준 모듈과 사용자 정의 모듈

① 표준 라이브러리 모듈

파이썬은 수많은 표준 라이브러리 모듈을 제공한다. 이러한 표준 모듈들은 설치 없이 바로 사용할 수 있다. 예를 들어, 수학 관련 계산을 도와주는 math 모듈이나, 날짜와 시간을 다루는 datetime 모듈 등이 있다.

```python
import math
print(math.sqrt(16)) # 4.0
print(math.pi) # 3.141592653589793
```
· 해설: math 모듈을 사용해 수학 연산을 쉽게 수행할 수 있다.
```python
import datetime
now = datetime.datetime.now()
print(now) # 현재 날짜와 시간이 출력됨
```

> **해설**
>
> datetime 모듈을 사용하여 현재 시간을 얻을 수 있다.

② 사용자 정의 모듈

사용자는 직접 모듈을 정의할 수 있으며, 이를 다른 프로그램에서 import하여 사용할 수 있다. 앞서 예시로 든 my_module.py가 사용자 정의 모듈의 예이다.

```python
# my_module.py
def say_hello():
    return "Hello from my module!"
```

> **해설**
>
> 사용자가 직접 만든 모듈을 필요할 때마다 다른 파일에서 불러와 사용할 수 있다.

4) 모듈 검색 경로

파이썬은 모듈을 불러올 때 몇 가지 경로를 검색한다. 모듈이 어디에 위치해 있는지 확인할 때 파이썬은 다음 순서로 검색한다.

– **현재 작업 디렉터리:** 가장 먼저 현재 작업 디렉터리에서 모듈을 찾는다.

– **PYTHONPATH 환경 변수:** 사용자 정의 모듈 경로가 설정된 경우, 이 경로에서 모듈을 찾는다.

– **표준 라이브러리 디렉터리:** 파이썬이 기본적으로 제공하는 표준 라이브러리 경로를 검색한다.

모듈 경로를 확인하거나 추가하고 싶다면, sys 모듈을 사용할 수 있다.

```python
import sys
# 현재 모듈 경로 출력
print(sys.path)
# 새로운 경로 추가
sys.path.append("/path/to/my/module")
```

> **해설**

sys.path는 파이썬이 모듈을 찾는 경로들을 보여준다. 모듈 경로를 추가하고 싶으면 sys.path.append()를 사용하면 된다.

5) 패키지(Packages)

패키지는 모듈들의 집합을 의미하며, 관련된 모듈들을 디렉터리 구조로 묶어서 관리할 수 있다. 패키지는 모듈을 더 체계적으로 관리할 수 있게 해준다.

① 패키지 구조

패키지는 모듈들이 담긴 디렉터리로 구성되며, 디렉터리 안에 __init__.py 파일이 있어야 한다.

```
my_package/
├── __init__.py
├── module1.py
└── module2.py
```

– __init__.py: 패키지를 모듈처럼 다룰 수 있게 해주는 파일이다. 이 파일은 비어 있을 수 있다.

② 패키지 사용법

```python
# 패키지 내 모듈 불러오기
from my_package import module1
module1.some_function()
```

> **해설**

my_package 디렉터리 내에 있는 module1.py 파일을 불러와서 그 안의 함수를 사용할 수 있다.

6) 모듈의 실행 여부 확인(__name__ == '__main__')

모듈은 다른 파일에서 import되어 사용할 수도 있지만, 독립적으로 실행될 수도 있다. 이때 __name__ 변수는 모듈이 직접 실행되었는지, 아니면 다른 모듈에 의해 불러와졌는지를 구분하는 데 사용된다.

```python
# my_module.py
def main():
    print("이 모듈은 직접 실행되었다.")
if __name__ == "__main__":
    main()
```

해설

__name__ == "__main__" 조건은 이 모듈이 직접 실행되었을 때만 main() 함수가 호출되도록 한다. 다른 파일에서 import되면 이 조건문은 실행되지 않는다.

7) 실생활 비유

모듈은 도구 상자에 비유할 수 있다. 여러 도구(함수, 클래스)가 포함된 상자가 있고, 필요한 도구만 골라서 사용하거나, 전체 상자를 가져다 사용할 수 있다. 모듈을 통해 필요한 기능을 한 번만 작성하고 여러 프로그램에서 반복해서 사용할 수 있다.

> **요약**
> - 모듈은 관련된 코드들이 포함된 파일이며, 함수, 클래스, 변수 등을 정의할 수 있다.
> - import 문을 통해 모듈을 불러와 사용할 수 있으며, from ... import를 통해 특정 함수나 클래스만 가져올 수 있다.
> - 파이썬에는 다양한 표준 라이브러리 모듈이 존재하며, 사용자는 자신만의 모듈을 만들 수 있다.
> - 모듈을 체계적으로 관리하기 위해 패키지를 사용할 수 있으며, 여러 모듈을 하나의 디렉터리로 묶어 관리한다.
> - __name__ == '__main__'을 통해 모듈이 직접 실행되었는지, 불러와졌는지 구분할 수 있다.
> - 모듈을 활용하면 코드의 재사용성과 유지보수성을 크게 높일 수 있으며, 프로그램을 더 체계적이고 확장 가능하게 설계할 수 있다.

2 표준 라이브러리 모듈 사용하기(math, random, datetime 등)

파이썬의 표준 라이브러리는 파이썬 설치와 함께 제공되는 다양한 모듈들의 집합으로, 프로그래밍을 할 때 유용한 함수들과 도구들을 제공한다. 이러한 표준 라이브러리를 사용하면 별도로 설치할 필요 없이 다양한 기능을 간편하게 활용할 수 있으며, 코드의 가독성과 효율성을 크게 높일 수 있다. math, random, datetime 등은 자주 사용하는 표준 라이브러리 모듈 중 일부로, 각각의 주요 기능과 사용법에 대해 상세히 알아보자.

1) math 모듈: 수학 관련 함수 제공

math 모듈은 수학 연산을 위한 다양한 함수와 상수를 제공한다. 예를 들어, 제곱근, 삼각함수, 로그 함수 등 복잡한 수학 연산을 쉽게 수행할 수 있다.

① 주요 함수

```python
import math

# math.sqrt(x): x의 제곱근을 계산한다.
print(math.sqrt(16)) # 4.0

# math.factorial(x): x! 즉, x의 팩토리얼을 계산한다.
print(math.factorial(5)) # 120

# math.pow(x, y): x의 y 제곱을 계산한다.
print(math.pow(2, 3)) # 8.0
# math.log(x, base): x의 로그를 계산한다. 기본적으로 자연 로그(밑이 e)를 계산하며, base를 지정하면 해당 밑의 로그를 계산한다.
print(math.log(100)) # 자연 로그 (ln(100))
print(math.log(100, 10)) # 10을 밑으로 한 로그 (log10(100))
# math.sin(x), math.cos(x), math.tan(x): 삼각함수를 계산한다. 각도는 라디안으로 전달해야 한다.
print(math.sin(math.pi / 2)) # 1.0
print(math.cos(0)) # 1.0
```

② 주요 상수

```python
import math
# math.pi: 원주율인 π 값을 제공한다.
```

```
print(math.pi) # 3.141592653589793

# math.e: 자연 로그의 밑 e 값을 제공한다.
print(math.e) # 2.718281828459045
```

2) random 모듈: 난수 생성

random 모듈은 난수(임의의 수)를 생성하고, 이를 통해 다양한 확률적 시뮬레이션을 할 수 있는 기능을 제공한다. 이 모듈을 사용하면 무작위 숫자, 리스트 섞기, 랜덤 선택 등의 작업을 쉽게 수행할 수 있다.

① 주요 함수

python

```
import random
# random.random(): 0과 1 사이의 임의의 부동소수점 수를 반환한다.
print(random.random()) # 0과 1 사이의 임의의 값 (예: 0.374562823)


# random.randint(a, b): a와 b 사이의 정수를 무작위로 반환한다.
print(random.randint(1, 10)) # 1과 10 사이의 임의의 정수


# random.uniform(a, b): a와 b 사이의 임의의 부동소수점을 반환한다.
print(random.uniform(1.5, 3.5)) # 1.5와 3.5 사이의 임의의 실수


# random.choice(seq): 리스트나 문자열 같은 시퀀스(seq)에서 무작위로 하나의 요소를 반환한다.
items = ['apple', 'banana', 'cherry']
print(random.choice(items)) # 'banana'와 같은 무작위 요소


# random.shuffle(seq): 시퀀스(seq)의 요소들을 무작위로 섞는다. 원본 시퀀스가 변경된다.
cards = ['ace', 'king', 'queen', 'jack']
random.shuffle(cards)
print(cards) # 무작위로 섞인 리스트


# random.sample(seq, k): 시퀀스에서 k개의 임의의 요소들을 비복원 추출하여 반환한다.
numbers = list(range(1, 50))
print(random.sample(numbers, 6)) # 1~49 사이의 숫자 중 6개를 무작위로 선택
```

머듈과 패키지 / Chapter 10

3) datetime 모듈: 날짜와 시간 다루기

datetime 모듈은 날짜와 시간을 다루는 다양한 클래스를 제공하며, 날짜 계산, 시간 형식 변환, 현재 시간 추출 등의 작업을 수행할 수 있다.

① 주요 클래스 및 함수

```python
import datetime
# datetime.datetime.now(): 현재 날짜와 시간을 반환한다.
now = datetime.datetime.now()
print(now) # 현재 날짜와 시간 출력 (예: 2023-09-07 10:23:45.123456)
# datetime.datetime: 특정 날짜와 시간을 생성할 수 있다.

specific_date = datetime.datetime(2023, 9, 7, 15, 30)
print(specific_date) # 2023-09-07 15:30:00


# datetime.timedelta: 날짜나 시간 간격을 나타내며, 날짜나 시간 간의 차이를 계산하거나 날짜에 더하는
데 사용할 수 있다.
today = datetime.datetime.now()
tomorrow = today + datetime.timedelta(days=1)
print(tomorrow) # 내일의 날짜와 시간 출력


# datetime.date: 날짜(연, 월, 일)만을 다루는 객체를 생성한다.
birthday = datetime.date(1995, 12, 25)
print(birthday) # 1995-12-25


# datetime.time: 시간(시, 분, 초)만을 다루는 객체를 생성한다.
lunch_time = datetime.time(12, 30)
print(lunch_time) # 12:30:00


# 날짜 형식 변환: strftime()을 사용하여 날짜를 원하는 형식의 문자열로 변환할 수 있다.
now = datetime.datetime.now()
print(now.strftime("%Y-%m-%d %H:%M:%S")) # '2023-09-07 10:30:45' 형태로 출력


# 문자열을 날짜로 변환: strptime()을 사용하여 문자열을 datetime 객체로 변환할 수 있다.
date_string = "2023-09-07 15:30:00"
date_object = datetime.datetime.strptime(date_string, "%Y-%m-%d %H:%M:%S")
print(date_object) # 2023-09-07 15:30:00
```

4) 추가 유용한 표준 라이브러리

① os 모듈: 운영체제 관련 기능 제공

os 모듈은 운영체제에서 제공하는 파일 시스템 조작, 환경 변수 관리, 디렉터리 이동 등의 기능을 제공한다.

```python
import os

# 현재 작업 디렉터리 확인
print(os.getcwd()) # 예: "/Users/username/Projects"

# 디렉터리 생성
os.mkdir('new_directory')

# 파일 및 디렉터리 리스트 출력
print(os.listdir('.'))
```

② sys 모듈: 인터프리터 관련 정보 제공

sys 모듈은 파이썬 인터프리터와 관련된 정보를 제공하며, 명령줄 인수 처리, 모듈 경로 추가, 프로그램 종료 등의 작업을 할 수 있다.

```python
import sys

# 명령줄 인수 출력
print(sys.argv)

# 프로그램 강제 종료
sys.exit()
```

③ json 모듈: JSON 데이터 처리

json 모듈은 파이썬 객체를 JSON 형식으로 변환하거나, JSON 데이터를 파이썬 객체로 변환하는 기능을 제공한다.

```python
import json

# 파이썬 객체를 JSON 문자열로 변환
data = {"name": "Alice", "age": 30}
json_string = json.dumps(data)
print(json_string) # '{"name": "Alice", "age": 30}'

# JSON 문자열을 파이썬 객체로 변환
json_data = '{"name": "Bob", "age": 25}'
parsed_data = json.loads(json_data)
print(parsed_data) # {'name': 'Bob', 'age': 25}
```

④ time 모듈: 시간 관련 기능

time 모듈은 시간을 측정하거나, 프로그램을 일정 시간 동안 지연시키는 등의 기능을 제공한다.

```python
import time

# 현재 시간(초)을 반환
print(time.time()) # 1632893287.123456

# 프로그램을 2초 동안 지연
time.sleep(2)
```

5) 실생활 비유

표준 라이브러리 모듈은 일종의 멀티툴과 비슷하다. 한 개의 도구 안에 여러 기능이 들어있어, 필요할 때마다 다양한 작업을 쉽게 수행할 수 있게 해준다. math는 계산기를, random은 주사위나 무작위 선택 도구를, datetime은 달력과 시계를 사용하듯이, 표준 라이브러리는 특정 문제를 해결할 수 있는 도구들을 제공한다.

3 사용자 정의 모듈 작성하기

파이썬에서는 코드를 모듈로 분리하여 재사용할 수 있다. 모듈이란 함수, 클래스, 변수 등을 포함한 하나의 파이썬 파일로, 여러 프로그램에서 반복적으로 사용될 수 있다. 직접 모듈을 작성하면 복잡한 코드나 자주 사용하는 기능을 별도의 파일로 분리하여 재사용할 수 있다. 이를 통해 코드의 유지보수성과 가독성을 높일 수 있다.

1) 사용자 정의 모듈 작성하기

사용자 정의 모듈은 간단히 말해 하나의 .py 파일이다. 이 파일 안에는 필요한 함수나 클래스, 변수를 정의하고, 이를 다른 파일에서 사용할 수 있도록 만든다.

① 모듈 작성하기

모듈을 작성하려면 먼저 파이썬 파일을 하나 생성하고, 그 안에 함수나 클래스를 정의하면 된다. 예를 들어, mymodule.py라는 파일을 작성하고, 그 안에 간단한 함수 하나를 정의해 보겠다.

```python
# mymodule.py


def greeting(name):
    return f"안녕하시오, {name}님!"
```

위 코드는 greeting이라는 함수를 정의한 모듈이다. 이 모듈을 사용하면 인사말을 반환하는 함수를 호출할 수 있다.

② 모듈 불러오기

모듈을 작성한 후 다른 파이썬 파일에서 이를 불러와 사용할 수 있다. 이를 위해 import 문을 사용한다. 아래는 mymodule.py 모듈을 불러와 사용하는 예이다.

```python
# main.py

import mymodule

message = mymodule.greeting("홍길동")
print(message) # 안녕하시오, 홍길동님!
```

import mymodule 문을 통해 mymodule.py에 정의된 함수 greeting을 사용할 수 있다. 모듈 내 함수나 클래스는 모듈명.함수명 형식으로 호출한다.

2) from ... import 구문 사용하기

import 문을 사용하면 모듈 전체를 가져오지만, 특정 함수나 클래스만 가져오고 싶을 때는 from ... import 구문을 사용할 수 있다. 이 방식으로 코드를 더 간결하게 작성할 수 있다.

```python
# main.py

from mymodule import greeting

message = greeting("홍길동")
print(message) # 안녕하시오, 홍길동님!
```

이렇게 하면 mymodule이라는 모듈을 통해 함수나 클래스를 호출할 필요 없이, 바로 greeting 함수를 사용할 수 있다.

3) 모듈의 변수와 클래스 정의

모듈에는 함수뿐만 아니라, 변수나 클래스도 정의할 수 있다. 예를 들어, mymodule.py에 변수를 추가하고, 클래스를 정의해 보겠다.

python

```python
# mymodule.py

def greeting(name):
    return f"안녕하시오, {name}님!"


age = 30 # 변수 정의

class Person:
    def __init__(self, name, age):
        self.name = name
        self.age = age

    def introduce(self):
        return f"저는 {self.name}이고, 나이는 {self.age}살입니다."
```

""
이제 mymodule.py 모듈에는 함수, 변수, 클래스가 정의되었다. 이를 다른 파일에서 불러와 사용해 보겠다.
""

```python
# main.py

import mymodule

# 함수 사용
message = mymodule.greeting("홍길동")
print(message) # 안녕하시오, 홍길동님!

# 변수 사용
print(mymodule.age) # 30

# 클래스 사용
person = mymodule.Person("홍길동", 25)
print(person.introduce()) # 저는 홍길동이고, 나이는 25살입니다.
```

""
이처럼 모듈에는 함수, 변수, 클래스 등 다양한 요소를 정의할 수 있고, 이를 다른 파일에서 자유롭게 사용할 수 있다.
""

4) __name__ == "__main__" 사용하기

파이썬에서는 모듈이 직접 실행되었는지, 아니면 다른 파일에서 불러와졌는지를 구분할 수 있다. 이를 위해 __name__ == "__main__" 조건을 사용한다.

① __name__ 변수의 역할

모듈이 직접 실행되면 __name__ 변수는 "__main__"이 된다. 하지만 모듈이 다른 파일에 의해 불러와질 때는 __name__ 변수는 모듈의 이름을 가리킨다. 이를 통해 모듈이 독립적으로 실행될 때와 다른 파일에서 불러올 때의 동작을 다르게 설정할 수 있다.

예시

```python
# mymodule.py

def greeting(name):
    return f"안녕하시오, {name}님!"


if __name__ == "__main__":
    # 이 코드는 직접 실행될 때만 실행됨
    print(greeting("홍길동"))
"""
위 코드를 직접 실행하면 "안녕하시오, 홍길동님!"이 출력된다. 하지만 다른 파일에서 mymodule을 불러오면 이 코드는 실행되지 않는다.
"""
```

5) 모듈에 대한 실생활 비유

모듈은 일종의 도구 상자라고 할 수 있다. 도구 상자 안에는 다양한 도구(함수, 클래스, 변수)가 들어 있으며, 필요할 때마다 그 도구를 꺼내어 사용할 수 있다. 각 도구 상자는 독립적으로 사용될 수 있지만, 다른 도구 상자에서 필요한 도구를 가져와 사용할 수도 있다.

> **요약**
> – 모듈은 함수, 클래스, 변수를 포함한 하나의 파이썬 파일이며, 코드의 재사용성을 높이는 데 유용하다.
> – import 문을 사용하여 모듈을 불러와 사용할 수 있으며, from ... import 구문을 통해 특정 함수나 클래스만 가져올 수 있다.
> – 모듈에는 함수뿐만 아니라 변수와 클래스도 정의할 수 있다.
> – __name__ == "__main__" 조건을 사용하면 모듈이 직접 실행되었는지, 불러와졌는지 구분할 수 있다.
> – 사용자 정의 모듈을 잘 활용하면 코드의 중복을 줄이고 유지보수성을 크게 향상시킬 수 있다.

패키지는 여러 모듈을 하나의 디렉터리로 묶어 관리하는 방식으로, 규모가 큰 프로그램을 체계적으로 구성할 수 있도록 돕는 파이썬의 기능이다. 패키지를 사용하면 코드의 관리와 재사용이 쉬워지고, 네임스페이스를 구분할 수 있어 코드 충돌을 방지할 수 있다. 패키지는 모듈들의 모음집이라고 할 수 있다.

1) 패키지의 개념

패키지는 여러 개의 모듈을 포함하는 디렉터리(폴더)로, 각 모듈은 서로 다른 기능을 수행할 수 있다. 패키지를 사용하면 모듈들을 논리적으로 분리하고, 관련된 모듈들을 하나로 묶어 더욱 체계적으로 관리할 수 있다.

모듈	하나의 파이썬 파일 (.py)로, 함수나 클래스 등을 정의한 코드의 모음이다.
패키지	여러 모듈을 포함하는 디렉터리로, 관련된 모듈들을 하나로 묶어 관리하는 것이다.

패키지를 구성하려면 디렉터리 내에 각 모듈 파일들을 배치하고, __init__.py 파일을 포함해야 한다. __init__.py는 패키지를 초기화하는 파일로, 패키지 내에서 모듈을 불러올 때 이 파일이 실행된다. 파이썬 3.3부터는 __init__.py 파일 없이도 패키지를 만들 수 있지만, 여전히 명시적으로 작성하는 것이 권장된다.

① 패키지 구조 예시

다음과 같은 디렉터리 구조로 패키지를 구성할 수 있다.

```markdown
markdown


my_package/
    __init__.py
    module1.py
    module2.py
```

이 패키지에는 module1.py와 module2.py라는 두 개의 모듈이 포함되어 있다. __init__.py 파일은 패키지를 초기화하며, 패키지를 불러올 때 실행된다.

2) 패키지 사용법

① 패키지 생성하기

우선, 패키지를 만들기 위해 디렉터리를 생성하고, 그 안에 필요한 모듈 파일들을 작성하면
된다. 예를 들어, my_package라는 이름의 패키지를 생성하고 그 안에 두 개의 모듈을
작성해 보겠다.

my_package/module1.py

```python
def hello():

    return "안녕하시오, module1에서 왔습니다."
      · my_package/module2.py
python


def goodbye():
    return "안녕히 가세요, module2에서 왔습니다."
"""
패키지를 만들기 위해서는 __init__.py 파일을 만들어야 한다. 이 파일은 패키지가 초기화될 때 실행되며,
패키지를 정의하는 데 중요한 역할을 한다.
"""
```

my_package/__init__.py

```python
# 패키지를 초기화하는 코드
from .module1 import hello
from .module2 import goodbye
```

② 패키지 불러오기

이제 my_package 패키지를 다른 파이썬 파일에서 불러와 사용할 수 있다. 이를 위해
import 문을 사용한다.

```python
# main.py

import my_package

print(my_package.hello()) # 안녕하시오, module1에서 왔습니다.
print(my_package.goodbye()) # 안녕히 가세요, module2에서 왔습니다.

"""
위 코드는 my_package라는 패키지를 불러와 hello와 goodbye 함수를 호출하는 예시이다. __init__.py
파일에 정의된 함수들을 통해 패키지 내부에서 바로 함수에 접근할 수 있다.
"""
```

③ 패키지 내 모듈을 직접 불러오기

패키지의 특정 모듈을 불러와서 사용하는 방법도 있다. 이 방법을 사용하면 패키지 내 특정 모듈만 가져와서 사용할 수 있다.

```python
# main.py

from my_package import module1, module2

print(module1.hello()) # 안녕하시오, module1에서 왔습니다.
print(module2.goodbye()) # 안녕히 가세요, module2에서 왔습니다.
from my_package import module1처럼 특정 모듈만 가져와 사용하면, my_package.module1.hello()
대신 module1.hello()와 같이 간단히 사용할 수 있다.
```

3) 서브패키지 사용하기

패키지 내부에 또 다른 패키지를 포함하여 서브패키지를 만들 수 있다. 이를 통해 대규모 프로그램을 더욱 구조화하고 체계적으로 관리할 수 있다.

① 서브패키지 구조

서브패키지는 패키지 내부에 또 다른 패키지(디렉터리)를 생성하고, 그 안에 __init__.py와 모듈 파일들을 포함하면 된다. 예를 들어, 다음과 같은 패키지 구조를 만들 수 있다.

Chapter 10 / 모듈과 패키지

CHAPTER 10 모듈과 패키지 | 285

```markdown
markdown

my_package/
    __init__.py
    module1.py
    sub_package/
        __init__.py
        submodule1.py
my_package/sub_package/submodule1.py
```

```python
python

def greet_sub():
    return "안녕하시오, 서브패키지에서 왔습니다."
```

② 서브패키지 사용하기

서브패키지를 사용하려면 import 문을 사용해 서브패키지 내의 모듈을 불러오면 된다.

```python
python

# main.py

from my_package.sub_package import submodule1

print(submodule1.greet_sub()) # 안녕하시오, 서브패키지에서 왔습니다.

"""
이렇게 하면 서브패키지 내의 특정 모듈을 가져와 사용할 수 있으며, 패키지 구조를 더 체계적으로 나눌 수 있다.
"""
```

4) 상대 경로 임포트

패키지 내에서 다른 모듈을 참조할 때는 상대 경로 임포트를 사용할 수 있다. 상대 경로를 사용하면 패키지 구조에 따라 모듈을 쉽게 불러올 수 있다.

① 상대 경로 예시

다음과 같이 패키지 내에서 상대 경로로 모듈을 불러올 수 있다.

```python
# my_package/module1.py

from .module2 import goodbye # 현재 패키지에서 module2 불러오기

def hello_and_goodbye():
    return f"{goodbye()} 그리고 다시 만나요!"
```

(()))

이처럼 .을 사용해 현재 패키지 내에서 다른 모듈을 참조할 수 있다. 이를 통해 패키지 내 모듈 간의 의존성을 명확하게 표현할 수 있다.

(()))

5) 패키지의 실생활 비유

패키지는 책장에 비유할 수 있다. 책장은 여러 책(모듈)을 깔끔하게 정리할 수 있는 공간이다. 패키지를 사용하면 마치 책장에 책을 정리하듯이, 관련된 기능이나 코드를 모듈로 나누어 관리할 수 있다. 책장 속 책들처럼 패키지 내 모듈들은 독립적이면서도 서로 관련된 기능을 포함할 수 있다.

> **요약**
> - 패키지는 여러 모듈을 하나의 디렉터리로 묶어 관리하는 구조로, 코드의 관리와 재사용성을 높이는 역할을 한다.
> - __init__.py 파일은 패키지 초기화를 담당하며, 패키지를 불러올 때 실행된다.
> - 서브패키지를 사용하여 패키지 안에 또 다른 패키지를 포함할 수 있고, 이를 통해 프로그램을 더욱 체계적으로 구성할 수 있다.
> - 패키지 간의 모듈 참조에는 상대 경로 임포트를 사용할 수 있다.
> - 패키지를 활용하면 큰 프로젝트를 모듈화하고 논리적으로 분리하여 더 쉽게 관리할 수 있다.

5　pip를 이용한 외부 패키지 설치

파이썬에서는 기본적으로 많은 표준 라이브러리를 제공하지만, 추가적인 기능을 사용하고 싶을 때는 외부 패키지를 설치해야 할 때가 있다. 이때 사용하는 도구가 바로 pip다. pip는 파이썬 패키지 관리 시스템으로, 외부 패키지(라이브러리)를 쉽게 설치, 업데이트, 삭제할 수 있게 해준다.

1) pip의 개념

pip는 "Python Package Index"에서 제공하는 파이썬 패키지들을 쉽게 다운로드하고 설치할 수 있는 패키지 관리 도구이다. pip를 사용하면, 파이썬으로 작성된 외부 패키지를 간편하게 설치하여 관리할 수 있고, 이를 통해 복잡한 프로그램이나 프로젝트에서 필요한 라이브러리를 손쉽게 사용할 수 있다. pip는 파이썬이 설치될 때 자동으로 함께 설치되므로, 별도의 설치 과정이 필요 없다.

2) pip를 사용한 패키지 설치

외부 패키지를 설치하려면 명령어를 입력하여 pip를 실행하면 된다. 설치하려는 패키지의 이름을 지정하면, pip는 해당 패키지를 Python Package Index(PyPI)에서 다운로드하고 설치한다.

① 패키지 설치 명령어

기본적인 패키지 설치 명령어는 다음과 같다.

```bash
pip install 패키지이름
```

예시

예를 들어, requests라는 HTTP 요청을 보내는 데 자주 사용하는 패키지를 설치하고 싶다면, 다음과 같이 명령어를 입력한다.

```bash
pip install requests
```

이 명령어를 실행하면 requests 패키지가 PyPI에서 다운로드되어 시스템에 설치된다. 설치가 완료되면 requests 라이브러리를 파이썬 코드에서 바로 사용할 수 있다.

```python
python

import requests

response = requests.get('https://www.example.com')
print(response.text)
```

② 특정 버전의 패키지 설치

특정 버전의 패키지를 설치하고 싶다면, 패키지 이름 뒤에 버전을 명시할 수 있다.

```bash
bash

# pip install 패키지이름==버전번호
pip install requests==2.25.1
```

위 명령어는 requests 패키지의 버전 2.25.1을 설치한다. 특정 버전이 필요할 때는 이 방법으로 원하는 버전을 지정할 수 있다.

③ 최신 버전으로 업데이트

이미 설치된 패키지를 최신 버전으로 업데이트하려면 다음 명령어를 사용할 수 있다.

```bash
bash

# pip install --upgrade 패키지이름
pip install --upgrade requests
```

이 명령어는 현재 설치된 requests 패키지를 최신 버전으로 업데이트한다.

3) 설치된 패키지 확인

pip를 사용하여 시스템에 설치된 패키지 목록을 확인하려면 다음 명령어를 사용한다.

```bash
bash

pip list
```

이 명령어는 현재 설치된 모든 패키지와 그 버전 번호를 출력한다.

4) 패키지 삭제

더 이상 필요하지 않은 패키지를 삭제하려면 pip uninstall 명령어를 사용할 수 있다.

```bash
# pip uninstall 패키지이름

# 다음 명령어는 requests 패키지를 시스템에서 제거한다.
pip uninstall requests
```

5) 요구 사항 파일 사용하기

복잡한 프로젝트에서는 여러 패키지를 한 번에 설치해야 할 수 있다. 이를 쉽게 관리하기 위해 requirements.txt라는 파일을 사용할 수 있다. 이 파일은 프로젝트에서 필요한 패키지 목록을 작성한 텍스트 파일로, 한 번에 여러 패키지를 설치할 수 있게 도와준다.

① requirements.txt 파일 작성

프로젝트의 루트 디렉터리에 requirements.txt 파일을 생성하고, 필요한 패키지와 버전을 명시한다.

```text
requests==2.25.1
flask==1.1.2
numpy>=1.19.0
```

위와 같이 파일에 패키지 이름과 버전을 작성하면 된다.

② 요구 사항 파일로 패키지 설치

requirements.txt 파일에 정의된 모든 패키지를 한 번에 설치하려면 다음 명령어를 사용한다.

```bash
pip install -r requirements.txt
# 이 명령어는 requirements.txt 파일을 읽고, 파일에 명시된 패키지들을 모두 설치한다.
```

6) 가상 환경에서 pip 사용하기

파이썬 프로젝트를 작업할 때는 가상 환경을 사용하는 것이 좋다. 가상 환경은 프로젝트마다 독립적인 파이썬 환경을 제공하여, 서로 다른 프로젝트 간의 패키지 충돌을 방지할 수 있게 해준다.

① 가상 환경 생성

venv 모듈을 사용하여 가상 환경을 생성할 수 있다.

bash
```
python -m venv myenv
# 위 명령어는 myenv라는 이름의 가상 환경을 생성한다.
```

② 가상 환경 활성화

가상 환경을 활성화하려면, 시스템에 따라 다른 명령어를 사용한다.

ㄱ Windows

bash
```
myenv₩Scripts₩activate
```

ㄴ MacOS/Linux

bash
```
source myenv/bin/activate
```

가상 환경이 활성화되면, pip로 설치한 패키지는 가상 환경 내에서만 적용된다.

③ 가상 환경 비활성화

작업이 끝난 후 가상 환경을 비활성화하려면, 다음 명령어를 입력한다.

bash
```
deactivate
```

7) pip 관련 문제 해결

① 패키지 설치 실패

간혹 패키지 설치가 실패할 수 있는데, 이때는 설치하려는 패키지가 PyPI에 없는 경우일 수 있다. 패키지 이름이나 버전을 다시 확인하거나, 네트워크 문제를 점검해야 한다.

② pip 업데이트

pip 자체를 최신 버전으로 업데이트하려면, 다음 명령어를 사용한다.

bash
```
python -m pip install --upgrade pip
```

이 명령어는 pip를 최신 버전으로 업데이트해, 더 나은 기능과 안정성을 제공한다.

8) 실생활 비유

pip는 마치 온라인 쇼핑몰에서 상품(패키지)을 구매(설치)하는 것과 비슷하다. 필요한 상품을 검색해 바로 설치할 수 있고, 새로운 버전이 나오면 업데이트할 수 있다. 쇼핑몰의 장바구니처럼, 여러 상품을 한 번에 담아 구매할 수 있는 requirements.txt 파일을 통해 여러 패키지를 일괄 설치할 수도 있다.

> **요약**
> - pip는 파이썬 패키지를 설치하고 관리하는 데 사용하는 도구로, pip install 패키지명 명령어로 외부 패키지를 설치할 수 있다.
> - 특정 버전의 패키지를 설치하거나, 설치된 패키지를 최신 버전으로 업데이트할 수 있다.
> - requirements.txt 파일을 사용해 프로젝트에 필요한 여러 패키지를 한 번에 설치할 수 있다.
> - 가상 환경을 사용하면 프로젝트마다 독립적인 파이썬 환경을 제공해 패키지 충돌을 방지할 수 있다.
> - pip는 파이썬 개발 환경을 효율적으로 관리하는 필수 도구로, 외부 패키지를 쉽게 설치하고 관리할 수 있도록 해준다.

실습 예제 1 **사용자 정의 모듈 작성 및 사용하기**

1. 사용자 정의 모듈 작성

사용자 정의 모듈을 작성하여 간단한 인사말 함수와 더하기 함수를 구현해 보자. 먼저 greetings.py라는 이름의 파이썬 파일을 작성한다.

python

```python
# greetings.py
def greet(name):
    return f"Hello, {name}!"
def add(a, b):
    return a + b
```

위 코드에서는 greet 함수는 사용자의 이름을 받아 인사말을 반환하며, add 함수는 두 숫자를 더해 결과를 반환하는 간단한 함수이다.

2. 모듈을 불러와 사용하기

이제 다른 파일에서 이 모듈을 불러와 사용해 보자. main.py라는 파일을 작성한다.

python

```python
# main.py
import greetings # greetings 모듈을 import
# 모듈 내 함수 호출
print(greetings.greet("Alice")) # "Hello, Alice!"
print(greetings.add(3, 4)) # 7
```

위 예제에서는 greetings 모듈을 불러와 greet 함수와 add 함수를 호출한다.

패키지와 서브패키지 생성 및 사용하기

1. 패키지 구조 생성

이번에는 패키지와 서브패키지를 생성하여 관리해 보자. 먼저 다음과 같은 패키지 구조를 만든다.

```
my_package/
├── __init__.py
├── module1.py
└── sub_package/
    ├── __init__.py
    └── submodule1.py
```

2. 패키지 및 서브패키지에 함수 작성

module1.py와 submodule1.py에 간단한 함수를 작성한다.

python

```python
# my_package/module1.py
def hello():
    return "Hello from module1!"
```

python

```python
# my_package/sub_package/submodule1.py
def greet_sub():
    return "Hello from submodule1!"
```

3. 패키지를 불러와 사용하기

이제 main.py에서 패키지와 서브패키지를 불러와 사용해 보자.

python

```python
# main.py
from my_package import module1 # 패키지에서 module1 불러오기
from my_package.sub_package import submodule1 # 서브패키지에서 submodule1 불러오기
# 함수 호출
print(module1.hello()) # "Hello from module1!"
print(submodule1.greet_sub()) # "Hello from submodule1!"
```

위 예제에서는 my_package에서 module1을, sub_package에서 submodule1을 불러와 각
모듈의 함수를 호출한다.

> **요약**
> – 사용자 정의 모듈 실습에서는 greetings 모듈을 작성하고 다른 파일에서 불러와 사용하는 예제를 다루
>   었다.
> – 패키지와 서브패키지 실습에서는 my_package와 그 하위 서브패키지를 만들어 모듈을 불러와 사용하는
>   방법을 다루었다.

※ 정답 및 해설은 성안당 도서몰 [자료실]에서 제공합니다.

4지선다형 문제 (10문항)

01. 모듈을 사용하는 가장 큰 장점은 무엇인가?

① 코드 가독성 향상   ② 코드 재사용성 증가

③ 변수 선언 간소화   ④ 실행 속도 향상

02. 모듈에서 특정 함수만 가져올 때 사용하는 구문은?

① import 모듈   ② from 모듈 import 함수

③ import 함수   ④ from 함수 import 모듈

03. 모듈을 패키지로 묶을 때 필요한 특별한 파일은?

① main.py   ② __init__.py

③ module.py   ④ setup.py

04. 다음 중 math 모듈의 함수는?

① random()   ② sqrt()

③ strftime()   ④ time()

05. random 모듈에서 리스트의 요소를 섞는 함수는?

① random.shuffle()   ② random.sample()

③ random.choice()   ④ random.randint()

06. pip install requests 명령어의 역할은?

① requests 패키지를 삭제한다.

② requests 패키지를 업데이트한다.

③ requests 패키지를 설치한다.

④ requests 패키지의 버전을 확인한다.

07. 패키지의 서브패키지와 관련된 설명으로 적절한 것은?

① 서브패키지는 패키지 내에 모듈을 포함하는 특별한 모듈이다.

② 서브패키지는 패키지 내부의 또 다른 패키지로 구성될 수 있다.

③ 서브패키지는 항상 외부 패키지로 설치된다.

④ 서브패키지는 패키지와는 무관하게 독립적으로 작동한다.

08. datetime 모듈에서 현재 날짜와 시간을 얻는 함수는?

① datetime.now()

② time()

③ get_date()

④ current_time()

09. 다음 중 pip의 역할은 무엇인가?

① 패키지 삭제만 수행한다.

② 파이썬 인터프리터 실행 속도를 높인다.

③ 패키지 설치, 업데이트, 삭제 등을 관리한다.

④ 파이썬 버전을 변경한다.

10. from my_package import module1 명령어는 어떤 역할을 하는가?

① module1을 현재 파일로 복사한다.

② my_package 전체를 불러온다.

③ my_package 안의 module1만 불러온다.

④ module1의 모든 함수를 자동 실행한다.

01. 모듈 내 함수나 클래스를 호출할 때는 (   ).함수명 또는 (   ).클래스명 형태로 호출한다.

02. 모듈을 불러올 때 사용하는 키워드는 (   )이다.

03. from math import sqrt는 (   ) 모듈에서 (   ) 함수를 가져오는 명령어이다.

04. (   )는 여러 모듈을 묶어 관리할 수 있는 디렉터리 구조를 의미한다.

05. pip 명령어를 사용하여 패키지를 삭제하려면 (   ) 명령어를 사용한다.

06. 가상 환경을 생성하는 명령어는 python −m (   )이다.

07. (   ) 파일은 프로젝트의 모든 종속 패키지를 한 번에 설치할 수 있도록 도와준다.

08. 서브패키지를 불러올 때 사용되는 키워드는 (   )이다.

09. 패키지 내에서 다른 모듈을 참조할 때 사용하는 경로는 (   ) 경로라고 한다.

10. math 모듈의 (   ) 상수는 원주율인 π 값을 제공한다.

01. 모듈과 패키지의 차이점에 대해 설명하라.

02. pip의 역할과 장점에 대해 설명하라.

03. 가상 환경이 필요한 이유와 설정 방법에 대해 설명하라.

04. requirements.txt 파일의 역할과 사용 방법에 대해 설명하라.

05. __name__ == "__main__" 조건문의 역할에 대해 설명하라.

Chapter 11

예외 처리

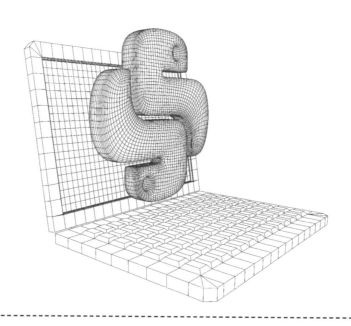

Chapter 11 예외 처리

프로그램 오류를 안전하게 다루기 위한 예외 처리의 개념을 배우고, try, except, finally 구문을 통해 예외 상황에서 프로그램의 안정성을 유지하며 사용자 정의 예외와 예외 발생 시점에 대한 이해를 높인다.

1 예외 처리의 중요성

① 파이썬에서 외부 패키지를 설치할 때 pip를 사용하는데, 이 과정에서 예외 처리를 적절히 활용하는 것이 매우 중요하다. 예외 처리(Exception Handling)는 코드 실행 중 발생할 수 있는 오류를 사전에 방지하고, 프로그램의 중단을 막아 안정성을 높여준다. 외부 패키지 설치 과정에서도 네트워크 오류, 호환성 문제, 설치 경로의 충돌 등 여러 가지 예기치 않은 문제가 발생할 수 있으므로, 이를 대비해 예외 처리를 올바르게 적용하는 것이 중요하다.

② 외부 패키지 설치 과정에서의 예외 처리 필요성 외부 패키지를 설치할 때 발생할 수 있는 오류는 다양하다. 예를 들어, 인터넷 연결 문제로 인해 패키지를 다운로드하지 못하거나, 설치 중 의존성 문제로 인한 충돌이 발생할 수 있다. 이러한 오류가 발생하면 프로그램이 중단될 수 있는데, 예외 처리를 통해 이런 상황을 적절히 처리하고 사용자에게 오류를 알리거나 다른 해결 방법을 제시할 수 있다.

③ 예외 처리의 기본 개념 예외 처리란 프로그램 실행 중 오류가 발생할 가능성이 있는 코드 블록을 감싸고, 오류가 발생했을 때 이를 처리하는 코드를 작성하는 것을 말한다. 파이썬에서 예외 처리는 try, except, finally 블록을 사용하여 구현할 수 있다.

예를 들어, 다음과 같은 코드로 외부 패키지 설치 과정을 관리할 수 있다.

```python
import subprocess

def install_package(package_name):
    try:
        # 패키지 설치 시도
```

```
        subprocess.check_call(["pip", "install", package_name])
        print(f"{package_name} 설치 완료.")
    except subprocess.CalledProcessError:
        # 설치 실패 시 예외 처리
        print(f"{package_name} 설치에 실패했습니다. 인터넷 연결을 확인하시오.")
    except Exception as e:
        # 기타 예상치 못한 오류 처리
        print(f"알 수 없는 오류가 발생했습니다: {e}")
    finally:
        print("패키지 설치 과정 종료.")


install_package("requests")
```

④ 외부 패키지 설치 시 발생할 수 있는 주요 예외 외부 패키지를 설치할 때, 발생할 수 있는 몇
  가지 예외는 다음과 같다.

- subprocess.CalledProcessError: 패키지 설치 명령어가 실패했을 때 발생하는
  예외이다. 주로 인터넷 연결 문제나 패키지 서버 문제로 인해 발생할 수 있다.

- ModuleNotFoundError: 설치된 패키지를 사용할 때, 해당 패키지를 찾지 못하면
  발생하는 예외이다. 설치가 올바르게 이루어지지 않으면 이 오류가 발생할 수 있다.

- ImportError: 모듈을 불러오는 중 의존성 문제가 발생했을 때 발생하는 예외이다.

  예를 들어, requests 패키지를 설치하려고 시도했지만, 인터넷 문제로 설치가 실패하는
  경우, 예외 처리로 이러한 문제를 감지하고 사용자에게 경고 메시지를 출력할 수 있다.

⑤ 패키지 설치 후 사용 시, 예외 처리 패키지를 설치한 후 해당 패키지를 사용하는 중에도
  문제가 발생할 수 있다. 예를 들어, 패키지가 설치는 되었지만, 의존성 충돌이나 버전 문제로
  인해 사용하지 못할 수 있다. 이때도 예외 처리를 통해 오류를 포착하고 해결책을 제시할 수
  있다.

python

```python
try:
    import requests
except ModuleNotFoundError:
    print("requests 패키지가 설치되지 않았습니다. 설치 후 다시 시도하시오.")
except ImportError as e:
    print(f"패키지 불러오기 중 문제가 발생했습니다: {e}")
```

⑥ 패키지 설치 자동화 시, 예외 처리 활용이 큰 프로젝트에서는 여러 패키지를 한꺼번에 설치해야 할 때가 있다. 이때도 예외 처리를 통해 설치 실패 시, 특정 패키지를 스킵하거나 문제를 해결할 수 있는 방법을 제시할 수 있다. 예를 들어 requirements.txt 파일을 사용해 여러 패키지를 설치할 때, 개별 패키지 설치가 실패하더라도 프로그램이 중단되지 않게 할 수 있다.

```python
def install_requirements(requirements_file):
    try:
        subprocess.check_call(["pip", "install", "-r", requirements_file])
        print("모든 패키지 설치 완료.")
    except subprocess.CalledProcessError:
        print("일부 패키지 설치에 실패했습니다. 로그를 확인하시오.")
    except Exception as e:
        print(f"오류 발생: {e}")


install_requirements("requirements.txt")
```

요약
- 안정성: 프로그램이 외부 패키지 설치 중 오류가 발생하더라도 중단되지 않고 안정적으로 동작하게 만든다.
- 유연성: 예외 처리로 다양한 오류 상황에 적절하게 대응할 수 있으며, 사용자에게 유용한 정보를 제공할 수 있다.
- 예측 가능성: 발생할 수 있는 여러 예외 상황을 미리 처리하여 프로그램 실행 흐름을 예측 가능하게 만들 수 있다.
- 외부 패키지 설치는 다양한 문제를 일으킬 수 있으며, 예외 처리를 통해 이러한 문제에 적절히 대응함으로써 프로그램의 안정성과 사용자 경험을 높일 수 있다. 패키지 설치 실패, 모듈 불러오기 문제, 의존성 충돌 등 다양한 오류 상황에 대비해 예외 처리를 설정하는 것이 매우 중요하다.

2 try, except, finally 블록

파이썬에서 예외 처리(Exception Handling)는 프로그램 실행 중 발생할 수 있는 오류를 미리 처리하고, 프로그램의 갑작스러운 중단을 방지하는 방법이다. 이때 사용하는 가장 대표적인 구조가 바로 try, except, finally 블록이다.

1) try 블록

try 블록은 오류가 발생할 가능성이 있는 코드를 작성하는 부분이다. 즉, 오류가 발생할 수 있는 코드를 감싸고, 오류가 발생하면 프로그램이 중단되지 않고 예외 처리로 넘어갈 수 있도록 한다. try 블록 내에서 오류가 발생하지 않으면 정상적으로 코드가 실행되지만, 오류가 발생하면 except 블록으로 넘어간다.

python

```python
try:
    x = 10 / 0 # ZeroDivisionError 발생
    print(x)
except ZeroDivisionError:
    print("0으로 나눌 수 없습니다.")
```

해설

try 블록 안에서 0으로 나누는 연산이 발생하여 ZeroDivisionError 예외가 발생한다. 예외가 발생하면 프로그램이 중단되지 않고 except 블록으로 넘어가서 오류 메시지를 출력한다.

2) except 블록

except 블록은 try 블록에서 발생한 오류(예외)를 처리하는 부분이다. try 블록 안에서 오류가 발생하면, 해당 오류를 except 블록에서 처리하고 프로그램이 종료되지 않도록 한다. 예외가 발생하지 않으면 except 블록은 실행되지 않는다.

– **특정 예외 처리:** 특정 오류만 처리하고 싶다면, except 뒤에 예외의 이름을 명시하면 된다.

python

```python
try:
    num = int(input("숫자를 입력하시오: "))
    result = 10 / num
    print(result)
except ValueError:
    print("유효한 숫자가 아닙니다.")
except ZeroDivisionError:
    print("0으로 나눌 수 없습니다.")
```

해설

이 코드는 사용자가 잘못된 값을 입력했을 때 ValueError, 0을 입력했을 때 ZeroDivision Error를 처리한다. 각각의 예외 상황에 맞게 다른 오류 메시지를 출력하도록 설정되었다.

- **모든 예외 처리:** 모든 예외를 처리하고 싶다면 except 뒤에 아무것도 명시하지 않거나, Exception을 명시할 수 있다.

```python
try:
    x = 10 / 0
except:
    print("예외가 발생했습니다.")
```

해설

이 경우 어떤 예외가 발생하든지, except 블록이 실행된다. 그러나 어떤 오류가 발생했는지 알 수 없으므로 디버깅이 어렵다.

- **예외 객체 받기:** except 블록에서 발생한 예외의 자세한 정보를 알고 싶다면, 예외 객체를 받아 처리할 수 있다.

```python
try:
    x = 10 / 0
except ZeroDivisionError as e:
    print(f"오류 발생: {e}")
```

해설

ZeroDivisionError가 발생했을 때, as e를 사용하여 예외 객체를 받아 그 오류 메시지를 출력할 수 있다.

3) finally 블록

finally 블록은 예외가 발생하든 발생하지 않든 상관없이 무조건 실행되는 코드 블록이다. 주로 파일이나 네트워크 연결을 닫거나, 리소스를 정리하는 등 반드시 실행해야 할 코드를 넣는 데 사용된다.

```python
try:
    file = open("example.txt", "r")
    data = file.read()
except FileNotFoundError:
    print("파일을 찾을 수 없습니다.")
```

```
finally:
    file.close()  # 파일을 닫는 작업은 반드시 수행됨
    print("파일을 닫았습니다.")
```

해설

파일을 여는 중 오류가 발생하더라도, finally 블록에서 파일을 닫는 코드는 반드시 실행된다. 이를 통해 자원을 적절하게 해제할 수 있으며, 오류가 발생해도 시스템 자원이 낭비되지 않게 처리할 수 있다.

4) else 블록

예외 처리에서 추가로 사용할 수 있는 블록은 else 블록이다. else 블록은 try 블록에서 예외가 발생하지 않았을 때만 실행되는 코드 블록이다. 즉, try 블록이 정상적으로 실행된 경우에만 실행된다.

python

```python
try:
    x = 10 / 2
except ZeroDivisionError:
    print("0으로 나눌 수 없습니다.")
else:
    print("정상적으로 실행되었다:", x)
finally:
    print("프로그램 종료")
```

해설

else 블록은 try 블록에서 예외가 발생하지 않은 경우에만 실행된다. 이 코드는 정상적으로 5.0을 출력한 후, finally 블록에서 프로그램이 종료되었음을 알린다.

5) try-except-finally 블록의 작동 순서

㉠ try 블록 실행: 먼저 try 블록이 실행된다.

㉡ 예외 발생 여부 확인: try 블록에서 예외가 발생했는지 확인한다.

㉢ 예외가 발생하면: 해당 예외를 처리하는 except 블록이 실행된다.

㉣ 예외가 발생하지 않으면: else 블록이 있을 경우, 그 블록이 실행된다.

㉤ finally 블록 실행: 예외 발생 여부와 상관없이 finally 블록은 항상 실행된다.

6) 실생활 비유

예외 처리는 자동차의 에어백 시스템에 비유할 수 있다. 평소에는 자동차가 정상적으로 달리지만, 사고가 발생했을 때 에어백이 터져 운전자를 보호하는 것처럼, 프로그램이 오류 없이 정상적으로 실행될 때는 예외 처리 블록이 실행되지 않는다. 그러나 사고(오류)가 발생하면, 프로그램이 중단되지 않도록 예외 처리 블록이 안전장치 역할을 한다. finally 블록은 사고 후에도 운전자가 반드시 해야 할 조치(예 엔진 정지)를 의미하며, 프로그램이 어떻게 종료되든 필요한 자원을 정리하는 역할을 한다.

> **요약**
> - try: 오류가 발생할 가능성이 있는 코드를 작성하는 블록이다.
> - except: try 블록에서 발생한 오류를 처리하는 블록이다. 특정 예외나 모든 예외를 처리할 수 있다.
> - finally: 예외 발생 여부와 상관없이 항상 실행되는 코드 블록이다. 주로 자원 해제나 정리 작업에 사용된다.
> - else: try 블록에서 예외가 발생하지 않은 경우에만 실행되는 코드 블록이다.
> - 이 구조를 잘 활용하면 프로그램이 더 안전하고, 오류 발생 시에도 중단되지 않고 정상적으로 처리될 수 있다.

3 여러 예외 처리하기

파이썬에서 프로그램을 작성할 때, 다양한 종류의 예외가 발생할 수 있다. 이 예외들은 각각 다르게 처리되어야 할 필요가 있으며, 이를 위해 여러 예외를 처리하는 방법이 중요하다. 여러 예외 처리하기는 프로그램을 더욱 견고하게 만들고, 특정 상황에 따라 적절한 오류 메시지나 대처 방안을 제공하는 데 사용된다.

1) 여러 예외 처리의 필요성

여러 예외를 처리하는 이유는 프로그램에서 발생할 수 있는 다양한 오류를 예상하고, 그에 맞는 적절한 대처를 하기 위함이다. 예를 들어, 파일을 열 때 파일이 존재하지 않을 수 있고, 데이터를 입력받을 때 숫자가 아닌 값을 입력할 수 있으며, 0으로 나누는 상황이 발생할 수도 있다. 이러한 다양한 예외 상황을 미리 처리해두면, 프로그램이 중단되지 않고 안전하게 실행될 수 있다.

2) 여러 예외 처리 방법

① 여러 except 블록 사용하기

각각의 예외를 별도로 처리하기 위해서는 여러 except 블록을 사용할 수 있다. 각 except 블록은 특정 예외를 처리하며, 첫 번째로 일치하는 예외 블록이 실행된다.

python

```python
try:
    x = int(input("숫자를 입력하시오: "))
    result = 10 / x
    print(result)
except ValueError:
    print("잘못된 입력입니다. 숫자를 입력하시오.")
except ZeroDivisionError:
    print("0으로 나눌 수 없습니다.")
```

해설

이 코드는 ValueError와 ZeroDivisionError를 각각 처리한다. 사용자가 잘못된 값을 입력하면 ValueError가 발생하고, 0을 입력하면 ZeroDivisionError가 발생하여 각각의 예외 블록이 실행된다.

② 하나의 except 블록에서 여러 예외 처리하기

여러 예외가 동일한 방식으로 처리되어야 하는 경우, 하나의 except 블록에서 여러 예외를 처리할 수 있다. 이를 위해 except 블록에서 예외들을 괄호로 묶어 나열한다.

python

```python
try:
    x = int(input("숫자를 입력하시오: "))
    result = 10 / x
except (ValueError, ZeroDivisionError) as e:
    print(f"오류 발생: {e}")
```

해설

이 코드에서는 ValueError와 ZeroDivisionError 두 가지 예외를 하나의 except 블록에서 처리한다. 두 예외가 발생하면 동일한 방식으로 오류 메시지를 출력한다.

③ 모든 예외 처리하기

때로는 특정 예외가 아닌, 모든 예외를 포괄적으로 처리해야 할 때가 있다. 이때 except 블록에서 아무것도 명시하지 않거나, Exception을 사용하여 모든 예외를 처리할 수 있다.

```python
try:
    x = int(input("숫자를 입력하시오: "))
    result = 10 / x
except Exception as e:
    print(f"예상치 못한 오류가 발생했습니다: {e}")
```

해설

Exception을 사용하면 모든 종류의 예외를 처리할 수 있다. 이 방식은 예외의 종류를 미리 알 수 없거나, 일반적으로 모든 예외를 처리하고자 할 때 유용하다. 하지만 특정 예외를 처리하지 못하게 되어, 디버깅이 어려워질 수 있으므로 남용을 피해야 한다.

④ 예외 처리의 순서

예외는 가장 구체적인 예외부터 처리되고, 이후 포괄적인 예외가 처리된다. 따라서 예외 처리 블록을 작성할 때, 더 구체적인 예외를 먼저 처리하고, Exception과 같은 포괄적인 예외는 나중에 처리하는 것이 중요하다. 그렇지 않으면 구체적인 예외가 처리되지 않고 포괄적인 예외 처리로 넘어가게 된다.

```python
try:
    x = int(input("숫자를 입력하시오: "))
    result = 10 / x
except ZeroDivisionError:
    print("0으로 나눌 수 없습니다.")
except Exception as e:
    print(f"예상치 못한 오류가 발생했습니다: {e}")
```

해설

이 코드에서는 먼저 ZeroDivisionError를 처리하고, 그 외의 모든 예외는 Exception으로 처리한다. 만약 ZeroDivisionError를 먼저 처리하지 않으면, 이 오류도 Exception에 의해 처리될 수 있다.

3) 예외 객체 사용하기

여러 예외를 처리할 때 예외 객체를 사용하면, 발생한 예외에 대한 자세한 정보를 얻을 수
있다. 예외 객체는 발생한 예외의 이름과 관련된 메시지를 포함하고 있으며, 이를 통해 오류를
더욱 구체적으로 처리할 수 있다.

python

```python
try:
    x = int(input("숫자를 입력하시오: "))
    result = 10 / x
except (ValueError, ZeroDivisionError) as e:
    print(f"오류 발생: {e}")
```

`해설`

as e를 사용하여 예외 객체를 받아오면, 해당 예외가 어떤 오류 메시지를 갖고 있는지 확인할
수 있다. 이를 통해 발생한 예외에 대한 추가적인 정보를 제공하거나, 로그로 남길 수 있다.

4) finally 블록과 함께 사용

여러 예외를 처리하면서도, 예외가 발생하든 발생하지 않든 반드시 실행되어야 하는 코드가
있을 수 있다. 이때 finally 블록을 함께 사용하면, 예외 발생 여부와 상관없이 특정 코드를
항상 실행할 수 있다.

python

```python
try:
    x = int(input("숫자를 입력하시오: "))
    result = 10 / x
except ValueError:
    print("숫자를 입력하시오.")
except ZeroDivisionError:
    print("0으로 나눌 수 없습니다.")
finally:
    print("프로그램이 종료되었다.")
```

`해설`

finally 블록은 예외 발생 여부와 상관없이 항상 실행된다. 이 예시는 파일을 닫거나 네트워크
연결을 종료하는 등 반드시 실행해야 하는 작업에 사용될 수 있다.

5) 실생활 비유

여러 예외 처리는 다양한 상황에 대비하는 것과 같다. 예를 들어, 자동차가 주행 중에 다양한 문제(엔진 문제, 타이어 펑크, 연료 부족 등)가 발생할 수 있다. 이때 각 문제에 맞는 해결책이 있어야 하며, 특정 문제(연료 부족)는 단순히 연료를 채우면 해결되지만, 심각한 문제(엔진 문제)가 발생했을 때는 수리점에 가야 할 수 있다. 여러 예외를 처리하는 것은 이러한 다양한 상황에 대비하는 방어적인 운전과 같다. 예기치 못한 상황에서도 프로그램이 중단되지 않도록 각 문제에 맞는 대응 방안을 준비해 두는 것이다.

> **요약**
> - 여러 except 블록: 각각의 예외를 개별적으로 처리할 수 있다.
> - 하나의 except 블록에서 여러 예외 처리: 동일한 방식으로 처리해야 할 여러 예외를 한 블록에서 처리할 수 있다.
> - 모든 예외 처리: Exception을 사용하여 모든 예외를 포괄적으로 처리할 수 있다.
> - 예외 처리의 순서: 예외는 구체적인 예외부터 처리되고, 포괄적인 예외는 나중에 처리해야 한다.
> - 예외 객체 사용: 발생한 예외에 대한 자세한 정보를 얻기 위해 예외 객체를 사용할 수 있다.
> - finally 블록과 함께 사용: 예외 발생 여부와 상관없이 항상 실행되어야 하는 코드를 처리할 수 있다.
> - 여러 예외를 처리하는 것은 프로그램의 안정성과 유연성을 높이는 중요한 기법이다. 다양한 예외 상황에 대비하여 적절한 처리를 준비함으로써, 프로그램이 예기치 않게 중단되는 상황을 방지하고, 사용자에게 더 나은 경험을 제공할 수 있다.

4 사용자 정의 예외

1) 사용자 정의 예외의 개념

파이썬에서 제공하는 기본 예외 클래스들(ValueError, ZeroDivisionError, FileNotFoundError 등)을 사용하면 대부분의 일반적인 오류를 처리할 수 있다. 그러나 때로는 특정 상황에 맞는 맞춤형 예외를 정의할 필요가 있다. 이를 위해 사용자 정의 예외를 만들 수 있다. 사용자 정의 예외는 기존의 예외 클래스를 상속받아 새로운 예외 클래스를 정의함으로써, 보다 구체적인 예외 상황을 처리할 수 있게 한다.

예를 들어, 금융 프로그램에서 특정한 계좌와 관련된 오류를 처리해야 할 때, AccountError와 같은 사용자 정의 예외를 만들어 사용할 수 있다. 이렇게 하면 예외 처리가 더 명확하고, 프로그램의 가독성과 유지보수성을 높일 수 있다.

2) 사용자 정의 예외 만들기

사용자 정의 예외는 파이썬의 Exception 클래스를 상속받아 정의한다. Exception 클래스는 모든 예외의 기본 클래스이므로, 사용자 정의 예외는 이를 상속받아 새로운 예외 클래스를 만들 수 있다.

㉠ 기본 사용자 정의 예외 클래스 작성

python

```python
class CustomError(Exception):
    pass
```

해설

CustomError라는 이름의 사용자 정의 예외를 만든다. 이 예외는 Exception 클래스를 상속받아 만들어졌으며, 별도의 처리 없이 기본적으로 파이썬의 예외 처리 메커니즘을 따르게 된다.

㉡ 예외 발생시키기

python

```python
class CustomError(Exception):
    pass


def check_value(value):
    if value < 0:
        raise CustomError("값이 0보다 작습니다.")


try:
    check_value(-1)
except CustomError as e:
print(f"사용자 정의 예외 발생: {e}")
```

해설

check_value 함수에서 값이 0보다 작으면 CustomError 예외를 발생시킨다. try 블록에서 이 예외가 발생하면 except 블록에서 잡아내어 메시지를 출력한다.

3) 사용자 정의 예외에 추가 정보 제공

사용자 정의 예외를 사용할 때는 예외 메시지뿐만 아니라, 예외에 관련된 추가적인 정보를 전달하는 것이 유용할 수 있다. 예외 클래스에서 __init__ 메서드를 정의하여 예외 객체에 추가 데이터를 넘겨줄 수 있다.

㉠ 사용자 정의 예외에 추가 정보 전달

```python
class InsufficientFundsError(Exception):
    def __init__(self, balance, amount):
        self.balance = balance
        self.amount = amount
            super().__init__(f"잔액 부족: 현재 잔액은 {self.balance}원이고, 요청한 금액은 {self.amount}원입니다.")

def withdraw(balance, amount):
    if amount > balance:
        raise InsufficientFundsError(balance, amount)
    return balance - amount

try:
    withdraw(1000, 1500)
except InsufficientFundsError as e:
    print(e)
```

> **해설**
>
> InsufficientFundsError는 Exception을 상속받아 생성된 사용자 정의 예외로, 현재 잔액과 요청 금액을 인수로 받아서 예외 메시지를 구성한다. withdraw 함수에서 잔액이 부족하면 이 예외를 발생시킨다. try 블록에서 예외가 발생하면 예외 메시지를 출력한다.

4) 사용자 정의 예외 클래스 계층 구조

파이썬에서는 예외 클래스들을 계층적으로 설계할 수 있다. 특정 범주에 맞는 예외들을 계층적으로 정의하면, 예외 처리가 더 구조적이고 명확해진다. 여러 개의 사용자 정의 예외를 만들 때, 공통 부모 예외 클래스를 정의하고 이를 상속받아 다양한 하위 예외들을 정의할 수 있다.

ⓒ 사용자 정의 예외 계층 구조

```python
class TransactionError(Exception):
    """거래와 관련된 기본 예외 클래스"""
    pass


class InsufficientFundsError(TransactionError):
    """잔액 부족 예외"""
    def __init__(self, balance, amount):
        self.balance = balance
        self.amount = amount
            super().__init__(f"잔액 부족: 현재 잔액 {self.balance}, 요청한 금액 {self.amount}")
class InvalidTransactionError(TransactionError):
    """유효하지 않은 거래 예외"""
    def __init__(self, message="유효하지 않은 거래입니다."):
        super().__init__(message)
```

해설

TransactionError는 거래와 관련된 모든 예외의 부모 클래스이며, InsufficientFunds Error와 InvalidTransactionError는 각각 잔액 부족과 유효하지 않은 거래에 대한 예외 클래스로 정의된다. 이처럼 사용자 정의 예외를 계층적으로 설계하면, 보다 구조적인 예외 처리 시스템을 구현할 수 있다.

5) 사용자 정의 예외와 함께 여러 예외 처리

사용자 정의 예외도 기본 예외와 마찬가지로 여러 예외와 함께 처리할 수 있다. 예외 계층 구조를 이용하여, 부모 예외로 모든 하위 예외를 포괄적으로 처리할 수도 있다.

```python
class TransactionError(Exception):
    pass


class InsufficientFundsError(TransactionError):
    pass


class InvalidTransactionError(TransactionError):
    pass
```

```
def process_transaction(balance, amount):
    if amount > balance:
        raise InsufficientFundsError("잔액이 부족하다.")
    if amount < 0:
        raise InvalidTransactionError("음수 금액은 유효하지 않습니다.")

try:
    process_transaction(1000, -500)
except InsufficientFundsError as e:
    print(f"잔액 부족 예외 처리: {e}")
except InvalidTransactionError as e:
    print(f"유효하지 않은 거래 예외 처리: {e}")
except TransactionError as e:
    print(f"일반 거래 오류 처리: {e}")
```

해설

이 예시는 TransactionError를 상속받은 두 개의 예외를 정의하고, 각 예외를 try-except 블록에서 개별적으로 처리하는 방식이다. 부모 예외인 TransactionError를 사용하여 모든 거래 관련 오류를 포괄적으로 처리할 수 있다.

6) 실생활 비유

사용자 정의 예외는 특정 상황에 맞는 맞춤형 오류 처리 방식과 같다. 예를 들어, 은행에서 ATM을 사용하는 동안 발생할 수 있는 오류는 여러 가지가 있을 수 있다. 잔액 부족, 잘못된 핀 입력, 카드의 유효기간 만료 등 각 상황에 따라 서로 다른 오류 메시지와 해결책을 제공해야 한다. 이처럼 사용자 정의 예외를 사용하면 특정 문제에 맞게 예외를 처리하고, 사용자에게 적절한 정보를 제공할 수 있다.

요약

- 사용자 정의 예외는 Exception 클래스를 상속받아 만들어지며, 프로그램에서 발생하는 특정한 오류 상황을 처리하기 위해 사용된다.
- 추가 정보 전달: 예외 객체에 추가적인 데이터를 넘겨주어 예외가 발생한 구체적인 상황을 알 수 있게 할 수 있다.
- 예외 계층 구조: 예외 클래스를 계층적으로 설계하여 구조적이고 일관된 예외 처리가 가능하다.
- 실생활 비유: 사용자 정의 예외는 은행에서 발생하는 다양한 오류 상황에 맞춘 맞춤형 예외 처리와 같으며, 각 오류 상황에 맞는 해결책을 제공할 수 있다.
- 사용자 정의 예외를 잘 활용하면, 프로그램의 예외 처리가 더욱 명확해지고 특정 상황에 맞는 오류 처리를 할 수 있어, 코드의 가독성과 유지보수성을 크게 높일 수 있다.

1) 예외 발생시키기의 개념

raise는 파이썬에서 예외를 강제로 발생시키는 데 사용하는 키워드이다. 프로그램 실행 중에 특정 조건이 만족되면, 개발자가 원하는 시점에 명시적으로 예외를 발생시켜 에러 상황을 처리할 수 있도록 한다. 예외를 발생시키는 것은 예상되는 문제나 오류가 발생했을 때, 적절한 예외 처리를 통해 프로그램이 비정상적으로 종료되지 않도록 도와준다.

일반적으로 파이썬에서 오류가 발생하면 시스템이 자동으로 예외를 발생시킨다. 하지만 raise를 사용하면 개발자가 직접 특정 조건에 따라 예외를 발생시킬 수 있으며, 이를 통해 프로그램의 흐름을 제어하거나 예상치 못한 상황에 대한 경고를 할 수 있다.

2) raise 문법

파이썬에서 raise는 특정 예외 클래스를 인수로 받아 예외를 발생시킨다. 파이썬 내장 예외 클래스(ValueError, TypeError, ZeroDivisionError 등)를 사용하거나, 사용자 정의 예외를 발생시킬 수 있다.

㉠ 기본 구문

```python
# raise 예외클래스( 예외 메시지)
"""
예를 들어, 프로그램에서 음수를 입력받으면 오류를 발생시키고 싶을 때, raise를 사용하여 예외를 발생시킬 수 있다.
"""

def check_positive(number):
    if number < 0:
        raise ValueError("음수는 입력할 수 없습니다.")

check_positive(-10)
```

해설

check_positive 함수에서 입력된 숫자가 음수이면 ValueError 예외를 발생시킨다. 이 경우 예외 메시지로 "음수는 입력할 수 없습니다."가 출력된다. 프로그램은 이 예외를 만나면 바로 예외 처리로 넘어가게 된다.

3) 사용자 정의 예외 발생시키기

raise는 사용자 정의 예외도 발생시킬 수 있다. 이를 통해 특정한 상황에 맞는 예외를 처리하고, 오류 메시지를 보다 명확하게 전달할 수 있다.

㉠ 사용자 정의 예외 발생 예시

```python
class NegativeNumberError(Exception):
    def __init__(self, value):
        self.value = value
        super().__init__(f"잘못된 입력: {value}는 음수입니다.")


def check_positive(number):
    if number < 0:
        raise NegativeNumberError(number)


try:
    check_positive(-5)
except NegativeNumberError as e:
    print(e)
```

> **해설**
>
> NegativeNumberError라는 사용자 정의 예외를 만들고, 음수가 입력되었을 때 이 예외를 발생시킨다. 예외 메시지에는 입력된 음수 값이 포함되며, try-except 블록에서 이를 잡아내어 예외 메시지를 출력한다.

4) 예외 전달하기

때로는 발생한 예외를 다른 예외로 변환하거나, 예외를 처리한 후에도 상위 코드에 예외를 다시 전달하고 싶을 수 있다. 이때 raise 키워드를 다시 사용하여 예외를 재발생시킬 수 있다.

㉠ 예외 전달 예시

```python
def divide(a, b):
    try:
        return a / b
    except ZeroDivisionError:
        print("0으로 나눌 수 없습니다.")
        raise # 예외를 다시 발생시킴
```

```
try:
    divide(10, 0)
except ZeroDivisionError as e:
    print(f"예외 처리됨: {e}")
```

> **해설**

divide 함수에서 ZeroDivisionError 예외를 처리한 후, 다시 예외를 발생시켜 상위 코드에서 예외를 처리하게 한다. raise 키워드를 단독으로 사용하면, 마지막에 발생한 예외를 재발생시킨다.

5) 특정 조건에 따른 예외 발생

raise는 특정 조건을 만족할 때만 예외를 발생시키는 데 사용될 수 있다. 이는 프로그램의 논리적인 오류를 미리 검증하거나, 잘못된 데이터를 입력받았을 때 오류를 처리하는 데 유용하다.

㉠ 특정 조건에서 예외 발생 예시

python

```python
def withdraw(balance, amount):
    if amount > balance:
        raise ValueError("잔액이 부족하다.")
    return balance - amount

try:
    withdraw(1000, 1500)
except ValueError as e:
    print(f"오류 발생: {e}")
```

> **해설**

출금액이 잔액보다 많을 경우 ValueError 예외가 발생한다. 이 예외는 try-except 블록에서 잡아내어 예외 메시지를 출력한다. 특정 조건에서 예외를 발생시켜 프로그램이 예상치 못한 상황에서 동작하지 않도록 제어할 수 있다.

6) 실생활 비유

raise는 실생활에서 경고 시스템과 비슷하다. 예를 들어, 자동차가 일정 속도를 초과하면 경고등이 켜지거나 알람이 울리는 것처럼, raise를 사용하여 프로그램에서 특정 조건이 충족되면 문제가 있음을 경고하고 예외 처리를 하게 만든다. 이렇게 경고를 통해 문제를 미리 감지하고 처리할 수 있다.

7) raise와 함께 try-except 사용하기

raise는 종종 try-except 블록과 함께 사용되어, 특정 오류가 발생했을 때 프로그램의 흐름을 제어할 수 있다. try 블록에서 예외가 발생하면 이를 except 블록에서 처리하거나, 예외를 다시 발생시켜 상위 코드에서 처리할 수 있다.

```python
def process_file(filename):
    try:
        with open(filename, 'r') as file:
            return file.read()
    except FileNotFoundError:
        raise FileNotFoundError(f"{filename} 파일을 찾을 수 없습니다.")


try:
    process_file("non_existent_file.txt")
except FileNotFoundError as e:
    print(f"오류: {e}")
```

해설

파일을 열 때 파일이 없으면 FileNotFoundError 예외를 발생시킨다. 이 예외는 try-except 블록에서 처리되며, 예외 메시지를 출력한다. 파일이 존재하지 않는 상황에서 미리 예외를 발생시켜 오류 상황을 처리할 수 있다.

> **요약**
> - raise 키워드는 파이썬에서 예외를 명시적으로 발생시키는 데 사용된다.
> - 사용자 정의 예외를 만들고, 이를 raise로 발생시켜 특정 오류 상황을 더 명확하게 처리할 수 있다.
> - 예외를 재발생시킬 수 있으며, 상위 코드에서 다시 예외를 처리하게 할 수 있다.
> - 특정 조건에 따라 예외를 발생시켜, 오류 상황을 미리 감지하고 처리할 수 있다.
> - 실생활 비유: raise는 자동차의 경고등처럼 특정 조건에서 문제가 있을 때 경고하고 문제를 해결하도록 돕는다.
> - raise를 적절히 활용하면 프로그램에서 예상치 못한 오류를 미리 처리하고, 보다 안정적인 프로그램 흐름을 유지할 수 있다.

실습 예제 1 사용자 정의 예외를 사용한 출금 처리

사용자 정의 예외를 만들고, 출금액이 잔액을 초과하는 경우 예외를 발생시킨 후 처리하는 방법을 실습한다.

1. 사용자 정의 예외 작성 및 발생시키기

먼저, 잔액이 부족할 때 발생하는 사용자 정의 예외 InsufficientFundsError를 작성한다.

```python
# 사용자 정의 예외 클래스
class InsufficientFundsError(Exception):
    def __init__(self, balance, amount):
        self.balance = balance
        self.amount = amount
        super().__init__(f"잔액 부족: 현재 잔액 {self.balance}원, 요청한 금액 {self.amount}원")
# 출금 처리 함수
def withdraw(balance, amount):
    if amount > balance:
        raise InsufficientFundsError(balance, amount)
    return balance - amount
# 출금 시도
try:
    balance = 1000
    withdraw(balance, 1500)
except InsufficientFundsError as e:
    print(e)
```

2. 예외를 발생시키고 처리하기

출금액이 잔액보다 많을 경우 InsufficientFundsError가 발생하고, try-except 블록에서 이 예외를 처리한다.

특정 조건에 따라 예외 발생시키기

목표

특정 조건(숫자가 음수일 때)에 맞춰 ValueError 예외를 발생시키고, 이를 처리하는 코드를 작성한다.

```python
python

# 음수 입력 시 예외 발생 함수
def check_positive(number):
    if number < 0:
        raise ValueError("음수는 입력할 수 없습니다.")
    return number
# 예외 처리 코드
try:
    num = int(input("숫자를 입력하시오: "))
    check_positive(num)
    print(f"입력한 숫자는 {num}입니다.")
except ValueError as e:
    print(f"오류 발생: {e}")
```

2. 예외 발생 조건

입력한 값이 음수이면 ValueError 예외를 발생시키고, try-except 블록에서 예외를 처리하여 오류 메시지를 출력한다.

> **요약**
> – 실습 예제 1은 사용자 정의 예외를 통해 잔액 부족 상황을 처리하는 방법을 다룬다.
> – 실습 예제 2는 음수 입력 시 ValueError 예외를 발생시키고, 이를 처리하는 방법을 보여준다.

4지선다형 문제 (10문항)

01. 파이썬에서 예외를 강제로 발생시키는 키워드는 무엇인가?

① try   ② except

③ raise   ④ finally

02. 다음 중 예외 처리를 위해 반드시 포함되어야 하는 블록은?

① try   ② except

③ finally   ④ else

03. 다음 코드의 출력 결과로 알맞은 것은?

```python
# python
try:
    x = 10 / 0
except ZeroDivisionError:
    print("0으로 나눌 수 없습니다.")
```

① 프로그램이 오류로 종료된다.
② "0으로 나눌 수 없습니다."가 출력된다.
③ 예외가 발생하지 않는다.
④ else 블록이 실행된다.

04. 여러 예외를 하나의 except 블록에서 처리하려면 어떻게 처리해야 하는가?

① except (ValueError, ZeroDivisionError):

② except ValueError or ZeroDivisionError:

③ except ValueError, ZeroDivisionError:

④ except ValueError | ZeroDivisionError:

05. finally 블록의 주요 용도는 무엇인가?

① 예외 발생 시 프로그램을 종료하기 위해

② 예외가 발생하지 않을 때만 실행하기 위해

③ 예외 발생 여부와 상관없이 반드시 실행되는 코드를 작성하기 위해

④ 예외가 발생하지 않도록 미리 방지하기 위해

06. 사용자 정의 예외 클래스를 생성할 때 상속받는 기본 클래스는 무엇인가?

① ValueError

② ZeroDivisionError

③ Exception

④ RuntimeError

07. 다음 중 raise 키워드에 대한 설명으로 틀린 것은?

① raise는 예외를 강제로 발생시킬 수 있다.

② raise는 기본 예외만 발생시킬 수 있다.

③ raise는 사용자 정의 예외도 발생시킬 수 있다.

④ raise는 특정 조건에서 예외를 발생시킬 수 있다.

08. 다음 코드에서 발생하는 예외는 무엇인가?

```python
# python
    try:
        raise ValueError("잘못된 값입니다.")
    except ValueError as e:
        print(e)
```

① TypeError   ② ValueError

③ ZeroDivisionError   ④ ImportError

09. 예외를 처리한 후에도 예외를 다시 발생시키고 싶을 때 사용하는 키워드는 무엇인가?

① try   ② except

③ raise   ④ continue

10. 다음 코드에서 무엇이 실행되는가?

```python
# python
try:
    file = open("nonexistent.txt", "r")
except FileNotFoundError:
    print("파일을 찾을 수 없습니다.")
finally:
    print("리소스를 정리한다.")
```

① 파일을 찾지 못하고 종료된다.

② 파일을 찾지 못하지만 "리소스를 정리한다."가 출력된다.

③ 아무 메시지도 출력되지 않는다.

④ 파일을 열고 내용을 출력한다.

01. 파이썬에서 발생한 예외를 처리하는 데 사용되는 두 가지 키워드는 (   )와 (   )이다.

02. 예외가 발생하든 발생하지 않든 상관없이 반드시 실행되는 코드를 포함하는 블록은 (   )이다.

03. raise 키워드를 사용하여 (   )를 발생시킬 수 있다.

04. 사용자 정의 예외는 (   ) 클래스를 상속받아 만들어진다.

05. ZeroDivisionError는 (   )으로 나누었을 때 발생하는 예외이다.

06. try-except-finally 구조에서 예외가 발생하지 않으면 (   ) 블록이 실행된다.

07. 여러 예외를 하나의 except 블록에서 처리하려면 예외들을 (   )로 묶어준다.

08. (   ) 블록은 예외가 발생하지 않았을 때 실행되는 추가적인 코드 블록이다.

09. 예외 객체의 메시지를 얻기 위해 예외 처리에서 (   ) 키워드를 사용하여 예외를 객체로 받을 수 있다.

10. 패키지를 설치하는 중 문제가 발생했을 때, 예외를 포착하여 오류 메시지를 출력하는 블록은 (   )이다.

01. 파이썬에서 raise 키워드의 역할에 대해 설명하시오.

02. 사용자 정의 예외를 만들 때의 장점과 그 사용법을 예시와 함께 설명하시오.

03. 여러 예외를 처리하는 방법 중 하나로, 예외 처리의 순서가 중요한 이유에 대해 설명하시오.

04. finally 블록이 중요한 이유와 그것이 주로 사용되는 상황을 설명하시오.

05. 파이썬에서 예외가 발생했을 때 프로그램이 종료되지 않고 계속해서 실행되도록 하는 방법을 설명하시오.

종합 프로젝트 I

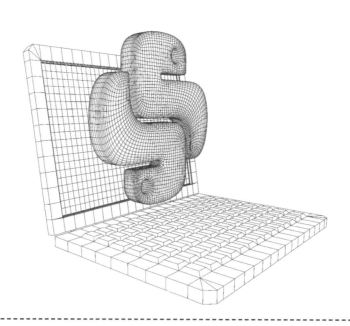

Chapter 12 종합 프로젝트 I

Python의 기초 개념을 종합적으로 활용하여 텍스트 기반 게임(숫자 맞추기)과 계산기 프로그램을 만들어 보고, 이를 통해 문제 해결 능력과 프로그램의 완성도를 높이는 경험을 쌓는다.

1 종합 프로젝트 개요

종합 프로젝트는 특정 주제나 목표를 가지고 다양한 기술과 개념을 종합적으로 활용하여 완성도 높은 결과물을 만드는 과정이다. 주로 학습 과정의 마지막 단계에서 배운 내용을 통합하여 실제 문제를 해결하는 데 활용하는 것을 목적으로 한다. 종합 프로젝트는 이론 학습의 응용뿐만 아니라, 문제 해결 능력, 창의성, 협업 능력 등을 종합적으로 평가할 수 있는 중요한 활동이다.

1) 프로젝트의 목적

ㄱ **학습한 지식의 통합:** 그동안 배운 이론, 기술, 방법론 등을 한 프로젝트 내에서 종합적으로 적용함으로써 학습한 내용을 실제 문제 해결에 적용할 수 있는 능력을 기른다.

ㄴ **문제 해결 능력 강화:** 복잡한 문제를 분석하고, 이를 해결하기 위한 창의적인 해결책을 제시하는 능력을 향상시킨다.

ㄷ **실제 경험 습득:** 학습 과정을 통해 얻은 지식을 실질적으로 사용할 수 있는 프로젝트를 통해 실무적인 경험을 쌓는다.

ㄹ **협업 및 소통 능력 배양:** 팀 프로젝트의 경우, 다른 팀원과의 협업과 소통을 통해 프로젝트를 성공적으로 수행하는 능력을 기른다.

2) 프로젝트의 구성 요소

종합 프로젝트는 여러 단계를 거쳐 완성되며, 각 단계에서 중요한 구성 요소들이 있다.

ㄱ **주제 선정:** 프로젝트의 첫 단계는 해결하고자 하는 문제 또는 주제를 정하는 것이다. 이 주제는 특정 문제 해결, 시스템 개발, 서비스 제공 등 다양한 형태일 수 있다.

ⓛ **기획 및 계획 수립:** 주제를 선정한 후, 구체적인 목표와 해결 방안을 기획하고, 프로젝트 일정 및 역할 분담을 포함한 계획을 세운다.

ⓒ **연구 및 분석:** 주제를 더 깊이 이해하기 위해 필요한 자료를 조사하고, 문제를 분석하는 과정을 거친다. 이 과정에서는 요구 사항 분석, 시스템 설계 등이 포함될 수 있다.

ⓡ **설계 및 개발:** 프로젝트의 구조와 기능을 설계하고 실제 개발을 시작한다. 소프트웨어 프로젝트의 경우, 데이터베이스 설계, 알고리즘 개발, 인터페이스 설계 등이 포함된다.

ⓜ **테스트 및 개선:** 개발된 결과물을 테스트하여 오류나 개선할 부분을 찾아내고, 이를 보완하는 과정을 거친다.

ⓗ **최종 보고서 및 발표:** 프로젝트의 결과물을 정리하여 문서화하고, 이를 바탕으로 발표를 통해 성과를 공유한다.

3) 프로젝트 유형

종합 프로젝트의 유형은 매우 다양하며, 프로젝트의 성격과 주제에 따라 다음과 같은 형태로 진행될 수 있다.

ⓖ **소프트웨어 개발 프로젝트:** 특정 시스템, 애플리케이션, 웹사이트 등을 개발하는 프로젝트로, 프로그램 설계, 구현, 테스트, 배포 과정이 포함된다.

ⓛ **데이터 분석 프로젝트:** 주어진 데이터셋을 분석하여 통찰을 도출하거나, 데이터 기반 의사 결정을 위한 모델을 개발하는 프로젝트이다.

ⓒ **연구 프로젝트:** 특정 기술이나 이론을 심층적으로 연구하고, 이를 실험 또는 시뮬레이션을 통해 검증하는 형태의 프로젝트이다.

ⓡ **제품 또는 서비스 개발 프로젝트:** 실제 제품이나 서비스를 설계하고, 프로토타입을 만들어 그 기능을 테스트하는 프로젝트이다.

4) 프로젝트 진행 방식

프로젝트는 개별적으로 진행할 수도 있고, 팀 단위로 수행할 수도 있다. 팀 프로젝트의 경우 각 팀원이 역할을 분담하여 협업하는 방식으로 진행되며, 주로 다음과 같은 과정으로 이루어진다.

ⓖ **역할 분담:** 팀원 간의 전문성과 역량을 고려하여 각자의 역할을 나눈다. 예를 들어, 기획, 설계, 개발, 테스트 등의 역할을 담당한다.

ⓛ **주기적인 회의 및 피드백:** 프로젝트 진행 중 팀원 간의 소통을 원활하게 하기 위해 정기적인 회의를 통해 현재 진행 상황을 공유하고, 피드백을 주고받는다.

ⓒ **문제 해결:** 프로젝트 진행 중 예상치 못한 문제가 발생할 수 있으며, 이를 해결하기 위해 팀원 간의 협력과 창의적인 아이디어가 필요하다.

5) 평가 기준

종합 프로젝트는 여러 기준을 바탕으로 평가되며, 주로 다음과 같은 요소들이 평가 대상이 된다.

- ㉠ **문제 해결 능력:** 주어진 문제에 대해 얼마나 적절한 해결책을 제시하고 실행했는가.
- ㉡ **기술적 완성도:** 프로젝트에서 사용된 기술의 수준과 이를 얼마나 효과적으로 적용했는가.
- ㉢ **창의성:** 해결 방법이 얼마나 창의적이고 독창적인가.
- ㉣ **협업 능력:** 팀 프로젝트의 경우, 팀원 간의 협력과 의사소통이 원활하게 이루어졌는가.
- ㉤ **결과물의 품질:** 최종 결과물이 얼마나 완성도 있고, 사용자에게 유용한지를 평가한다.
- ㉥ **발표 및 문서화:** 프로젝트의 결과를 효과적으로 발표하고, 이를 잘 문서화했는가.

6) 프로젝트 수행 시 유의 사항

- ㉠ **시간 관리:** 프로젝트는 제한된 시간 내에 완료되어야 하므로, 일정을 관리하고 중요한 작업을 우선적으로 처리해야 한다.
- ㉡ **문서화:** 진행 과정과 결과물을 문서로 잘 기록해 두는 것이 중요하다. 이는 최종 평가뿐만 아니라 이후 프로젝트를 참고할 수 있는 중요한 자료가 된다.
- ㉢ **리스크 관리:** 프로젝트 도중 예상치 못한 문제나 장애가 발생할 수 있으므로, 이를 미리 예측하고 대처 방안을 마련해 두는 것이 필요하다.

7) 결론

종합 프로젝트는 학습의 마무리 과정에서 자신의 역량을 확인하고, 실전에서 사용할 수 있는 기술과 경험을 쌓는 중요한 기회이다. 이 과정을 통해 복잡한 문제를 해결하는 능력을 기르고, 협업과 의사소통 능력을 강화하며, 실제 프로젝트에서 겪을 수 있는 다양한 상황을 경험할 수 있다.

2 프로젝트 1 - 텍스트 기반 게임 만들기(숫자 맞추기 게임)

숫자 맞추기 게임은 간단하면서도 재미있는 게임으로, 컴퓨터가 임의로 생성한 숫자를 플레이어가 맞추는 것을 목표로 한다. 이 프로젝트에서는 파이썬의 기본 문법과 제어문, 함수, 예외 처리 등을 활용하여 텍스트 기반의 숫자 맞추기 게임을 만들 것이다.

1) 프로젝트 개요

숫자 맞추기 게임은 다음과 같은 방식으로 진행된다.

㉠ 컴퓨터가 1에서 100 사이의 무작위 숫자를 생성한다.

㉡ 플레이어는 그 숫자를 맞추기 위해 추측을 입력한다.

㉢ 컴퓨터는 플레이어가 추측한 숫자에 대해 "너무 높습니다", "너무 낮습니다"라는 힌트를 준다.

㉣ 플레이어가 숫자를 맞출 때까지 게임은 계속 진행된다.

㉤ 플레이어가 정답을 맞추면, 시도 횟수를 알려주고 게임을 종료한다.

2) 기능 요구사항

㉠ **무작위 숫자 생성:** 컴퓨터는 1에서 100 사이의 무작위 숫자를 생성해야 한다.

㉡ **사용자 입력 받기:** 플레이어는 숫자를 추측할 수 있어야 한다.

㉢ **힌트 제공:** 컴퓨터는 플레이어가 추측한 숫자가 정답보다 높은지 낮은지 알려준다.

㉣ **정답 확인:** 플레이어가 정답을 맞추면, 축하 메시지와 함께 시도 횟수를 출력해야 한다.

㉤ **시작 옵션:** 게임 종료 후, 플레이어가 게임을 다시 시작할 수 있는 옵션을 제공한다.

3) 구현 세부 사항

① 필요한 라이브러리

이 프로젝트는 파이썬의 기본 라이브러리인 random을 사용할 것이다. random 모듈은 무작위 숫자를 생성하는 데 사용된다.

```python
import random
```

② 게임 로직

㉠ **무작위 숫자 생성:** random.randint(1, 100)을 사용하여 1에서 100 사이의 무작위 숫자를 생성한다.

㉡ **사용자 입력 받기:** input() 함수를 사용하여 플레이어의 입력을 받는다. 이때, 입력받은 값은 정수로 변환해야 하므로 int()로 감싸준다.

㉢ **힌트 제공:** 플레이어가 추측한 숫자가 정답보다 높은지 낮은지 판단하여 출력한다.

㉣ **게임 반복:** 플레이어가 정답을 맞출 때까지 게임은 반복된다. 정답을 맞추면 시도 횟수를 출력하고 게임을 종료하거나 재시작 옵션을 제공한다.

③ 코드 예시

python

```python
import random

def play_game():
    print("숫자 맞추기 게임에 오신 것을 환영한다!")
    target_number = random.randint(1, 100) # 1에서 100 사이의 무작위 숫자 생성
    attempts = 0 # 시도 횟수

while True:
        try:
            guess = int(input("1부터 100 사이의 숫자를 추측하시오: ")) # 플레이어의 추측 입력
            attempts += 1 # 시도 횟수 증가

            if guess < 1 or guess > 100:
                print("1에서 100 사이의 숫자를 입력하시오.")
                continue

            if guess < target_number:
                print("너무 낮습니다. 다시 시도하시오.")
            elif guess > target_number:
                print("너무 높습니다. 다시 시도하시오.")
            else:
                print(f"정답입니다! {attempts}번 만에 맞췄습니다.")
                break
        except ValueError:
            print("숫자를 입력하시오.")

return attempts

def main():
    while True:
        play_game()
        retry = input("다시 하시겠습니까? (y/n): ").lower()
        if retry != 'y':
            print("게임을 종료합니다. 감사합니다!")
            break

if __name__ == "__main__":
    main()
```

4) 구현 설명

① 무작위 숫자 생성

random.randint(1, 100) 함수를 사용하여 1에서 100 사이의 숫자를 컴퓨터가 무작위로 생성한다.

② 사용자 입력 처리

ㄱ input() 함수로 플레이어의 추측을 받는다.

ㄴ int()로 변환하여 숫자로 처리하며, ValueError 예외 처리를 통해 잘못된 입력(숫자가 아닌 값)이 들어올 경우 오류 메시지를 출력한다.

ㄷ 힌트 제공: 플레이어가 입력한 숫자가 정답보다 낮거나 높은 경우 각각 "너무 낮습니다", "너무 높습니다"라는 메시지를 출력한다.

ㄹ 정답 확인: 플레이어가 정답을 맞추면, 몇 번의 시도 끝에 맞췄는지를 알려주고 게임이 종료된다.

ㅁ 재시작 옵션: 게임이 끝난 후, 플레이어가 게임을 다시 할지 묻는다. 'y'를 입력하면 게임을 다시 시작하고, 그렇지 않으면 게임이 종료된다.

5) 기능 확장 아이디어

ㄱ 난이도 선택: 게임 시작 시 난이도를 선택하여 숫자의 범위를 변경할 수 있게 한다. 예를 들어, 쉬운 난이도는 1에서 50, 어려운 난이도는 1에서 1000까지로 설정할 수 있다.

ㄴ 최고 기록 저장: 게임이 종료될 때 플레이어의 시도 횟수를 저장하고, 이전 게임들과 비교하여 최고 기록을 알려주는 기능을 추가할 수 있다.

ㄷ 도움말 기능: 플레이어가 요청할 경우, 남은 추측 기회를 알려주거나 정답과의 차이를 조금 더 힌트로 제공하는 기능을 추가할 수 있다.

ㄹ 멀티플레이어 모드: 두 명 이상의 플레이어가 번갈아 가며 게임을 진행하고, 더 적은 시도 횟수로 맞추는 플레이어가 승리하는 방식으로 확장할 수 있다.

6) 프로젝트를 통해 배우는 점

ㄱ 조건문 및 반복문 활용: 게임 진행 과정에서 조건에 따라 게임이 반복되고 종료되는 로직을 구현할 수 있다.

ㄴ 사용자 입력 처리: 사용자로부터 입력을 받고 이를 처리하는 방법을 학습할 수 있다.

ㄷ 예외 처리: 잘못된 입력을 처리하여 프로그램이 오류로 중단되지 않도록 하는 방법을 배울 수 있다.

② **게임 로직 설계**: 간단한 게임을 설계하고, 이를 바탕으로 로직을 구축하는 과정을 경험할 수 있다.

7) 결론

이 숫자 맞추기 게임 프로젝트는 파이썬의 기본적인 프로그래밍 개념을 실제로 적용해보는 좋은 연습이 된다. 반복문, 조건문, 사용자 입력 처리, 예외 처리 등 다양한 파이썬 기능을 학습하고, 나아가 게임 로직을 설계하고 확장할 수 있는 능력을 기르게 된다.

---

3 프로젝트 2 - 계산기 프로그램 만들기

계산기 프로그램은 사용자가 기본적인 수학 연산(덧셈, 뺄셈, 곱셈, 나눗셈)을 수행할 수 있는 간단한 도구를 구현하는 프로젝트이다. 이 프로젝트를 통해 조건문, 반복문, 함수 사용 및 사용자 입력 처리 방법을 익히게 된다. 또한 예외 처리를 사용해 잘못된 입력에 대한 오류를 처리하는 방법도 학습할 수 있다.

1) 프로젝트 개요

계산기 프로그램은 사용자가 입력한 두 개의 숫자와 연산자를 바탕으로 연산을 수행하고, 그 결과를 출력하는 방식으로 작동한다. 프로그램은 다음의 수학 연산을 지원한다.

덧셈	+	뺄셈	−
곱셈	*	나눗셈	/

사용자는 연산자를 입력하고, 두 개의 숫자를 입력하여 연산 결과를 확인할 수 있다. 또한 프로그램은 잘못된 입력(예 숫자가 아닌 값 입력, 0으로 나눔 등)을 처리할 수 있어야 한다.

2) 기능 요구사항

㉠ **사용자 입력 처리**: 두 개의 숫자와 연산자를 입력받아야 한다.

㉡ **연산 수행**: 입력된 연산자에 따라 적절한 연산을 수행해야 한다.

㉢ **결과 출력**: 계산 결과를 출력해야 한다.

㉣ **예외 처리**: 잘못된 입력에 대한 오류(숫자가 아닌 값 입력, 0으로 나눔 등)를 처리해야 한다.

㉤ **연산 반복 기능**: 사용자는 계산을 반복할 수 있어야 하며, 원할 경우 계산기를 종료할 수 있어야 한다.

3) 구현 세부 사항

① 기본 동작 설명

    ㉠ **입력 받기:** 사용자가 원하는 연산(덧셈, 뺄셈, 곱셈, 나눗셈)을 선택한다.

            연산할 두 개의 숫자를 입력받는다.

    ㉡ **연산 수행:** 입력된 연산자에 따라 연산을 수행한다.

    ㉢ **결과 출력:** 연산 결과를 출력한다.

    ㉣ **예외 처리:** 숫자가 아닌 값을 입력했을 때, 0으로 나눴을 때 등의 예외 상황을 처리한다.

    ㉤ **계산 반복:** 계산 후, 계속할 것인지 종료할 것인지를 묻고, 사용자가 원하면 계산을 반복한다.

② 코드 예시

```python
def add(x, y):
    return x + y
def subtract(x, y):
    return x - y

def multiply(x, y):
    return x * y

def divide(x, y):
    if y == 0:
        raise ValueError("0으로 나눌 수 없습니다.")
    return x / y

def calculator():
    while True:
        print("\n계산기 프로그램")
        print("연산을 선택하시오:")
        print("1. 덧셈 (+)")
        print("2. 뺄셈 (-)")
        print("3. 곱셈 (*)")
        print("4. 나눗셈 (/)")
        print("5. 종료 (exit)")
        operation = input("연산을 선택하시오 (1/2/3/4/5): ").strip()

        if operation == '5':
            print("계산기를 종료한다.")
```

```
            break

        if operation not in ['1', '2', '3', '4']:
            print("잘못된 선택입니다. 다시 입력하시오.")
            continue

        try:
            num1 = float(input("첫 번째 숫자를 입력하시오: "))
            num2 = float(input("두 번째 숫자를 입력하시오: "))
        except ValueError:
            print("유효한 숫자를 입력하시오.")
            continue

        try:
            if operation == '1':
                result = add(num1, num2)
                print(f"결과: {num1} + {num2} = {result}")
            elif operation == '2':
                result = subtract(num1, num2)
                print(f"결과: {num1} - {num2} = {result}")
            elif operation == '3':
                result = multiply(num1, num2)
                print(f"결과: {num1} * {num2} = {result}")
            elif operation == '4':
                result = divide(num1, num2)
                print(f"결과: {num1} / {num2} = {result}")
        except ValueError as e:
            print(e)

if __name__ == "__main__":
    calculator()
```

4) 구현 설명

㉠ **연산 함수 정의:** add(x, y), subtract(x, y), multiply(x, y), divide(x, y)는 각각 덧셈, 뺄셈, 곱셈, 나눗셈을 처리하는 함수이다.

㉡ 메인 계산기 로직

- **연산 선택:** 사용자는 메뉴에서 연산을 선택한다. 선택된 연산에 따라 적절한 계산을 수행한다.

- **숫자 입력**: 사용자는 두 개의 숫자를 입력한다. 숫자가 아닌 값을 입력하면 ValueError가 발생하며, 프로그램은 다시 입력을 요청한다.

ⓒ 예외 처리

- try-except 블록을 사용하여 숫자 입력 오류와 0으로 나누는 경우를 처리한다.
- 0으로 나누는 경우, ValueError 예외를 발생시키고, 이를 잡아 오류 메시지를 출력한다.

ⓔ **계산 반복**: 계산이 끝난 후, 사용자에게 계속할지 종료할지를 묻는다. 사용자가 '5'를 입력하면 프로그램이 종료된다.

5) 기능 확장 아이디어

ⓐ **복잡한 연산 추가**: 제곱, 제곱근, 나머지 연산 등 더 복잡한 수학 연산 기능을 추가할 수 있다.

ⓑ **이전 결과 기억**: 각 계산 후에 그 결과를 저장해두고, 그 결과를 다음 연산에 사용할 수 있게 만들 수 있다.

ⓒ **이용 기록 저장**: 계산 기록을 파일에 저장하여 나중에 다시 확인할 수 있게 하는 기능을 추가할 수 있다.

ⓔ **GUI 추가**: 텍스트 기반이 아닌 그래픽 사용자 인터페이스(GUI)를 추가하여, 더 직관적이고 사용하기 쉬운 계산기를 만들 수 있다. 예를 들어, tkinter 라이브러리를 사용하여 버튼을 누르면 연산이 수행되는 계산기를 만들 수 있다.

6) 프로젝트를 통해 배우는 점

ⓐ **기본적인 함수 사용**: 함수 정의와 호출을 통해 코드를 구조화하고, 재사용 가능한 블록으로 나눠서 프로그래밍하는 방법을 익힐 수 있다.

ⓑ **입력 처리 및 예외 처리**: 사용자의 입력을 처리하고, 잘못된 입력에 대해 적절하게 대응하는 방법을 학습할 수 있다.

ⓒ **프로그램 흐름 제어**: 조건문과 반복문을 활용하여 프로그램의 흐름을 제어하는 방법을 익힐 수 있다.

ⓔ **계산기 설계**: 기본적인 계산기 설계 방식과 프로그램을 단계별로 완성하는 방법을 배울 수 있다.

7) 결론

이 계산기 프로그램 프로젝트는 기본적인 수학 연산을 구현하면서 파이썬의 함수 사용, 예외 처리, 입력 처리 등을 연습할 수 있는 좋은 기회가 된다. 사용자와 상호작용하는 프로그램을 작성하면서, 파이썬의 기본적인 프로그래밍 개념을 이해하고 이를 실제 프로젝트에 적용하는 경험을 쌓을 수 있다.

1) 프로젝트 설명

이 프로젝트는 사용자가 특정 웹사이트에서 검색어를 입력하고, 그에 맞는 검색 결과를 출력하는 프로그램이다. 다양한 사이트에서 검색을 지원하며, 현재는 특히 다나와 사이트에 대한 검색 기능을 구현하였다. BeautifulSoup과 requests 라이브러리를 사용하여 HTML을 파싱하고, 검색 결과를 추출해 준다.

```python
import requests
from bs4 import BeautifulSoup
import urllib.parse

# 각 사이트의 검색 URL 패턴 정의
search_patterns = {
        "www.google.com": "https://www.google.com/search?q={query}",
        "www.naver.com": "https://search.naver.com/search.naver?query={query}",
        "www.youtube.com": "https://www.youtube.com/results?search_query={query}",
        "www.bing.com": "https://www.bing.com/search?q={query}",
        "www.yahoo.com": "https://search.yahoo.com/search?p={query}",
         "www.danawa.com": "https://search.danawa.com/dsearch.php?k1={query}", # 다나와 검색 URL
패턴 추가
}

def get_search_url(site_url, query):
        parsed_url = urllib.parse.urlparse(site_url)
        domain = parsed_url.netloc

        if domain in search_patterns:
                search_url = search_patterns[domain].format(query=query)
                return search_url
        else:
                print(f"이 사이트는 지원되지 않습니다: {domain}")
                return None

def search_site(url, query):
        search_url = get_search_url(url, query)
```

```python
        if not search_url:
            return None

        headers = {
                "User-Agent": "Mozilla/5.0 (Windows NT 10.0; Win64; x64) AppleWebKit/537.36
(KHTML, like Gecko) Chrome/85.0.4183.121 Safari/537.36",
            "Referer": f"https://{url}/",
            "Accept-Language": "ko-KR,ko;q=0.9,en-US;q=0.8,en;q=0.7",
            "Connection": "keep-alive"
}

        try:
            response = requests.get(search_url, headers=headers)
            response.raise_for_status()
            return response
        except requests.exceptions.RequestException as e:
            print(f"검색 중 오류가 발생했습니다: {e}")
            return None

# 사용자로부터 사이트 URL과 검색 키워드 입력 받기
site_url = input("검색할 사이트의 URL을 입력하세요: ")
search_query = input("검색할 키워드를 입력하세요: ")

# URL에 스킴 추가 (http:// 또는 https://)
if not site_url.startswith("http://") and not site_url.startswith("https://"):
    site_url = "https://" + site_url

# 검색 쿼리 URL 인코딩
query = urllib.parse.quote(search_query)

# 사이트에 맞춰 검색 시도
response = search_site(site_url, query)

# 결과 처리
if response:
    # BeautifulSoup으로 페이지 파싱
    soup = BeautifulSoup(response.text, 'html.parser')

    # HTML 구조를 확인하기 위해 전체 HTML 출력 (디버깅용)
```

```python
# print(soup.prettify())
# 다나와의 경우 상품 제목을 포함하는 태그와 클래스 찾기
if "www.danawa.com" in site_url:
        search_results = soup.find_all('p', class_='prod_name')
        for i, result in enumerate(search_results, 1):
                a_tag = result.find('a')
                if a_tag and 'href' in a_tag.attrs:
                        title = a_tag.get_text(strip=True)
                        link = a_tag['href']
                        link = urllib.parse.urljoin(site_url, link)
                        print(f"{i}. 제목: {title}")
                        print(f" 링크: {link}\n")
        else:
                print("지원되지 않는 사이트입니다.")
else:
        print("검색이 실패하였습니다.")
```

결과

검색할 사이트의 URL을 입력하세요: www.danawa.com
검색할 키워드를 입력하세요: 무선키보드

1. 제목: 로지텍 MK470 Slim (정품) (블랙)
   링크: https://prod.danawa.com/info/?pcode=8416011&cate=11317385&adinflow=Y

2. 제목: 한성컴퓨터 GK707SE OfficeMaster 기계식 스카이 블루 (JAM 저소음 갈축)
   링크: https://prod.danawa.com/info/?pcode=63083867&cate=11317385&adinflow=Y

3. 제목: COX CK420 교체축 레인보우 LED 게이밍 기계식 화이트 (적축)
   링크: https://prod.danawa.com/info/?pcode=6278433&cate=11317385&adinflow=Y

4. 제목: 프리플로우 archon AK47 유무선 기계식
   링크: https://prod.danawa.com/info/?pcode=67621157&cate=11317385&adinflow=Y

5. 제목: AULA F99 유무선 기계식 올리비아 화이트 한글
   링크: https://prod.danawa.com/info/?pcode=58934981&cate=11317385

6. 제목: 로지텍 MK295 SILENT (정품)
   링크: https://prod.danawa.com/info/?pcode=12552761&cate=11317385

7. 제목: AULA F87 Pro 유무선 기계식 올리비아 화이트 한글

   링크: https://prod.danawa.com/info/?pcode=59826155&cate=11317385

8. 제목: 로지텍 시그니처 슬림 MK950 키보드 마우스 세트 (정품)

   링크: https://prod.danawa.com/info/?pcode=49998404&cate=11317385

9. 제목: AULA F99 PRO 유무선 기계식

   링크: https://prod.danawa.com/info/?pcode=62176244&cate=11317385

10. 제목: 로지텍 MK235 (정품)

    링크: https://prod.danawa.com/info/?pcode=3798967&cate=11317385

11. 제목: 프리플로우 archon RE:AL HX 유무선 기계식

    링크: https://prod.danawa.com/info/?pcode=56304533&cate=11317385

12. 제목: 한성컴퓨터 GK898B PRO 염료승화 EDITION 유무선 무접점

    링크: https://prod.danawa.com/info/?pcode=32887850&cate=11317385

13. 제목: 로지텍 MX Keys S (정품)

    링크: https://prod.danawa.com/info/?pcode=20437697&cate=11317385

14. 제목: MCHOSE GX87 유무선 기계식

    링크: https://prod.danawa.com/info/?pcode=63028505&cate=11317385

15. 제목: 로지텍 MK270r (정품)

    링크: https://prod.danawa.com/info/?pcode=2541329&cate=11317385

16. 제목: AULA F87 Pro 유무선 기계식 해외구매

    링크: https://prod.danawa.com/info/?pcode=36706868&cate=11317385

17. 제목: AULA F99 유무선 기계식 해외구매

    링크: https://prod.danawa.com/info/?pcode=32064938&cate=11317385

18. 제목: 앱코 K561 교체축 유무선 블루투스 기계식 블랙

    링크: https://prod.danawa.com/info/?pcode=36708812&cate=11317385

19. 제목: 로지텍 MK470 Slim (정품)

    링크: https://prod.danawa.com/info/?pcode=8416011&cate=11317385

20. 제목: CHERRY DW2300 무선 키보드 마우스 세트

    링크: https://prod.danawa.com/info/?pcode=54314654&cate=11317385

21. 제목: 로지텍 G PRO X TKL (정품)

    링크: https://prod.danawa.com/info/?pcode=28365206&cate=11317385

22. 제목: AULA F99 유무선 기계식 인디고 블랙 한글

    링크: https://prod.danawa.com/info/?pcode=60145403&cate=11317385

23. 제목: 앱코 KN30BT 블루투스 유무선 무접점

링크: https://prod.danawa.com/info/?pcode=24133613&cate=11317385

24. 제목: AULA F87 Pro 유무선 기계식 인디고 블랙 한글

링크: https://prod.danawa.com/info/?pcode=61437527&cate=11317385

25. 제목: Keychron K10 PRO SE 레트로 유무선 기계식

링크: https://prod.danawa.com/info/?pcode=54697727&cate=11317385

26. 제목: 로프리 FLOW 유무선 기계식

링크: https://prod.danawa.com/info/?pcode=29661206&cate=11317385

27. 제목: 로지텍 시그니처 슬림 K950 (정품)

링크: https://prod.danawa.com/info/?pcode=49998344&cate=11317385

28. 제목: 로지텍 MK275 (정품)

링크: https://prod.danawa.com/info/?pcode=4340134&cate=11317385

29. 제목: WOBKEY WOB RAINY75 유무선 해외구매

링크: https://prod.danawa.com/info/?pcode=36707663&cate=11317385

30. 제목: 프리플로우 archon E1 PRO 유무선 무접점

링크: https://prod.danawa.com/info/?pcode=32917307&cate=11317385

31. 제목: 프리플로우 archon AK47 유무선 기계식

링크: https://prod.danawa.com/info/?pcode=67621157&cate=11317385

32. 제목: 앱코 APK82BT 투명 가스켓 유무선 기계식

링크: https://prod.danawa.com/info/?pcode=32502059&cate=11317385

33. 제목: 앱코 TOS250 LED 블루투스 영문

링크: https://prod.danawa.com/info/?pcode=31947386&cate=11317385

34. 제목: COX CK87 BT 게이트론 블루투스 5.0 텐키리스 기계식 게이밍 블랙

링크: https://prod.danawa.com/info/?pcode=12086609&cate=11317385

① 검색 URL 패턴 정의

python

```python
search_patterns = {
    "www.google.com": "https://www.google.com/search?q={query}",
    "www.naver.com": "https://search.naver.com/search.naver?query={query}",
    "www.youtube.com": "https://www.youtube.com/results?search_query={query}",
    "www.bing.com": "https://www.bing.com/search?q={query}",
    "www.yahoo.com": "https://search.yahoo.com/search?p={query}",
    "www.danawa.com": "https://search.danawa.com/dsearch.php?k1={query}", # 다나와 검색
URL 패턴 추가
}
```

이 딕셔너리를 사용하여 각 사이트의 검색 URL 패턴을 정의하였으니, 검색어를 입력하면 해당 사이트의 URL을 생성하도록 하였다.

② get_search_url 함수

python

```python
def get_search_url(site_url, query):
    parsed_url = urllib.parse.urlparse(site_url)
    domain = parsed_url.netloc

    if domain in search_patterns:
```

```python
        search_url = search_patterns[domain].format(query=query)
        return search_url
    else:
        print(f"이 사이트는 지원되지 않는다: {domain}")
        return None
```

site_url에서 도메인을 추출한 뒤, 해당 도메인이 search_patterns에 있는지 확인한다. 해당하는 도메인이 있다면, 입력받은 query 값을 포함하여 검색 URL을 반환하고, 지원되지 않는 도메인이면 메시지를 출력한다.

③ search_site 함수

```python
def search_site(url, query):
    search_url = get_search_url(url, query)

    if not search_url:
        return None

    headers = {
        "User-Agent": "Mozilla/5.0 (Windows NT 10.0; Win64; x64) AppleWebKit/537.36
(KHTML, like Gecko) Chrome/85.0.4183.121 Safari/537.36",
        "Referer": f"https://{url}/",
        "Accept-Language": "ko-KR,ko;q=0.9,en-US;q=0.8,en;q=0.7",
        "Connection": "keep-alive"
    }
    try:
        response = requests.get(search_url, headers=headers)
        response.raise_for_status()
        return response
    except requests.exceptions.RequestException as e:
        print(f"검색 중 오류가 발생했다: {e}")
        return None
```

이 함수는 get_search_url로부터 검색 URL을 받아와 HTTP 요청을 보낸다. 요청 시 브라우저처럼 보이도록 headers를 지정하고, 검색 결과 페이지를 받아온다. 요청이 성공하면 응답을 반환하고, 실패하면 오류 메시지를 출력한다.

④ 사용자 입력 처리

```python
site_url = input("검색할 사이트의 URL을 입력해라: ")
search_query = input("검색할 키워드를 입력해라: ")


# URL에 스킴 추가 (http:// 또는 https://)
if not site_url.startswith("http://") and not site_url.startswith("https://"):
    site_url = "https://" + site_url


# 검색 쿼리 URL 인코딩
query = urllib.parse.quote(search_query)
```

사용자로부터 사이트 URL과 검색 키워드를 입력받은 후, 입력된 URL에 https://가 없으면 자동으로 추가한다. 그 후, 검색어를 URL 인코딩하여 검색어를 안전하게 처리한다.

⑤ BeautifulSoup를 이용한 페이지 파싱 및 검색 결과 출력

```python
if response:
    soup = BeautifulSoup(response.text, 'html.parser')

    if "www.danawa.com" in site_url:
        search_results = soup.find_all('p', class_='prod_name')
        for i, result in enumerate(search_results, 1):
            a_tag = result.find('a')
            if a_tag and 'href' in a_tag.attrs:
                title = a_tag.get_text(strip=True)
                link = a_tag['href']
                link = urllib.parse.urljoin(site_url, link)
                print(f"{i}. 제목: {title}")
                print(f" 링크: {link}\n")
    else:
        print("지원되지 않는 사이트다.")
else:
    print("검색이 실패하였다.")
```

BeautifulSoup을 사용하여 HTML 문서를 파싱하고, 다나와에서 검색한 경우 제품 이름을 포함한 ⟨p class='prod_name'⟩ 태그를 찾아 검색 결과를 출력한다. 다나와 외의 사이트에 대해서는 "지원되지 않는 사이트"라는 메시지를 출력한다.

2) 프로젝트 목표

– 다양한 사이트에서 입력된 검색어를 기반으로 결과를 제공하도록 설계하였다.

– 현재 다나와의 제품 검색 기능을 중점적으로 구현하였다.

– 추후 다른 사이트에 대한 검색 결과 파싱 기능을 추가할 수 있도록 설계 구조를 유연하게 만들어 두었다.

이 코드는 여러 사이트에서 검색할 수 있도록 확장 가능하게 만들어졌으니, 추가적인 사이트를 지원하려면 search_patterns에 패턴을 추가하고, 그에 맞는 HTML 파싱 코드를 작성하면 된다.

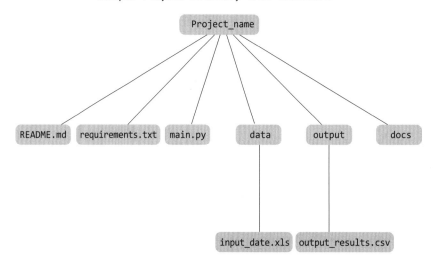

Simple Project Directory Tree Structure

㉠ README.md: 프로젝트 설명 및 실행 방법을 명시한다.

㉡ requirements.txt: 필요한 라이브러리나 패키지를 나열하여, 프로젝트 실행 전 설치할 수 있게 한다.

㉢ main.py: 프로젝트의 핵심 코드 파일이다.

㉣ data/: 엑셀 파일, CSV 파일 등 입력 데이터가 필요한 경우 저장하는 폴더이다.

㉤ output/: 결과 파일을 저장하는 폴더이다.

㉥ docs/: 프로젝트 관련 문서를 저장하는 폴더로, 디자인 문서, 스펙 문서 등이 포함될 수 있다.

① README.md 작성

README.md 파일은 프로젝트의 기본 정보를 제공하며, 다음 사항을 포함해야 한다.

㉠ **프로젝트 개요:** 프로젝트의 목적, 문제 해결 방식, 주요 기능 등을 간략하게 설명한다.

㉡ **필수 라이브러리 및 환경:** 프로젝트를 실행하기 위해 필요한 라이브러리와 파이썬 버전 등의 정보를 기재한다.

bash
```bash
pip install -r requirements.txt
```

㉢ **실행 방법:** 프로젝트를 실행하는 구체적인 방법을 안내한다. 명령어와 파일 구조, 예시를 포함하면 좋다.

bash
```bash
python main.py
```

㉣ **데이터 설명:** 입력 데이터가 필요한 경우, 데이터 파일의 형식과 구조에 대한 설명을 추가한다.

㉤ **결과물 설명:** 실행 후 생성되는 결과 파일 또는 화면에 출력되는 정보에 대한 설명을 포함한다.

② 코드 제출 지침

프로젝트의 코드 품질을 높이기 위해 다음 지침을 따르는 것이 좋다.

㉠ **코드 주석:** 각 함수나 주요 부분에 대해 적절한 주석을 작성한다. 코드의 목적과 흐름을 쉽게 이해할 수 있도록 돕는다.

python
```python
def calculate_sum(a, b):
    """
    두 숫자의 합을 계산하여 반환한다.
    :param a: 첫 번째 숫자
    :param b: 두 번째 숫자
    :return: 두 숫자의 합
    """
    return a + b
```

ⓛ **코딩 스타일:** 일관된 코드 스타일을 유지한다. 변수명, 함수명은 직관적이고 명확하게 작성한다. PEP 8 가이드라인에 따르는 것을 권장한다.

ⓒ **에러 처리:** 프로그램 실행 중 발생할 수 있는 예외 상황에 대한 에러 처리를 추가하여 안정성을 높인다.

```python
try:
    result = int(input("숫자를 입력하시오: "))
except ValueError:
    print("유효한 숫자를 입력하시오.")
```

③ **테스트 데이터와 결과 제출**

프로젝트의 정확성을 검증하기 위해 테스트 데이터를 사용하여 결과를 제출한다.

ⓐ **테스트 데이터:** 프로젝트에서 사용하는 입력 데이터 파일(예 엑셀, CSV)을 제공해야 한다.

ⓛ **결과 파일:** 프로그램 실행 후 생성된 출력 결과 파일을 output/ 폴더에 저장하고, 이를 함께 제출한다.

ⓒ **테스트 스크립트:** 특정 기능을 테스트하기 위한 간단한 테스트 스크립트를 포함할 수 있다.

④ **문서화(옵션)**

프로젝트의 복잡성에 따라 추가적인 문서화를 진행할 수 있다. 문서화는 프로젝트의 설계, 사용법, 주요 기능 등을 설명하는 데 유용하다.

ⓐ **프로젝트 설계 문서:** 코드 구조, 데이터 흐름, 주요 모듈과 클래스에 대한 설명을 포함한다.

ⓛ **API 문서:** 프로젝트가 API와 상호작용하거나 외부 모듈을 호출하는 경우, API 사용법을 명시한 문서를 작성한다.

⑤ **라이브러리 및 의존성 관리**

프로젝트 실행에 필요한 모든 라이브러리를 명시해야 한다.

ⓐ **requirements.txt 작성:** 프로젝트에 필요한 라이브러리를 requirements.txt 파일에 명시한다.

```bash
pandas==1.3.3
folium==0.12.1
geopy==2.2.0
```

ⓛ **가상환경 사용 권장:** 프로젝트에 가상 환경을 사용하여 프로젝트 간 의존성 문제를
방지한다.

```bash
python -m venv venv
source venv/bin/activate # Linux/Mac
venv\Scripts\activate # Windows
```

⑥ 최종 제출 형식

프로젝트 제출 시 다음 파일들을 포함하는 압축 파일로 제출하는 것이 일반적이다.

㉠ **코드 파일:** main.py와 관련 모듈, 클래스 파일

㉡ **데이터 파일:** 입력 데이터가 있을 경우 data/ 폴더에 포함

㉢ **결과 파일:** 실행 결과물(예 CSV 파일)을 output/ 폴더에 저장

㉣ **README.md:** 프로젝트 설명서

㉤ **requirements.txt:** 필요한 라이브러리 목록

```bash
zip -r project_name.zip project_name/
```

이렇게 제출하면, 프로젝트를 쉽게 실행하고 결과물을 확인할 수 있다.

> **요약**
> – 프로젝트 구조는 일관되게 유지하고, README.md 파일에 프로젝트 설명 및 실행 방법을 명시한다.
> – 코드에는 주석을 추가하고, 명확한 변수명과 일관된 스타일을 유지한다.
> – 필요한 라이브러리와 의존성은 requirements.txt 파일에 명시하고, 가상 환경 사용을 권장한다.
> – 입력 데이터와 결과 데이터를 함께 제출하며, 테스트 데이터 및 결과물도 포함한다.
> – 이러한 가이드라인을 따르면 프로젝트 제출 시 혼란을 줄이고, 평가자에게 명확한 정보를 제공할 수 있다.

4지선다형 문제 (10문항)

01. 종합 프로젝트의 주요 목적이 아닌 것은?

① 학습한 지식의 통합　　　② 문제 해결 능력 강화

③ 과제 제출 마감 시간 준수　　　④ 협업 및 소통 능력 배양

02. 프로젝트에서 주기적인 회의와 피드백의 목적은 무엇인가?

① 팀 내 역할 분담 확인

② 진행 상황 공유 및 문제 해결

③ 최종 보고서 작성

④ 테스트 및 개선 과정 확인

03. 숫자 맞추기 게임에서 플레이어가 정답을 맞추면 출력되는 정보는?

① 남은 시도 횟수

② 컴퓨터가 생성한 숫자

③ 정답과 시도 횟수

④ 게임 난이도

04. 계산기 프로그램에서 사용자가 0으로 나누기를 시도할 때 발생하는 예외는?

① ValueError

② ZeroDivisionError

③ TypeError

④ SyntaxError

05. 다음 중 숫자 맞추기 게임에서 random 모듈의 기능은?

① 사용자 입력 처리　　　② 무작위 숫자 생성

③ 게임 종료 메시지 출력　　　④ 시도 횟수 기록

06. 프로젝트 결과물 제출 시 requirements.txt 파일은 어떤 정보를 포함해야 하는가?

① 코드 실행 절차

② 필요한 라이브러리 목록

③ 테스트 데이터

④ 결과물 설명

07. 다음 중 프로젝트에서 문서화를 추가할 때 포함될 수 없는 항목은?

① API 문서

② 프로젝트 설계 문서

③ 실행 파일 설명

④ 개인적인 학습 노트

08. 엑셀 파일에 있는 주소 데이터를 지도에 표현할 때 사용하는 주요 라이브러리가 아닌 것은?

① pandas　　　　　　② folium

③ requests　　　　　④ numpy

09. 종합 프로젝트의 구성 요소에 해당하지 않는 것은?

① 주제 선정　　　　　② 기획 및 계획 수립

③ 리스크 관리　　　　④ 시험 문제 풀이

10. 계산기 프로그램에서 두 숫자와 연산자를 입력받는 함수는 주로 무엇을 사용하는가?

① input()　　　　　② print()

③ random()　　　　④ sort()

01. 종합 프로젝트의 목적 중 하나는 학습한 지식의 (   )이다.

02. 숫자 맞추기 게임에서 사용되는 파이썬 모듈은 (   )이다.

03. 계산기 프로그램에서 나눗셈 연산을 처리할 때 0으로 나누는 경우 발생하는 예외는 (   )이다.

04. 프로젝트 파일을 제출할 때, (   ) 파일에 필요한 라이브러리 목록을 포함시켜야 한다.

05. 엑셀 파일의 데이터를 지도에 표현할 때 주소 데이터를 위도와 경도로 변환하기 위해 (   ) API를 사용할 수 있다.

06. 종합 프로젝트의 주요 구성 요소 중 하나는 (   ) 및 계획 수립이다.

07. 프로젝트 종료 후 최종 결과물은 (   ) 폴더에 저장된 결과 파일과 함께 제출해야 한다.

08. 텍스트 기반 숫자 맞추기 게임에서 정답을 맞추면 (   )와 시도 횟수를 출력해야 한다.

09. 사용자가 잘못된 값을 입력했을 때 발생할 수 있는 예외 중 하나는 (   )이다.

10. 계산기 프로그램에서 연산자가 입력된 후, 연산이 끝난 후 (   ) 여부를 묻는 코드를 추가해야 한다.

01. 종합 프로젝트에서 리스크 관리가 중요한 이유를 설명하시오.

02. 숫자 맞추기 게임에서 random 모듈을 사용하는 이유와 그 기능을 설명하시오.

03. 계산기 프로그램에서 예외 처리의 중요성에 대해 설명하시오.

04. 프로젝트 결과물 제출 시 README.md 파일의 중요성을 설명하시오.

05. 엑셀 파일에 있는 주소를 지도에 표현할 때 사용하는 주요 라이브러리와 그 역할을 설명하시오.

종합 프로젝트 II

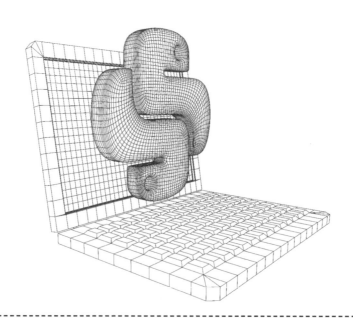

Chapter

13 종합 프로젝트 Ⅱ

Python을 활용한 딥러닝 실습으로 수기 문자 인식 프로젝트를 진행하여, Python 프로그래밍을 실제 딥러닝 모델에 적용하는 방법을 배우며 기본적인 딥러닝 워크플로를 이해한다.

1 도전 프로젝트 – 목적지까지 경로 지도에 표현하기(내비게이션)

1) 프로젝트 개요

이 프로젝트는 Python 언어를 활용하여 Google Maps API를 이용해 사용자가 입력한 출발지와 목적지 간의 대중교통 경로를 탐색하고, 그 결과를 웹 브라우저에서 지도상에 시각적으로 표시하는 프로그램이다. 사용자는 간단한 텍스트 입력만으로 출발지와 목적지를 입력하면, 프로그램이 해당 경로를 실시간으로 계산하여 HTML 파일로 저장하고 자동으로 웹 브라우저에서 실행하여 결과를 확인할 수 있다.

프로그램은 Google Geocoding API를 통해 사용자가 입력한 주소를 위도와 경도로 변환한 후, Google Directions API를 사용하여 대중교통 경로를 검색한다. 그 후, 경로 데이터를 HTML 형식으로 변환하여 지도와 경로를 웹 브라우저에 표시함으로써 사용자가 경로를 직관적으로 이해할 수 있게 한다.

이 프로그램의 최종 목표는 사용자가 대중교통을 이용한 최적의 경로를 쉽고 빠르게 확인할 수 있도록 돕는 것이다.

① 구글 맵 API 키를 얻는 방법

구글 맵 API 키를 얻는 방법에 대해 단계별로 알아보자. 구글 맵 API 키는 구글 클라우드 플랫폼(Google Cloud Platform, GCP)을 통해 발급받을 수 있다. 아래의 단계를 따라 진행한다.

㉠ 구글 계정 준비

- 구글 클라우드 플랫폼을 사용하려면 구글 계정이 필요하다. 아직 계정이 없다면 구글 계정 만들기 페이지(https://www.google.com/intl/ko/account/about/)에서 계정을 생성한다.

ⓛ 구글 클라우드 플랫폼(GCP) 콘솔에 로그인

– 구글 클라우드 콘솔에 접속한다.

https://cloud.google.com/free?utm_source=naver&utm_medium=cpc&utm_campaign=japac-KR-all-ko-dr-bkws-all-all-trial-none-na-1707694&utm_content=text-blank_slate-none-none-DEV_c-CRE_{creative}-ADGP_-KWID_700000002227900-{TargetId}&utm_term=KW_{keyword:default}-%EA%B5%AC%EA%B8%80%ED%81%B4%EB%9D%BC%EC%9A%B0%EB%93%9C%ED%94%8C%EB%9E%AB%ED%8F%BC&gclid=CMvXkeOv2ogDFfLShAAdmMAZhw&gclsrc=ds

– 구글 계정으로 로그인한다.

ⓒ 새 프로젝트 생성

– 상단의 프로젝트 선택 드롭다운 메뉴를 클릭한다.

– [새 프로젝트] 버튼을 클릭한다.

– 프로젝트 이름을 입력하고, 필요시 조직과 위치를 설정한 후 "만들기"를 클릭한다.

– 프로젝트가 생성될 때까지 잠시 기다린다.

ⓔ 결제 계정 설정

– API 키를 사용하려면 결제 계정을 설정해야 한다. 구글은 신규 사용자에게 무료 크레딧을 제공하기도 한다.

– 좌측 메뉴에서 [결제]를 선택한다.

– [결제 계정 만들기] 버튼을 클릭한다.

– 필요한 결제 정보를 입력하고 설정을 완료한다.

ⓜ API 및 서비스 활성화

– 좌측 메뉴에서 [API 및 서비스]를 클릭한 후 [라이브러리]를 선택한다.

– 사용할 API를 검색한다. 예를 들어, 'Maps JavaScript API', 'Geocoding API', 'Places API' 등을 선택하여 활성화한다.

– 각 API 페이지에서 [사용 설정] 버튼을 클릭하여 API를 활성화한다.

ⓗ API 키 생성

– 좌측 메뉴에서 'API 및 서비스' 〉 '사용자 인증 정보'로 이동한다.

– 상단의 [사용자 인증 정보 만들기] 버튼을 클릭하고 'API 키'를 선택한다.

– API 키가 생성되면 팝업 창에 키가 표시된다. 이 키를 안전한 곳에 저장한다.

– '제한 설정'을 통해 API 키의 사용 범위를 제한하는 것이 좋다. 예를 들어, 특정 웹사이트나 IP 주소에서만 키를 사용할 수 있도록 설정할 수 있다.

ⓐ API 키 제한 설정(권장)

– API 키를 생성한 후, 보안을 강화하기 위해 제한을 설정하는 것이 중요하다.

– '사용자 인증 정보' 페이지에서 생성한 API 키를 클릭한다.

– '키 제한' 섹션에서 '애플리케이션 제한'을 설정한다. 예를 들어, 웹 애플리케이션의 경우 HTTP referrers(웹사이트)를 선택하고 도메인을 입력한다.

– 'API 제한' 섹션에서 이 키가 접근할 수 있는 API를 선택한다.

– 변경 사항을 저장한다.

2) 구현 설명

① 주소를 위도 및 경도로 변환(Geocoding)

– 프로그램의 첫 단계는 사용자가 입력한 출발지와 목적지 주소를 위도와 경도로 변환하는 과정이다. 이를 위해 Google Geocoding API를 사용하여 텍스트 형식의 주소를 숫자 데이터(위도 및 경도)로 변환한다.

– Geocoding은 지리적 위치를 계산하는 데 매우 유용하며, 특히 지도 서비스와 결합할 때 필수적이다.

– 사용자가 출발지와 목적지의 주소를 입력한다.

– 프로그램은 해당 주소를 Google Geocoding API로 전송하여 주소의 위도와 경도를 반환받는다.

– 반환된 JSON 데이터에서 각 주소의 위도와 경도를 추출하여 출발지와 목적지의 좌표로 저장한다.

– 만약 주소가 잘못되었거나 변환에 실패할 경우, 사용자에게 오류 메시지를 출력한다. 이 과정은 프로그램의 나머지 단계에서 정확한 경로를 찾기 위해 매우 중요하다. 위도와 경도가 정확해야 Google Directions API를 통해 올바른 경로를 검색할 수 있다.

② 대중교통 경로 탐색

– 두 번째 단계는 위도와 경도 정보를 바탕으로 Google Directions API를 사용하여 대중교통 경로를 탐색하는 것이다. 이 API는 출발지에서 목적지까지의 경로와 함께 대중교통 정보(예 버스, 지하철)를 제공한다. 이때 경로는 실시간으로 계산되며, 사용자의 출발 시간을 기준으로 최적의 대중교통 경로를 제공한다.

360 | 파이썬 프로그래밍

- API 요청을 통해 실시간 출발 시간과 대중교통 경로를 계산한다.
- API는 버스, 지하철 등의 대중교통 수단을 포함한 경로 데이터를 반환한다. 이 경로 데이터에는 단계별로 필요한 교통 수단, 노선 이름, 교통 수단의 종류 등이 포함된다.
- 프로그램은 반환된 데이터를 분석하여, 사용자가 이용할 수 있는 대중교통 정보(예 지하철 2호선, 버스 100번)를 리스트 형식으로 저장한다. 이 과정을 통해 사용자는 출발지에서 목적지까지의 경로뿐만 아니라, 경로상에서 어떤 대중교통 수단을 이용해야 하는지도 명확하게 알 수 있다.

③ 경로 시각화 및 HTML 파일 생성

- 세 번째 단계는 탐색된 경로를 HTML 파일로 저장하고, 이를 웹 브라우저에서 시각적으로 표시하는 과정이다. 이 과정은 경로와 대중교통 정보를 시각적으로 이해할 수 있게 도와준다.
- 프로그램은 대중교통 경로와 각 교통 수단 정보를 HTML 파일로 변환한다. 이 파일은 경로에 대한 지도와 함께, 각 단계별로 필요한 대중교통 수단에 대한 정보를 표시한다.
- HTML 파일에는 Google Maps JavaScript API를 사용하여 경로를 지도상에 표시하고, 출발지와 목적지 간의 이동 경로를 실시간으로 보여준다.
- 생성된 HTML 파일은 자동으로 웹 브라우저에서 실행되며, 사용자는 지도를 통해 경로를 확인할 수 있다. 이 과정에서는 경로 정보뿐만 아니라 대중교통 수단 정보도 함께 제공되므로 사용자는 정확한 경로를 시각적으로 확인할 수 있을 뿐만 아니라, 어떤 대중교통 수단을 이용해야 하는지도 쉽게 파악할 수 있다.

④ 프로그램 종료 및 추가 탐색

- 마지막 단계는 프로그램 종료 여부를 사용자에게 묻는 부분이다. 사용자가 추가 경로 탐색을 원할 경우, 새로운 출발지와 목적지를 입력하여 다시 경로를 탐색할 수 있으며, 그렇지 않을 경우 프로그램이 종료된다.
- 프로그램이 경로 탐색을 완료하면, 사용자는 계속해서 다른 경로를 탐색할 것인지 묻는 메시지를 받는다.
- 사용자가 'y'를 입력하면, 새로운 경로를 탐색할 수 있으며, 'n'을 입력하면 프로그램이 종료된다. 이 과정을 통해 사용자는 여러 경로를 탐색할 수 있으며, 프로그램을 반복적으로 사용할 수 있다.

3) 소스 코드 흐름

Navigation_2.py 파일은 다음과 같은 순서로 실행된다.

```python
# -*- coding: utf-8 -*-
"""
Created on Mon Sep 16 14:46:07 2024

@author: user
"""

# -*- coding: utf-8 -*-
"""

Created on Mon Sep 16 13:47:56 2024
@author: user
"""


import requests # HTTP 요청을 보내기 위한 라이브러리
import datetime # 현재 시간을 처리하기 위한 라이브러리
import os # 운영체제와의 상호작용을 위한 라이브러리
import webbrowser # 웹 브라우저를 열기 위한 라이브러리


# Google Geocoding API를 사용하여 입력된 주소를 위도 및 경도로 변환하는 함수
def get_lat_lng(address, api_key):
    # Geocoding API의 URL을 생성, 주소와 API 키를 포함
    geocode_url = f'https://maps.googleapis.com/maps/api/geocode/json?address={address}&key={api_key}'
    response = requests.get(geocode_url) # 해당 URL로 HTTP GET 요청을 보냄
    if response.status_code == 200: # 요청이 성공적인 경우 (HTTP 상태 코드 200)
        data = response.json() # 응답 데이터를 JSON 형식으로 변환
        if data['status'] == 'OK': # Geocoding이 성공적인 경우
            location = data['results'][0]['geometry']['location'] # 첫 번째 결과에서 위치 정보 추출
            return location['lat'], location['lng'] # 위도와 경도 반환
        else:
            print(f"Geocoding API 오류: {data['status']}") # 오류 메시지 출력
            return None, None
    else:
        print(f"HTTP 요청 오류: {response.status_code}") # HTTP 요청 실패 시 상태 코드 출력
```

```python
        return None, None

# 대중교통 경로를 가져오는 함수
def get_transit_route(origin, destination, api_key):
    # 현재 시간을 기준으로 출발 시간을 설정 (Unix 타임스탬프 형식)
    departure_time = int(datetime.datetime.now().timestamp())
    # Directions API의 URL을 생성, 출발지와 목적지, 교통 수단, 출발 시간, API 키를 포함
    directions_url = (
        f'https://maps.googleapis.com/maps/api/directions/json?'

f'origin={origin}&destination={destination}&mode=transit&departure_time={departure_time}&key={api_key}'
    )
    response = requests.get(directions_url) # 해당 URL로 HTTP GET 요청을 보냄
    if response.status_code == 200: # 요청이 성공적인 경우
        data = response.json() # 응답 데이터를 JSON 형식으로 변환
        if data['status'] == 'OK': # 경로 탐색이 성공적인 경우
            route = data['routes'][0] # 첫 번째 경로를 선택
            steps = route['legs'][0]['steps'] # 경로 내 단계별로 이동 정보 추출
            transit_details = [] # 대중교통 세부 정보를 저장할 리스트
            for step in steps:
                # 각 단계에서 대중교통 세부 정보가 있으면 처리
                if 'transit_details' in step:
                    line_name = step['transit_details']['line']['short_name'] # 교통 수단 이름(예: 버스 번호)
                    vehicle_type = step['transit_details']['line']['vehicle']['type'] # 교통 수단 종류(버스, 지하철 등)
                    transit_details.append(f"{vehicle_type}: {line_name}") # 교통 수단 정보를 리스트에 추가
            return route, transit_details # 경로와 대중교통 정보를 반환
        else:
            print(f"Directions API 오류: {data['status']} - {data.get('error_message', 'No additional error message')}") # 오류 메시지 출력
            return None, None
    else:
        print(f"HTTP 요청 오류: {response.status_code}") # HTTP 요청 실패 시 상태 코드 출력
        return None, None
# 대중교통 경로를 지도와 함께 HTML 파일로 저장하고, 웹 브라우저로 열기 위한 함수
```

종합 프로젝트 II | Chapter 13

```python
def save_and_open_route_map(route, transit_details, origin_lat, origin_lng, destination_lat,
destination_lng, api_key):
    # 대중교통 정보를 HTML 형식으로 변환
    transit_info_html = '<br>'.join(transit_details) if transit_details else '대중교통 정보가
없습니다.'

    # HTML 파일 내용 생성 (Google Maps API를 이용한 지도 및 경로 표시)
    html_content = f'''
<!DOCTYPE html>
<html>
<head>
    <meta name="viewport" content="initial-scale=1.0, user-scalable=no">
    <meta charset="utf-8">
    <title>대중교통 경로 표시</title>
    <style>
        #map {{
            height: 100%;
            width: 100%;
        }}
        html, body {{
            height: 100%;
            margin: 0;
            padding: 0;
        }}
        #transit-info {{
            position: absolute;
            top: 10px;
            left: 10px;
            background-color: white;
            padding: 10px;
            border-radius: 5px;
            box-shadow: 0 2px 6px rgba(0, 0, 0, 0.3);
            z-index: 5;
        }}
    </style>
</head>
<body>
    <div id="map"></div>
    <div id="transit-info">
```

```
    <h3>대중교통 정보</h3>
    {transit_info_html}
</div>
<script>
    function initMap() {{
        // 출발지와 목적지의 위도 및 경도를 설정
        var origin = {{lat: {origin_lat}, lng: {origin_lng}}};
        var destination = {{lat: {destination_lat}, lng: {destination_lng}}};
        // Google Maps 객체를 생성하여 지도를 표시
        var map = new google.maps.Map(document.getElementById('map'), {{
            center: origin,
            zoom: 14
        }});

        // 경로를 지도에 표시하기 위한 Directions 객체 생성
        var directionsService = new google.maps.DirectionsService();
        var directionsRenderer = new google.maps.DirectionsRenderer();
        directionsRenderer.setMap(map);
        // 경로 요청 객체 생성 (출발지와 목적지 및 대중교통 모드 설정)
        var request = {{
            origin: origin,
            destination: destination,
            travelMode: 'TRANSIT'
        }};
        // Directions 서비스로 경로 요청을 보내고, 성공 시 지도를 업데이트
        directionsService.route(request, function(result, status) {{
            if (status == 'OK') {{
                directionsRenderer.setDirections(result); // 결과를 지도에 표시
            }} else {{
                alert('Directions request failed due to ' + status); // 경로 요청
실패 시 오류 메시지 출력
            }}
        }});
    }}
</script>
<script async defer src="https://maps.googleapis.com/maps/api/js?key={api_
key}&callback=initMap"></script>
</body>
</html>
```

```
    '''

        # HTML 파일을 생성하여 저장
        file_path = 'google_map_route.html'
        with open(file_path, 'w', encoding='utf-8') as f:
            f.write(html_content)
        # 생성된 HTML 파일을 웹 브라우저로 열기
        print(f"HTML file has been saved as '{file_path}'. Opening in web browser...")
        webbrowser.open(f'file://{os.path.realpath(file_path)}')


# 프로그램 실행 부분
api_key = 'Google Map API Key' # Google Maps API 키 설정(실제 API 키값 입력)

while True: # 반복문을 통해 사용자가 원하는 만큼 경로 검색 가능
    origin_address = input("출발지 주소를 입력하시오: ") # 출발지 주소 입력
    destination_address = input("목적지 주소를 입력하시오: ") # 목적지 주소 입력


    # 출발지와 목적지의 위도 및 경도 가져오기
    origin_lat, origin_lng = get_lat_lng(origin_address, api_key)
    destination_lat, destination_lng = get_lat_lng(destination_address, api_key)


    if origin_lat is not None and origin_lng is not None and destination_lat is not None
and destination_lng is not None:
        # 대중교통 경로 검색
        print("대중교통 경로를 검색한다...")
        route, transit_details = get_transit_route(f"{origin_lat},{origin_lng}",
f"{destination_lat},{destination_lng}", api_key)


        if route:
            # 지도와 대중교통 정보를 HTML 파일로 저장하고 웹 브라우저로 열기
            save_and_open_route_map(route, transit_details, origin_lat, origin_lng,
destination_lat, destination_lng, api_key)
        else:
            print("대중교통 경로를 찾을 수 없습니다.")
    else:
        print("위도와 경도 값을 얻을 수 없습니다. 주소를 확인하시오.")
    # 프로그램을 계속할지 여부 확인
    continue_choice = input("다른 경로를 검색하시겠습니까? (y/n): ").strip().lower()
    if continue_choice != 'y': # 'y'가 아닌 입력을 받으면 프로그램 종료
```

```
        print("프로그램을 종료한다.")
        break # 반복문 종료 및 프로그램 종료
```

① 주요 구성 및 기능 설명

　㉠ 필요한 라이브러리 및 API 사용: 프로그램은 여러 외부 라이브러리와 API를 사용한다.

　　－ requests: HTTP 요청을 보내기 위한 라이브러리로, Google Geocoding 및 Directions API에 요청을 보내기 위해 사용된다.

　　－ datetime: 현재 시간을 처리하기 위한 라이브러리로, 실시간으로 출발 시간을 설정하기 위해 사용된다.

　　－ os: 운영체제와의 상호작용을 위해 사용되며, HTML 파일을 저장하고 해당 파일의 경로를 관리하는 데 사용된다.

　　－ webbrowser: 웹 브라우저를 열기 위해 사용되며, 생성된 HTML 파일을 자동으로 웹 브라우저에서 실행시킨다.

　㉡ 주소를 위도 및 경도로 변환하는 함수(get_lat_lng)

　이 함수는 Google Geocoding API를 사용하여 입력된 주소를 위도(latitude)와 경도(longitude)로 변환하는 역할을 한다. 사용자가 주소를 입력하면 이 함수는 그 주소를 Geocoding API에 전달하여 좌푯값을 반환받는다. 좌푯값이 성공적으로 반환되면 해당 위도와 경도를 함수의 출력으로 전달하며, 만약 요청이 실패하거나 주소를 찾을 수 없을 경우 오류 메시지를 출력하고 None 값을 반환한다.

[동작 과정]

　－ 주소를 받아 Geocoding API의 URL을 생성한다.

　－ requests 라이브러리를 통해 API 요청을 보낸다.

　－ 요청이 성공적으로 처리되면, 응답으로 반환된 JSON 데이터에서 첫 번째 결과의 위치 정보를 가져온다.

　－ 결과에서 위도와 경도를 추출하여 반환한다.

　－ 만약 요청이 실패했거나 주소를 찾을 수 없으면, 오류 메시지를 출력하고 None 값을 반환한다.

　㉢ 대중교통 경로를 검색하는 함수(get_transit_route)

　이 함수는 Google Directions API를 사용하여 입력된 출발지와 목적지 간의 대중교통 경로를 검색한다. 검색된 경로는 사용자가 대중교통을 이용하여 목적지에 도착하기 위한 최적의 경로와 관련된 세부 정보(예 버스나 지하철 번호 등)를 포함한다.

[동작 과정]

- 출발 시간은 현재 시각을 기준으로 설정되며, 이를 Unix 타임스탬프 형식으로 변환한다.

- 출발지와 목적지의 위도 및 경도를 API에 전달하여 대중교통 경로를 요청한다.

- API 요청이 성공하면, 응답 데이터를 분석하여 각 경로의 세부 정보를 추출한다.

- 경로 단계별로 대중교통 수단 정보를 가져와 transit_details 리스트에 저장한다. 예를 들어, 버스나 지하철 번호 및 교통 수단 종류를 리스트에 추가한다.

- 경로가 성공적으로 검색되면, 경로 정보와 대중교통 세부 정보를 반환한다. 요청이 실패하면 오류 메시지를 출력하고 None 값을 반환한다.

㉣ 경로를 지도와 함께 HTML 파일로 저장하고 브라우저에서 실행하는 함수(save_and_open_route_map)

- 이 함수는 대중교통 경로와 세부 정보를 HTML 파일로 저장하고, 이를 웹 브라우저에서 열어 사용자가 시각적으로 경로를 확인할 수 있도록 한다.

[동작 과정]

- 경로와 대중교통 정보를 기반으로 HTML 파일을 생성한다. 지도는 Google Maps API의 JavaScript 라이브러리를 사용하여 표시되며, 출발지와 목적지 간의 경로가 지도상에 그려진다.

- 대중교통 정보는 HTML 파일의 transit_info 섹션에 표시되며, 사용자가 어떤 대중교통 수단을 이용해야 하는지 명확히 알 수 있도록 정보를 제공한다.

- HTML 파일이 생성되면, 파일을 로컬 시스템에 저장한다.

- 저장된 HTML 파일을 webbrowser 라이브러리를 사용해 브라우저에서 자동으로 열어 사용자에게 결과를 보여준다.

㉤ 프로그램의 메인 실행부

프로그램은 사용자가 출발지와 목적지 주소를 입력하도록 요청한다. 입력된 주소는 앞서 설명한 get_lat_lng 함수를 사용해 위도와 경도로 변환되고, 변환된 좌표는 get_transit_route 함수를 사용하여 대중교통 경로를 검색하는 데 사용된다. 검색이 성공적으로 완료되면, 경로와 대중교통 정보를 HTML 파일로 저장하고 브라우저에서 실행한다.

사용자는 프로그램 종료 여부를 선택할 수 있다. 사용자가 다른 경로를 검색하고 싶다면 새로운 출발지와 목적지를 입력할 수 있고, 그렇지 않으면 프로그램은 종료된다.

② 추가 가능 기능 및 확장성

- 이 프로그램은 기본적으로 대중교통 경로 검색 및 시각화를 목표로 하지만, 다양한 확장 기능을 추가할 수 있다.

- 도보 및 자동차 경로 검색: 대중교통 이외에도 도보나 자동차 경로 검색을 추가할 수 있다.

- 다양한 교통 수단 추가: 자전거 경로 또는 전동 킥보드 등 다른 교통 수단에 대한 경로 탐색 기능을 추가할 수 있다.

- 경로 저장 및 공유 기능: 생성된 HTML 파일을 이메일이나 소셜 미디어를 통해 공유할 수 있는 기능을 추가할 수 있다.

- 이 프로그램은 Python과 Google Maps API의 결합을 통해 경로 탐색 및 시각화 기능을 구현하고 있으며, 다양한 방식으로 확장 가능한 유용한 툴이다.

③ 프로그램 실행 결과

- 출발지를 강남역으로 입력하고, 목적지를 동서울대학교로 입력

- 출발지 주소를 입력하시오: 강남역

- 목적지 주소를 입력하시오: 동서울대학교

- 다른 경로를 검색하시겠습니까? (y/n): n

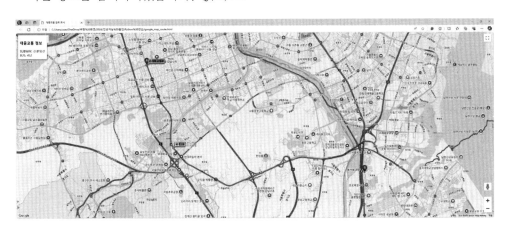

4) 마무리

이 프로젝트는 Google Maps API를 활용하여 대중교통 경로 탐색과 시각화를 자동화하는 Python 프로그램이다. 주소 변환에서 경로 탐색, 시각화까지의 과정을 통합하여 사용자가 직관적으로 경로를 확인할 수 있도록 돕는다. 이 프로젝트는 다양한 방식으로 확장 가능하다. 예를 들어 도보, 자동차 경로 탐색 등의 추가 기능을 구현할 수 있다.

1) 프로젝트 개요

이 프로젝트는 Python의 TensorFlow와 Keras 라이브러리를 활용하여 MNIST 손글씨 숫자 데이터셋을 기반으로 Convolutional Neural Network(CNN) 모델을 구현하고, 학습 및 평가하는 과정을 포함한다. MNIST 데이터셋은 0부터 9까지의 숫자를 손글씨로 쓴 이미지로 이루어져 있으며, 이 프로젝트의 목표는 CNN을 통해 주어진 이미지를 학습하여 정확하게 숫자를 분류하는 것이다.

2) 주요 구성 및 기능 설명

① 필요한 라이브러리 및 데이터셋 로드

프로그램은 TensorFlow, Keras, NumPy, 그리고 Matplotlib를 사용한다. 이 중 TensorFlow와 Keras는 모델 구축 및 학습에 사용되고, NumPy는 데이터 처리를, Matplotlib는 결과를 시각화하는 데 활용된다.

프로그램은 mnist.load_data() 함수를 사용하여 MNIST 데이터셋을 로드한다. 이 데이터셋은 28×28 픽셀 크기의 숫자 이미지로 구성되어 있으며, 손글씨 숫자를 분류하는 작업에 사용된다. 데이터를 학습용(training)과 테스트용(test) 데이터셋으로 나누어 학습과 평가에 활용한다.

② 데이터 전처리

로드된 데이터는 0부터 255까지의 값으로 표현된 픽셀값을 가지기 때문에, 이를 [0, 1] 범위로 정규화한다. 정규화는 모델이 더 빠르게 수렴할 수 있도록 돕고, 학습 효율성을 높여준다. 또한, CNN 모델에 적합하도록 데이터의 차원을 (28, 28)에서 (28, 28, 1)로 변환하여 단일 채널의 흑백 이미지로 처리한다.

③ 데이터셋 셔플 및 배치 처리

데이터를 TensorFlow의 Dataset API를 사용하여 셔플하고 배치(batch) 단위로 처리한다. 이를 통해 학습 시 모델이 데이터를 랜덤하게 섞어서 학습하도록 하여 일반화 성능을 향상시킬 수 있다. 학습 데이터셋과 테스트 데이터셋 모두 각각 64개의 샘플로 이루어진 배치 단위로 묶여 학습 및 평가가 이루어진다.

④ CNN 모델 생성

프로그램은 Sequential API를 사용하여 CNN 모델을 구성한다. 이 모델은 이미지 데이터를 처리하고 분류하는 여러 층으로 이루어져 있으며, 주요 구성은 다음과 같다.

㉠ Conv2D 레이어: 2D 이미지 데이터를 처리하는 컨볼루션 레이어로, 첫 번째 레이어는 입력 이미지 크기 (28, 28, 1)을 받으며, 커널 크기는 (3, 3)이고 활성화 함수로 ReLU를 사용한다. 32개의 필터를 적용하여 특징을 추출한다.

㉡ MaxPooling2D 레이어: 컨볼루션으로 추출한 특징 맵을 다운샘플링한다. (2, 2) 크기의 풀링 윈도우를 사용하여 불필요한 정보를 제거하고 연산량을 줄인다.

㉢ Dense 레이어: 마지막 Flatten 레이어를 거친 후, fully connected 레이어를 통해 이미지의 숫자 레이블을 분류한다. 출력은 10개의 클래스(0부터 9까지)를 가지며, 소프트맥스(softmax) 활성화 함수로 출력 확률을 구한다.

⑤ 모델 컴파일

모델을 학습하기 위해 컴파일 단계에서는 최적화 방법으로 Adam 옵티마이저를 사용하며, 손실 함수는 sparse_categorical_crossentropy로 설정하여 다중 클래스 분류 문제를 해결한다. 또한, 평가 지표로 정확도(accuracy)를 설정한다.

⑥ 모델 학습

모델은 학습 데이터셋을 사용하여 5 에포크(epoch) 동안 학습된다. 이 과정에서 모델은 데이터셋에서 특징을 학습하고, 주어진 레이블과 비교하여 손실을 줄이는 방향으로 학습된다.

Epoch 1/5

938/938 ─────────── 8s 7ms/step − accuracy: 0.8748 − loss: 0.4257

Epoch 2/5

938/938 ─────────── 7s 8ms/step − accuracy: 0.9831 − loss: 0.0580

Epoch 3/5

938/938 ─────────── 7s 7ms/step − accuracy: 0.9887 − loss: 0.0392

Epoch 4/5

938/938 ─────────── 7s 8ms/step − accuracy: 0.9909 − loss: 0.0293

Epoch 5/5

938/938 ─────────── 7s 8ms/step − accuracy: 0.9919 − loss: 0.0243

⑦ 모델 평가

학습이 완료된 후, 테스트 데이터셋을 사용하여 모델의 성능을 평가한다. 평가 결과로 테스트 손실과 테스트 정확도가 출력되며, 이 결과를 통해 모델이 새로운 데이터에 대해 얼마나 잘 일반화되는지를 확인할 수 있다.

157/157 − 1s − 4ms/step − accuracy: 0.9912 − loss: 0.0308

테스트 정확도: 0.9911999702453613

2/2 ──────────────────────────────── 0s 4ms/step

⑧ 예측 및 결과 시각화

모델은 학습된 가중치를 사용하여 테스트 데이터에서 임의로 선택된 샘플들에 대해 예측을 수행한다. 그리고 Matplotlib를 사용하여 테스트 이미지와 모델의 예측 결과를 시각화한다. 첫 25개의 테스트 이미지에 대해 실제 레이블과 모델이 예측한 레이블을 함께 보여준다. 이를 통해 모델이 얼마나 정확하게 숫자를 분류하는지 시각적으로 확인할 수 있다.

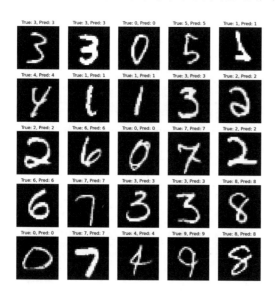

3) NumTest.py 소스 코드 분석

```
# -*- coding: utf-8 -*-
"""

Spyder Editor


This is a temporary script file.
"""
```

```
# TensorFlow 라이브러리가 설치되지 않은 경우, 주석을 해제하여 설치할 수 있음
# !pip install tensorflow

import tensorflow as tf # 딥러닝 라이브러리 TensorFlow
from tensorflow.keras import layers, models # 케라스를 통해 레이어와 모델을 생성
from tensorflow.keras.datasets import mnist # MNIST 데이터셋 로드
import numpy as np # 넘파이 라이브러리 (데이터 처리에 사용)
import matplotlib.pyplot as plt # 시각화를 위한 Matplotlib

# 1. MNIST 데이터셋 로드 및 전처리
# MNIST 데이터셋을 학습용과 테스트용으로 나눠서 로드
(x_train, y_train), (x_test, y_test) = mnist.load_data()

# 데이터를 [0, 1] 범위로 정규화 (픽셀 값은 원래 [0, 255] 사이)
x_train = x_train / 255.0
x_test = x_test / 255.0

# CNN 모델 입력에 맞게 이미지 데이터를 4차원으로 변환 (배치 크기, 높이, 너비, 채널 수)
# 흑백 이미지이므로 채널 수는 1
x_train = x_train.reshape(-1, 28, 28, 1)
x_test = x_test.reshape(-1, 28, 28, 1)

# 2. 데이터셋을 랜덤하게 섞기
# 학습 데이터셋을 TensorFlow의 Dataset으로 변환 후, 셔플링 및 배치 처리
train_dataset = tf.data.Dataset.from_tensor_slices((x_train, y_train))
train_dataset = train_dataset.shuffle(buffer_size=1024).batch(64)

# 테스트 데이터셋도 같은 방식으로 셔플링 및 배치 처리
test_dataset = tf.data.Dataset.from_tensor_slices((x_test, y_test))
test_dataset = test_dataset.shuffle(buffer_size=1024).batch(64)

# 3. CNN 모델 생성
# Sequential 모델 생성 (레이어를 순차적으로 쌓음)
model = models.Sequential([
    # 첫 번째 Conv2D 레이어: 32개의 필터, (3x3) 커널 크기, ReLU 활성화 함수
    # 입력 크기는 (28, 28, 1)로 지정
    layers.Conv2D(32, (3, 3), activation='relu', input_shape=(28, 28, 1)),
    # MaxPooling 레이어: (2x2) 풀링 크기를 사용하여 특징 맵 다운샘플링
    layers.MaxPooling2D((2, 2)),
```

```python
    # 두 번째 Conv2D 레이어: 64개의 필터, (3x3) 커널 크기, ReLU 활성화 함수
    layers.Conv2D(64, (3, 3), activation='relu'),
    # MaxPooling 레이어: (2x2) 풀링 크기
    layers.MaxPooling2D((2, 2)),
    # 세 번째 Conv2D 레이어: 64개의 필터, (3x3) 커널 크기, ReLU 활성화 함수
    layers.Conv2D(64, (3, 3), activation='relu'),
    # Flatten 레이어: 2D 데이터를 1D로 변환
    layers.Flatten(),
    # Dense 레이어: 64개의 뉴런, ReLU 활성화 함수
    layers.Dense(64, activation='relu'),
    # 출력 레이어: 10개의 뉴런 (숫자 0~9를 분류), softmax 활성화 함수 사용
    layers.Dense(10, activation='softmax')
])


# 4. 모델 컴파일
# 옵티마이저로 Adam 사용, 손실 함수로 sparse categorical crossentropy 사용 (다중 클래스 분류 문제)
# 평가 지표로 정확도를 사용
model.compile(optimizer='adam',
              loss='sparse_categorical_crossentropy',
              metrics=['accuracy'])


# 5. 모델 학습
# 학습 데이터셋을 사용하여 5번의 에포크 동안 모델을 학습
model.fit(train_dataset, epochs=5)


# 6. 모델 평가
# 테스트 데이터셋을 사용하여 모델 평가, 테스트 손실과 테스트 정확도 출력
test_loss, test_acc = model.evaluate(test_dataset, verbose=2)
print(f"테스트 정확도: {test_acc}")


# 7. 예측 및 결과 시각화
# 랜덤으로 예측을 위해 테스트 데이터셋에서 샘플을 뽑음
x_test_shuffled, y_test_shuffled = next(iter(test_dataset))


# 모델을 사용하여 예측 수행

predictions = model.predict(x_test_shuffled)


# 테스트 데이터의 첫 25개 이미지와 예측 결과 시각화
# 이미지, 실제 레이블, 예측 레이블을 받아 시각화하는 함수
```

```
def plot_images(images, true_labels, predicted_labels, n):
    # 5x5 격자 형태로 이미지 25개를 시각화 (총 25개 이미지)
    plt.figure(figsize=(10, 10))
    for i in range(n):
        plt.subplot(5, 5, i + 1)
        # 이미지 출력, grayscale로 설정
        plt.imshow(images[i].numpy().reshape(28, 28), cmap="gray")
        # 타이틀에 실제 레이블과 예측 레이블을 표시
        plt.title(f"True: {true_labels[i].numpy()}, Pred: {np.argmax(predicted_labels[i])}")
        plt.axis('off') # 축 비활성화
    plt.tight_layout() # 레이아웃 자동 조정
    plt.show()


# 첫 25개의 이미지를 시각화하고 실제 및 예측 결과를 비교
plot_images(x_test_shuffled, y_test_shuffled, predictions, 25)
```

[상세 주석 설명]

- **라이브러리 임포트**: tensorflow, keras, numpy, matplotlib 등을 사용하여 모델 구축, 데이터 처리, 시각화를 수행한다.

- **MNIST 데이터셋 로드 및 전처리**: mnist.load_data()를 통해 데이터를 로드한 후, CNN 모델에 맞게 데이터를 0-1로 정규화하고 차원을 확장한다.

- **데이터셋 셔플 및 배치 처리**: TensorFlow의 Dataset API를 통해 데이터를 랜덤하게 섞고, 학습 효율을 높이기 위해 64개의 배치로 묶는다.

- **CNN 모델 생성**: Sequential 모델을 사용하여 여러 층의 Conv2D, MaxPooling2D, Dense 레이어를 쌓아 CNN 모델을 만든다.

- **모델 학습 및 평가**: 학습 데이터로 모델을 5 에포크 동안 학습한 후, 테스트 데이터로 모델의 성능을 평가한다.

- **결과 시각화**: 학습된 모델로 테스트 데이터를 예측하고, 그 결과를 시각적으로 확인한다.

4) 추가 기능 및 확장 가능성

이 프로그램은 MNIST 데이터셋을 사용하여 간단한 CNN을 학습하는 구조로, 다양한 확장 가능성을 가지고 있다.

① 더 깊은 CNN 모델

더 많은 컨볼루션 레이어와 풀링 레이어를 추가하여 모델의 복잡성을 증가시키고, 이미지 분류 성능을 높일 수 있다.

② 데이터셋 확장

다른 이미지 데이터셋을 사용하거나, MNIST 데이터셋에 증강 기법을 적용하여 더 다양한 데이터를 학습할 수 있다.

③ 하이퍼파라미터 튜닝

에포크 수, 배치 크기, 레이어 크기 등 하이퍼파라미터를 조정하여 성능 최적화를 도모할 수 있다.